JAPANISCHE BIBLIOTHEK

IM INSEL VERLAG

Wer sich mit der modernen japanischen Literatur beschäftigt, stößt früher oder später auf den Namen Mori Ōgai. Geboren im Feudalsystem kurz vor dessen Zusammenbruch, beteiligt am »Umbau« Japans in einen modernen zentralistischen Staat, gestorben zur Zeit des breiten demokratischen Aufbruchs nach dem Ersten Weltkrieg, wirft seine widersprüchliche Gestalt und sein umfangreiches Werk viele literarische, weltanschauliche und allgemein kulturelle Fragen Japans im Übergang zur Moderne auf.

Sein Leben bestimmten das Studium in Deutschland von 1884 bis 1888 sowie der Dienst als Militärarzt von 1881 bis 1916. Wie kein anderer Autor dieser ersten Generation moderner Schriftsteller in Japan hat Mori Ōgai Europa »erfahren«. Und obgleich er als einziger Autor des modernen Japan beruflich auf der Seite des Staates stand, blieb er gleichwohl ein durchgängig kritischer Beobachter jenes Umbaus, an dem er selbst in führender Position teilnahm. Andererseits ist Mori Ōgai ein Sonderfall. »Japanische Tradition« ist bei ihm nicht – wie bei vielen anderen in Europa als eigentümlich »japanisch« angesehenen Autoren – die Welt einer erhöhten ästhetischen Sensibilität, wie wir sie aus der klassischen Literatur Japans kennen, sondern die durch moralischen Rigorismus und chinesische Bildung bestimmte Welt der Samurai der späten Feudalzeit, der er sich in seinen letzten Jahren auch als Historiker widmete.

Der vorliegende Band vereinigt elf Texte aus allen Schaffensperioden dieses Autors, meist erstmals ins Deutsche übersetzt. Drei frühe Erzählungen (1890/91) geben ein eigenartig exotisches Bild Deutschlands, gesehen mit den Augen eines dort studierenden Japaners. Sie sind ein Zeugnis der frühen Aneignung europäischer Literatur und europäischer Welt.

MORI ŌGAI
IM UMBAU

Gesammelte Erzählungen

Ausgewählt, aus dem Japanischen

übertragen und erläutert von

Wolfgang Schamoni

Insel Verlag

Originaltitel der Titelerzählung:
Fushinchū

In der Japanischen Bibliothek werden alle Namen in ihrer ursprüglichen japanischen Gestalt belassen. Hierbei steht in der Regel der Familienname voran, gefolgt vom persönlichen Namen oder einem Schriftstellernamen.

Erste Auflage 2019
insel taschenbuch Berlin

Vertrieb durch den Suhrkamp Taschenbuch Verlag
Satz: MZ-Verlagsdruckerei GmbH, Memmingen
Printed in Germany
Umschlag: hißmann, heilmann, hamburg
ISBN 978-3-458-24171-3

INHALT

DIE TÄNZERIN
(1890)

Das Schiff hat neue Kohle geladen, und es ist nun wieder still ringsum. Die Tische im Speisesaal der zweiten Klasse stehen verlassen da, und die festlichen Glühlampen erleuchten nutzlos den Raum. Denn heute sind die Kartenspieler, welche sich allabendlich hier versammelten, an Land gegangen, um in einem *Hotel* zu übernachten. Ich allein bin zurückgeblieben.

Es war vor fünf Jahren. Mein langgehegter Wunsch war in Erfüllung gegangen und ich hatte den amtlichen Auftrag zum Studium in Europa erhalten. Bis hierher, zum Hafen von Saigon, gekommen, erschien mir alles, was ich sah, alles, was ich hörte, neuartig, und mein wortreiches Reisetagebuch belief sich täglich wohl auf mehrere tausend Wörter. Es wurde damals in einer Zeitung abgedruckt und von den Leuten bewundert. Rückblickend aber frage ich mich, wie es wohl einem nachdenklichen Leser erschienen sein mag: meine unreifen Gedanken und unverantwortlichen Behauptungen, meine wichtigtuerischen Aufzeichnungen von alltäglicher Fauna und Flora, von Geologie und örtlichen Sitten und Gebräuchen. Das Heft, das ich diesmal vor Antritt der Heimreise gekauft habe, um ein Tagebuch zu führen, besteht immer noch aus unbeschriebenem Papier. Vielleicht habe ich während meines Studiums in Deutschland eine Haltung des *nil admirari* entwickelt? Nein, da gibt es einen anderen Grund.

Tatsächlich bin ich, der ich nun nach Osten heimkehre, nicht der gleiche wie der, der damals nach Westen fuhr. Auch wenn es in der Wissenschaft noch viele Bereiche gibt, in denen mein Wissensdurst nicht gestillt ist, so habe ich doch das Auf und Ab der Welt kennengelernt, habe nicht nur die Unzuverlässigkeit der Menschen erfahren, sondern auch begriffen, wie wechselhaft mein eigenes Herz ist. Für wen sollte ich festhalten, wie sich heute als schlecht darstellt, was mir gestern gut erschien? Wem sollte ich die Aufzeichnungen meiner Augenblicksempfindungen zeigen? Kann ich vielleicht deshalb kein Tagebuch zustande bringen? Nein, da gibt es einen anderen Grund.

Ach, seit das Schiff den Hafen von Brindisi verließ, sind bereits mehr als zwanzig Tage vergangen. Gewöhnlich knüpft man während einer Seefahrt sogar mit bisher völlig unbekannten Menschen Kontakte und vertreibt sich gemeinsam die Langeweile. Aber ich schützte eine geringfügige Krankheit vor und blieb in meiner Kabine, und ich sprach kaum mit den Mitreisenden. Denn mich peinigt ein Schmerz, von dem die anderen nichts wissen. Anfangs überzog dieser Schmerz mein Herz wie ein Wolkenstreif und bewirkte, daß ich weder die Schönheit der Schweizer Berge wahrnahm, noch den historischen Stätten Italiens meine Aufmerksamkeit schenkte; dann aber ließ er mich der Welt überdrüssig werden, ließ mich an mir selbst verzweifeln und bereitete mir unbeschreibliche innere Schmerzen, bis er schließlich in die Tiefe meines Herzens absank und sich dort als ein dunkler Punkt festsetzte. Jedesmal jedoch, wenn ich etwas Bestimmtes lese, jedesmal wenn ich etwas Bestimmtes sehe, dann weckt er ein grenzenloses Gefühl der Sehnsucht nach der Vergangenheit in mir, so wie eine Gestalt im Spiegel ein Bild erweckt, so wie eine Stimme ein Echo hervorruft. Wie soll ich nur diesen Schmerz auslöschen? Wäre dieser Schmerz anderer Art, so würde ich ihn in einem Gedicht aussprechen, würde ihn in einem Liede singen, und meine Stimmung würde wohl leichter. Aber dieser Schmerz ist so tief in mein Herz eingeprägt, daß mir dies nicht möglich erscheint. Da ich heute jedoch allein bin, und es noch einige Zeit dauern wird, bis der Steward kommt und die Lichter ausschaltet, will ich versuchen, meine Geschichte in groben Zügen niederzuschreiben.

Von klein auf habe ich eine strenge familiäre Erziehung genossen; mein Lerneifer ließ auch nach dem frühen Tode meines Vaters nicht nach, so daß, sowohl während meiner Schulzeit in der Heimat, wie auch in Tōkyō auf der Präparanda, und selbst nachdem ich in die Juristische Fakultät der Universität eingetreten war, der Name Ōta Toyotarō immer an der Spitze der Klassenrangliste stand, was meiner Mutter, die alle Hoffnungen auf ihr einziges Kind setzte, zweifellos ein großer Trost gewesen ist. Mit neunzehn erwarb ich den Rang eines Bakkalaureus, in diesem Alter eine – wie mir gesagt wurde – seit Gründung der Universität noch nie dagewesene Auszeichnung. Ich wurde bei einem Ministerium angestellt, holte meine Mutter aus der Heimat nach Tōkyō und verbrachte so drei glückliche Jahre. Da ich die besondere Aufmerksamkeit meiner Vorgesetzten genoß, erhielt ich den Auftrag, nach Europa zu gehen und meine Abteilung betreffende Amtsgeschäfte zu studieren. Bei dem Gedanken, daß dies die Chance sei, mir Ruhm zu erwerben und für den Aufstieg meiner Familie zu sorgen, fiel es mir nicht allzu schwer, meine über fünfzigjährige Mutter zurückzulassen und in die Ferne, in die Stadt Berlin zu reisen.

Mit der vagen Erwartung von Erfolg und Ruhm und einer an Fesseln gewöhnten Lernfähigkeit stand ich plötzlich in der Mitte dieser neuen Metropole Europas. Welcher Glanz traf meine Augen, welche Farbenpracht verwirrte mein Herz! Übersetzt man »Unter den Linden« mit »Bodaijuka« (»Unter den Bäumen der Erleuchtung«), so stellt man sich dabei einen abgeschiedenen, stillen Ort vor. Aber seht die Herren und Damen, die in Gruppen auf den beidseitigen, steingepflasterten Bürgersteigen dieser schnurgeraden Straße gehen! Die Offiziere mit strammer Haltung und breiten Schultern und mit in allen möglichen Farben prangenden Gala-Uniformen (damals pflegte sich noch Kaiser Wilhelm I. am Fenster zur Straße zu zeigen), die entzückenden, nach Pariser Art aufgeputzten Mädchen: alles und jenes erregte mein Auge. Die vielen geräuschlos über den Asphalt der Straße fahrenden Pferdedroschken; in einer Lücke zwischen den wolkenhohen Palästen ein Springbrunnen, der seine Fontäne gegen den blauen Himmel steigen und wie einen Gewitterregen herabfallen läßt; und in der Ferne, jenseits des Brandenburger Tores schwebt aus den dichten Laubbäumen das Standbild der Göttin auf der Siegessäule gen Himmel. All dies lag einem direkt vor Augen, so daß, wer zum ersten Male hierher kam, gar nicht alles aufzunehmen vermochte. Aber ich hatte mir selbst geschworen, niemals und nirgendwo mein Herz von einem verführerischen Anblick bewegen zu lassen, und hielt immer einen Abstand zu allem, was auf mich einstürmte.

Die preußischen Beamten, bei denen ich die Klingel zog, um mein offizielles Empfehlungsschreiben vorzulegen und den Grund für mein Kommen zu erläutern, empfingen mich alle mit großer Freundlichkeit und versprachen, mir in allen Dingen zu Rate zu stehen und zu helfen, sobald die Formalitäten von der Gesandtschaft aus ordnungsgemäß erledigt wären. Zum Glück hatte ich in meiner Heimat Deutsch und Französisch gelernt. So fragt mich jeder bei der ersten Begegnung, wann und wo ich diese Sprache gelernt habe.

Ich schrieb mich in die Berliner Universität ein, um – mit Hilfe einer Genehmigung, die ich vor meiner Abfahrt eingeholt hatte – in der Zeit nach Erledigung meiner Amtspflichten politische Wissenschaft zu studieren.

Nach ein, zwei Monaten hatte ich die offiziellen Besuche hinter mir und meine Untersuchungen kamen voran. Über die eiligen Angelegenheiten verfaßte ich einen Bericht und sandte ihn nach Japan; das übrige schrieb ich in mehreren Notizheften nieder. In der Universität gab es keinen Studiengang, der, wie ich in meiner Naivität geglaubt hatte, zum Politiker führte, und so schwankte ich, was ich belegen sollte. Schließlich entschied ich mich für zwei oder drei juristische Vorlesungen, bezahlte die Studiengebühren und besuchte diese Veranstaltungen.

So vergingen drei Jahre wie im Traum. Des Menschen natürliche Neigungen sind auf Dauer nicht zu verbergen: Seit der Zeit, als ich, die letzten Worte meines Vaters achtend und die Ermahnungen meiner Mutter befolgend, unermüdlich lernte und glücklich war, wenn ich als Wunderkind bezeichnet wurde, bis zu der Zeit, da ich pausenlos arbeitete und mich freute, wenn mein Vorgesetzter mich als tüchtige Kraft lobte, all die Jahre hatte ich als ein bloß passiver, mechanischer Mensch gearbeitet, ohne es selbst zu merken. Jetzt war ich fünfundzwanzig und spürte, vielleicht weil ich längere Zeit der freien Atmosphäre der Universität ausgesetzt gewesen war, in mir eine unbestimmte Unruhe. Das tief in mein Inneres versunkene Ich trat langsam an die Oberfläche und schien mit jenem falschen Ich, welches ich bis gestern gewesen war, den Kampf aufzunehmen. Mir war, als hätte ich begriffen, daß ich nicht der erfolgreiche Politiker sein würde und auch nicht der Jurist, der Gesetze memoriert und Urteile verkündet.

Ich dachte nach: Meine Mutter hat versucht, mich zu einem lebenden Lexikon zu machen; mein Vorgesetzter hat versucht, mich in ein lebendes Gesetzbuch zu verwandeln. Ein Lexikon zu werden, hätte ich noch ausgehalten, aber in ein Gesetzbuch konnte ich mich unmöglich verwandeln lassen. Bisher hatte ich auch bei nebensächlichen Fragen überaus sorgfältig geantwortet, aber nun begann ich in den Briefen an meinen Vorgesetzten immer häufiger zu argumentieren, man solle sich nicht an die Details des Rechtes klammern, und ich erklärte großspurig: Wenn man erst einmal den Geist des Rechtes begriffen habe, dann ergäben sich die trivialen Einzelheiten ganz von selbst. Nun machte mir das Studium endlich Vergnügen.

Mein Vorgesetzter hatte ursprünglich gemeint, er habe eine nach Gutdünken zu benutzende Maschine aus mir gemacht. Wie sollte er sich auch über jemanden freuen, der unabhängige Gedanken hatte und ungewöhnlich auftrat. Meine damalige Position war gefährdet, aber das allein hätte noch nicht genügt, meine Position umzukehren. Zwischen einer bestimmten einflußreichen Gruppe der in Berlin studierenden Japaner und mir bestand ein unerfreuliches Verhältnis; sie betrachteten mich mit Mißtrauen und schließlich verleumdeten sie mich. Aber geschah dies ganz ohne Grund?

Daß ich nicht mit ihnen zusammen trank und mich auch

nicht am Billardspiel beteiligte, führten sie auf meinen Starrsinn und meinen Willen, meine Begierden zu zügeln, zurück. Sie verspotteten mich und beneideten mich wohl auch. Aber sie taten es, weil sie mich nicht kannten. Denn wie sollte jemand anderes den Grund für dieses mein Verhalten kennen, wo ich ihn doch selbst nicht kannte? Mein Herz glich dem Blatt der Mimose: bei jeder Berührung zog es sich zusammen. Mein Herz war wie ein junges Mädchen. Daß ich seit meiner Kindheit die Ermahnungen der Älteren befolgend den Weg des Lernens beschritten hatte, auch daß ich den Weg des Staatsdieners gegangen war, das alles war nicht Ausdruck von Mut. Was als Durchhaltevermögen und Lerneifer erschien, war Betrug an mir selbst und anderen: Ich war einfach dem Weg, auf den mich andere geschickt hatten, geradeaus gefolgt. Wenn ich mich von äußeren Dingen nicht verwirren ließ, so nicht, weil ich den Mut hatte, auf Äußeres zu verzichten, sondern einfach, weil ich aus Angst vor den äußeren Dingen meine eigenen Hände und Füße gefesselt hatte. Bevor ich von zu Hause aufbrach, war ich überzeugt davon, Fähigkeiten zu besitzen, und ich glaubte fest an mein psychisches Durchhaltevermögen. Ach, auch das sollte sich bald als falsch erweisen. Bis das Schiff aus dem Hafen von Yokohama hinausfuhr, hatte ich mich für ungeheuer stark gehalten. Als ich dann die Tränen nicht zurückhalten konnte und das Taschentuch durchnäßte, da fand ich das selber seltsam, aber gerade das war wohl meine wahre Natur. Diese Seelenverfassung war mir wohl angeboren. Vielleicht hatte ich sie auch entwickelt, weil ich nach dem frühen Tode meines Vaters von meiner Mutter aufgezogen worden war.

Es war nicht weiter verwunderlich, daß jene japanischen Mitstudenten über mich lachten. Aber war es nicht lächerlich, daß sie mich beneideten? Diesen schwachen, jämmerlichen Menschen?

Wenn ich die Frauen sah, die grell geschminkt und auffallend gekleidet in den Cafés auf Kunden warteten, hatte ich nicht den Mut zu ihnen hinzugehen, und wenn ich die *Lebe-*

männer sah, mit dem Zylinder auf dem Kopf, einen Kneifer auf der Nase, und mit jener den preußischen Adeligen eigentümlichen nasalen Aussprache, da hatte ich nicht den Mut, mich ihnen anzuschließen, um mich mit ihnen zu amüsieren. Ich hatte weder diesen Mut noch war ich in der Lage, mit meinen unternehmungslustigen Landsleuten zu verkehren. Da ich mich von ihrer Gesellschaft fernhielt, verspotteten und beneideten sie mich nicht nur, sondern begannen mich mit Mißtrauen zu betrachten. Deshalb wurde ich grundlos beschuldigt, und deshalb mußte ich binnen kurzer Zeit zahllose Mühsal erdulden.

Es geschah eines Abends. Ich war im Tiergarten spazieren gegangen, war über die Allee Unter den Linden dann in Richtung Monbijou-Straße gegangen, wo ich wohnte, und bis zur alten Kirche in der Kloster-Straße gekommen. Ich weiß nicht, wie oft ich nach der Durchquerung des Lichtermeeres der Großstadt in diese enge, düstere Seitenstraße eingebogen bin und dann, gegenüber den Wohnhäusern, über deren Balkongeländer noch vom Morgen her Bettzeug und Nachthemden zum Auslüften gehängt waren, der billigen Wirtschaft, in deren Eingang ein alter Jude mit langen Schläfenlocken wartete, und einem Mietshaus, dessen eine Treppe direkt nach oben führte, während die andere Treppe in die Kellerwohnung, in welcher ein Schmied hauste, hinabführte – ich weiß nicht, wie oft ich dort vor der etwas zurückgesetzt errichteten dreihundertjährigen Kirche auf der anderen Straßenseite stand und wie benommen aufgeblickt habe.

Als ich diesmal dort vorbeigehen wollte, sah ich ein junges Mädchen, an das verschlossene Kirchentor gelehnt, leise vor sich hin weinen. Sie mochte sechzehn oder siebzehn sein. Ihr Haar, das unter dem Kopftuch hervorschaute, war von einer blassen, goldenen Farbe, ihre Kleidung war keineswegs unsauber oder unordentlich. Von meinen Schritten aufgeschreckt, wandte sie mir ihr Gesicht zu: ich müßte ein Dichter sein, um es beschreiben zu können. Diese blauen, reinen Augen mit ihrer fragenden Traurigkeit, halb verdeckt von den langen feuchten Augenwimpern – wieso durchdrangen sie mit einem einzigen Blick mein wohlgerüstetes Herz bis zum Grunde?

Ob sie wohl einem unermeßlich schweren Leid begegnet war und deshalb hier selbstvergessen stand und weinte? Das Mitleid siegte über meine Ängstlichkeit und ich ging unwillkürlich zu ihr hin: »Warum weinen Sie? Vielleicht kann gerade ein hier fremder Ausländer Ihnen helfen?« Mich selbst überraschten meine kühnen Worte.

Sie schrak zusammen und blickte mein gelbliches Gesicht an. Meine aufrichtige Gesinnung war wohl an ihm abzulesen. »Sie scheinen ein guter Mensch zu sein, nicht so grausam wie *er* – oder wie meine Mutter.« Die momentan versiegten Tränen begannen wieder hervorzuquellen und über die lieblichen Wangen zu fließen.

»Retten Sie mich! Retten Sie mich vor der Schande! Meine Mutter schlägt mich und sagt, ich solle ihm zu Willen sein. Mein Vater ist gerade gestorben. Wir müssen ihn morgen begraben, aber wir haben keinen Pfennig Erspartes im Haus.«

Ihre Worte ertranken in Schluchzen. Mit gesenktem Blick und zitternden Schultern stand sie da und ich blickte sie an.

»Ich werde Sie nach Hause bringen. Beruhigen Sie sich erst einmal, daß niemand Sie hört. Wir stehen hier ja auf der Straße.« Während ich sprach, hatte sie sich unversehens an mich gelehnt. In diesem Moment erhob sie plötzlich ihr Gesicht und lief fort, von Scham überwältigt, so als ob sie mich erst jetzt wahrgenommen habe.

Um nicht von den Leuten gesehen zu werden, eilte das Mädchen mit schnellen Schritten davon. Ich folgte ihr in das Haustor gegenüber der Kirche. Wir stiegen die Steintreppen, deren Stufen teilweise zerborsten waren, bis zum vierten Stock hinauf und kamen zu einer niedrigen Tür, durch die man nur gebückt eintreten konnte. Das Mächen zog kräftig an dem gebogenen Ende eines verrosteten Drahtes, worauf von innen die heisere Stimme einer alten Frau fragte: »Wer ist da?« Gleich nachdem das Mädchen »Ich bin's, Elise, ich bin zurück,« geantwortet hatte, wurde die Tür geräuschvoll geöffnet. Es war eine alte Frau, deren Haar teilweise weiß war und der – obgleich sie nicht unangenehm aussah – die Spuren der Armut auf ihre Stirn eingegraben waren. Sie trug ein altes wollenes Kleid und hatte schmutzige Pantoffeln an. Elise deutete mir gegenüber eine leichte Verbeugung an und ging hinein, worauf die alte Frau, als habe sie darauf gewartet, heftig die Tür zuschlug.

Ich stand eine Weile wie benommen da. Dann sah ich im trüben Schein der Petroleumlampe, daß auf der Tür mit Lackbuchstaben der Name »Ernst Weigert« geschrieben stand, und darunter: »Schneidermeister«. Das war wohl der Name des verstorbenen Vaters des Mädchens. Aus dem Inneren hörte man Stimmen, die zu streiten schienen. Dann wurde es ruhig und die Tür öffnete sich wieder. Die alte Frau entschuldigte sich umständlich für ihr unhöfliches Verhalten und lud mich ein, hereinzukommen. Die Tür führte in die Küche. Auf der Rechten war ein Fenster mit frischgewaschenen, schneeweißen Leinenvorhängen, auf der Linken ein Ofen aus primitiv aufgeschichteten Ziegelsteinen. Die Tür zum geradeaus liegenden Zimmer stand halb offen, und man sah ein mit weißem Tuch bedecktes Bett. Dort lag offenbar der tote Vater. Die alte Frau öffnete die Tür neben dem Ofen und führte mich hinein. Ich kam in eine zur Straße gelegene sogenannte *Mansarde*, d. h. ein Zimmer mit schräger Decke. Die Balken, die vom Dach herab zum Fenster verliefen, waren mit Tapeten beklebt. Dort, wo man aufrecht stehend an die Decke stoßen würde, stand ein Bett. Der Tisch in der Mitte des Zimmers war mit einem schönen Tuch bedeckt und darauf lagen einige Bücher und ein Fotoalbum. In einer Blumenvase steckten teure, eigentlich nicht hierher passende Blumen. Daneben stand, etwas verschämt, das Mädchen.

Sie war überaus schön. Über das milchweiße Gesicht lief im Schein der Lampe eine leichte Röte. Die schmalen zarten Hände und Füße paßten nicht zu einem Mädchen aus einer armen Familie. Nachdem die alte Frau das Zimmer verlassen hatte, sagte das Mädchen mit etwas dialektgefärbten Worten: »Verzeihen Sie mir bitte, daß ich Sie in meiner Gedankenlosigkeit hierher geführt habe. Sie scheinen ein guter Mensch zu sein und werden mich nicht verachten. Mein Vater wird morgen begraben und ich habe mich auf Schaumberg verlassen – Sie werden ihn nicht kennen: er ist der Chef des Viktoria-Theaters. Ich arbeite bereits seit zwei Jahren bei ihm. Deshalb dachte ich, er werde uns zweifellos helfen. Aber wer hätte erwartet, daß er mein Unglück ausnützen und mich zwingen würde, ihm zu Willen zu sein? Bitte retten Sie mich, das Geld werde ich von meinem schmalen Lohn zurückzahlen, auch wenn ich selbst nichts zu essen hab. Wenn Sie mir nicht helfen, muß ich tun, was meine Mutter sagt –«. Sie schluchzte und zitterte am ganzen Körper. In den Augen, mit denen sie zu mir aufschaute, war ein Zauber, der es mir unmöglich machte, nein zu sagen. Ob sie selbst von dieser Wirkung ihrer Augen wußte?

In meiner Tasche waren zwei oder drei Mark in Silberstükken, aber das war schwerlich genug. Ich nahm deshalb meine Uhr heraus und legte sie auf den Tisch: »Damit werden Sie eine Zeitlang zurechtkommen. Der Mann vom Leihhaus soll in der Monbijou-Straße Nr. 3 nach Ōta fragen. Ich werde die Uhr einlösen.«

Das Mädchen war sichtlich bewegt und drückte ihre Lippen auf meine ihr zum Abschied hingehaltene Hand, wobei heiße Tränen auf meinen Handrücken fielen.

Ach, was für ein unglückliches Schicksal führte sie in meine Unterkunft, um mir für diese Hilfe zu danken! In meinem Zimmer, wo ich – mit Schopenhauers Schriften zur Rechten und Schillers Werken zur Linken – jeden Tag konzentriert meinen Studien oblag, stand sie da wie eine einsam erblühte Blume. Von da an wurde der Kontakt zwischen mir und dem Mädchen enger. Auch meine Landsleute erfuhren davon und sie vermuteten sofort, daß ich unter den Tänzerinnen auf erotische Abenteuer aus sei. Aber zwischen uns beiden gab es nur harmlos-naive Freuden.

Unter meinen Landsleuten war einer – ich verzichte darauf, seinen Namen zu nennen – der gerne Ärger machte. Er berichtete meinem Vorgesetzten, daß ich häufig ins Theater ginge und mit Schauspielerinnen verkehrte. Mein Vorgesetzter, der sowieso unzufrieden war, daß ich mich so sehr in die Wissenschaft vertiefte, gab die Nachricht schließlich an die Botschaft weiter, und ich verlor Rang und Posten. Als der Botschafter mir dies mitteilte, sagte er zu mir: »Wenn Sie jetzt sofort in die Heimat zurückkehren, dann wird Ihnen ein Weg bereitet; falls Sie aber weiter hierbleiben, dann können Sie nicht mit offizieller Hilfe rechnen.« Ich bat mir eine Woche Bedenkzeit aus, und während ich hin und her überlegte, erhielt ich die zwei bittersten Briefe meines Lebens. Sie waren fast gleichzeitig aufgegeben worden: der eine war von meiner Mutter geschrieben, der andere kam von einem Verwandten und meldete mir den Tod meiner Mutter, die ich so sehr geliebt hatte. Ich vermag hier nicht zu wiederholen, was in dem Brief meiner Mutter stand, da mich die Tränen am Schreiben hindern.

Mein Umgang mit Elise war bis zu diesem Zeitpunkt reiner, als es Außenstehenden erscheinen mochte. Sie hatte wegen der Armut ihres Vaters nur eine ungenügende Erziehung genossen. Mit fünfzehn war sie dem Drängen eines Tanzlehrers gefolgt und hatte dieses niedrige Gewerbe erlernt. Nachdem sie den *Kursus* durchgemacht hatte, war sie in das Viktoria-Theater gekommen und nahm jetzt den zweiten Platz unter den Tänzerinnen ein. Aber das Los einer Tänzerin ist wahrlich elend – der Dichter Hackländer hat sie die modernen Sklaven genannt. Mit geringem Lohn an das Theater gefesselt, müssen sie tagsüber bei den Proben und abends auf der Bühne hart arbeiten. In der Theatergarderobe tragen sie Puder und Schminke auf und schmücken sich mit schönen Kleidern, aber draußen haben sie kaum genug zu essen und anzuziehen. Wie schwer muß es ihnen da fallen, Eltern und Geschwister zu ernähren! Deshalb sollen nur wenige schließlich nicht in jenes andere unendlich niedrige Gewerbe absinken. Elise war diesem Schicksal entgangen, dank ihrer stillen Art und der beschützenden Hand ihres stolzen Vaters. Sie hatte von klein auf gerne gelesen, hatte aber nur die »*Kolportage*« genannten gemeinen Romane der Leihbuchhändler in die Hände bekommen. Nachdem sie mich kennengelernt hatte, las sie die Bücher, die ich ihr lieh; ihr Geschmack bildete sich langsam, sie sprach besseres Deutsch und bald machte sie auch weniger orthographische Fehler in ihren Briefen. So ergab sich zwischen uns beiden zunächst ein Lehrer-Schüler-Verhältnis. Als sie von meiner unerwarteten Entlassung erfuhr, erbleichte sie. Ich verbarg vor ihr, daß es etwas mit ihr zu tun hatte, und sie bat mich: »Verschweig es bitte meiner Mutter.« Dies geschah aus Furcht, ihre Mutter würde mich von ihr fernhalten, wenn sie erführe, daß ich mein Stipendium verloren hatte.

Ach, ich brauche es hier wohl nicht ausführlicher darzustellen – aber eben um diese Zeit begann ich plötzlich eine stärkere Liebe für sie zu empfinden, so daß mir eine Trennung nicht mehr möglich erschien. Vielleicht wird sich mancher wundern oder mich auch kritisieren, daß ich mich, vor einer großen Lebensentscheidung stehend, so verhielt. Meine Liebe zu Elise war von dem Moment an, da ich sie zum ersten Mal sah, keineswegs schwach gewesen. Nun aber traf der Anblick ihrer rührend schönen Gestalt mit dem aufgelösten Haar und dem gesenkten Gesicht, in das Mitleid mit meinem unglücklichen Schicksal und Trauer über eine mögliche Trennung geschrieben standen, mein durch Kummer und Schmerz aufgewühltes Herz. Wie im Traum hatte sich unser Verhältnis entwickelt: Ich konnte nicht mehr anders.

Der Termin mit dem Botschafter kam näher, mein Schicksal rückte heran. Falls ich jetzt direkt nach Hause zurückkehrte, würde ich eine Chance haben, meinen Ruf, der durch den Abbruch des Studiums beschädigt war, wiederherzustellen. Bliebe ich aber, so hätte ich keine Möglichkeit, Geld für mein Studium zu erhalten.

Da kam mir Aizawa Kenkichi zu Hilfe, der nun mit mir

heimreist. Er war bereits in Tōkyō Privatsekretär von Graf Amakata gewesen. Als er im Amtsblatt von meiner Entlassung aus dem Beamtendienst las, überredete er den Chefredakteur einer bestimmten Zeitung, mich zum Korrespondenten zu machen und mich aus Berlin über Politik, Wissenschaft und Kunst berichten zu lassen.

Das Honorar, das mir die Zeitung zahlte, war kaum der Rede wert, aber wenn ich die Unterkunft wechselte und in einem anderen Gasthaus zu Mittag aß, so würde es für eine bescheidene Lebensführung reichen. Während ich derartige Überlegungen anstellte, bewies Elise ihre Liebe und warf mir einen Rettungsanker zu. Ich weiß nicht, wie sie ihre Mutter überredete, aber ich zog schließlich zu den beiden. Und irgendwann begannen wir auch unsere kümmerlichen Einnahmen zusammenzulegen. Mitten im Elend verbrachten wir eine glückliche Zeit.

Nach dem Morgenkaffee ging sie zu den Proben oder blieb zu Hause, wenn keine Proben waren. Ich begab mich zur Königsstraße, in eine Gaststätte, deren Straßenfront schmal war, die aber tief nach hinten ging. Dort las ich alle möglichen Zeitungen und notierte mir mit dem Bleistift dieses und jenes. In diesem von einem Deckenfenster erhellten Raum saßen junge Leute ohne feste Arbeit neben Greisen, die ihr weniges Geld verliehen und gemütlich vor sich hinlebten, und Geschäftsleuten, die eine kurze Pause an der Börse ausnützten, um sich hier auszuruhen. Was müssen wohl die Fremden über den Japaner gedacht haben, der eifrig schreibend an dem Steintisch saß, ohne zu beachten, daß der Kaffee, den die Kellnerin gebracht hatte, kalt wurde, und immer wieder zur Wand ging, wo zahllose Zeitungen zwischen langen Holzleisten eingeklemmt hingen? Und manche werden auch mit Verwunderung hinter dem ungewöhnlich zarten Mädchen, das aussah, als könne es auf einer ausgestreckten Handfläche tanzen, hergeblickt haben, wenn es an Tagen, an denen es Proben hatte, gegen ein Uhr auf dem Heimweg vorbeikam und mit mir die Gaststätte verließ.

Mein Studium lag darnieder. In dem von einer Lampe schwach erleuchteten Dachzimmer schrieb ich an meinem Tisch Zeitungsartikel und neben mir saß Elise, heimgekommen vom Theater, in ihrem Sessel und nähte. Während ich früher das vertrocknete Paragraphenlaub auf dem Papier zusammengekehrt hatte, sammelte ich nun alle möglichen Informationen und schrieb unter Einsatz meiner ganzen Kraft, mich eher an Heine als an Börne orientierend, die verschiedensten Artikel über die bewegte politische Situation und die neuen Erscheinungen im Bereich von Literatur und Kunst. Ich berichtete ausführlich darüber, wie Wilhelm I und Friedrich III hintereinander starben, über die Thronbesteigung des neuen Kaisers und über die Frage, ob Fürst Bismarck weiter im Amt bleiben oder seinen Rücktritt einreichen werde. So war ich in der Folge sehr beschäftigt und fand nahezu keine Zeit, die wenigen Bücher, die ich besaß, zu lesen und mich meinem ursprüglichen Studium zu widmen. In der Universität war ich noch eingeschrieben, da ich aber kaum das Kolleggeld bezahlen konnte, ging ich nur selten zu der einen Vorlesung, auf die ich mich beschränkt hatte.

Mein Studium lag darnieder. Aber ich entwickelte gewisse andere Kenntnisse. Worin sie bestanden? In Europa reicht wohl kein Land an Deutschland heran in der Verbreitung von Populärwissenschaft. Verstreut in Hunderten von Zeitungen und Zeitschriften erscheinen nicht selten überaus hochrangige Erörterungen. Ich las diese, seit ich Korrespondent geworden war, mit meinem während der Zeit, da ich noch häufiger die Universität aufsuchte, geschärften Blick. Ich las und las und schrieb ab und notierte. Dabei erweiterte sich mein Wissen, welches bisher nur einen einzigen schmalen Weg gekannt hatte, ganz von selbst, es wurde umfassend und erreichte ein Niveau, von dem die meisten meiner in Berlin studierenden Landsleute nur träumen konnten. Manche von ihnen konnten ja nicht einmal die Leitartikel der Zeitungen richtig lesen.

Es kam der Winter des Jahres 1888. In den Hauptstraßen

streute man Sand und ging mit dem Schneepflug durch. In der Klosterstraße war alles von einer glatten Eisschicht überzogen, unter der man noch hier und dort das bucklige Pflaster erahnen konnte. Wenn man morgens die Haustür öffnete, sah man elend verhungerte und erfrorene Spatzen tot daliegen. Obgleich wir das Zimmer warm hielten und im Herd Feuer machten, war die nordeuropäische Kälte, die durch Steinwände und Wollkleidung drang, kaum zu ertragen. Elise war vor wenigen Tagen abends auf der Bühne zusammengebrochen und nach Hause gebracht worden. Danach ging sie nicht mehr zur Arbeit, weil es ihr schlecht gehe, und übergab sich jedesmal, wenn sie etwas aß. Ihre Mutter bemerkte als erste, daß dies wohl bedeute, daß sie schwanger sei. Ach, mein Schicksal war ohnehin unsicher: was sollte ich tun, falls es stimmte?

Es war ein Sonntag und ich war zu Hause, aber mein Herz war schwer. Elise mußte nicht liegen. Sie hatte ihren Stuhl neben den kleinen Ofen gerückt und redete wenig. Da hörte man von der Wohnungstür her eine fremde Stimme und gleich darauf brachte mir Elises Mutter, die sich in der Küche aufgehalten hatte, einen Brief. Es war die mir bekannte Handschrift Aizawas, aber das Couvert trug eine preußische Briefmarke und war in Berlin abgestempelt. Als ich den Brief verwundert öffnete, las ich: Da sich meine Reise plötzlich ergeben hat, konnte ich Dir nicht mehr vorher Bescheid sagen. Ich bin als Begleitung des gestern hier eingetroffenen Ministers Amakata hierhergekommen. Der Graf sagt, er möchte Dich sehen; deshalb komm bald. Jetzt ist die Zeit, Deine Ehre wiederherzustellen. Es drängt mich, Dir zu schreiben; deshalb hier nur das Wichtigste. – Als Elise meinen ratlosen Gesichtsausdruck nach der Lektüre des Briefes sah, fragte sie: »Ist es ein Brief aus der Heimat? Etwa eine schlechte Nachricht?« Sie dachte wohl, es sei eine Nachricht von meiner Zeitung wegen des Honorars. »Nein, mach dir keine Sorgen. Aizawa, dessen Namen du ja kennst, ist zusammen mit einem Minister hierhergekommen und will mich treffen. Er schreibt, es eilt; deshalb will ich gleich gehen.«

Eine Mutter, die ihr geliebtes einziges Kind losschickt, wird kaum fürsorglicher sein: Wohl weil sie dachte, ich würde vielleicht auch den Minister treffen, stand Elise trotz ihrer Krankheit auf, suchte ein besonders weißes Hemd aus, holte den sorgfältig verpackten zweireihigen *Gehrock* hervor und half mir beim Anziehen. Selbst die Krawatte band sie mir mit eigener Hand um.

»Niemand wird sagen können, du sähest nicht gut aus. Sieh dich in meinem Spiegel an! Warum machst du ein so trübseliges Gesicht? Am liebsten würde ich mit dir gehen.« Meinen Gehrock zurechtrückend sagte sie: »Nein, so angezogen siehst du irgendwie nicht wie mein Toyotarō aus.« Und dann, nach einem kurzen Nachdenken: »Verlaß mich nicht, auch wenn du reich und vornehm wirst! Auch wenn meine Krankheit sich nicht als das rausstellt, was Mutter sagt.«

»Reich und vornehm?« – Ich lächelte. »Ich habe schon vor einigen Jahren die Hoffnung aufgegeben, in der Politik etwas zu werden. Den Minister will ich gar nicht treffen. Ich will meinen Freund besuchen, den ich lange nicht gesehen habe.« Unten auf der Straße kam die *Droschke* erster Klasse, welche die Mutter gerufen hatte, an. Die Räder knirschten auf dem Schnee. Ich zog die Handschuhe an, hängte mir den etwas angeschmutzten Mantel über die Schultern, ohne in die Ärmel zu schlüpfen, nahm den Hut und ging, nachdem ich Elise einen Kuß gegeben hatte, hinab. Sie öffnete das vereiste Fenster und blickte meiner Droschke nach. Ihr aufgelöstes Haar wehte im Nordwind.

Vor dem Eingang des Kaiserhofs stieg ich aus. Ich fragte den Pförtner nach der Zimmernummer des Sekretärs Aizawa und stieg die Marmortreppe hinauf – ich hatte lange nicht mehr einen solchen Ort betreten. Ich kam in einen Vorraum mit einem Pfeiler in der Mitte, an den ein *Plüsch*bezogenes *Sofa* gerückt war, und einem Spiegel an der Stirnwand. Hier legte ich meinen Mantel ab. Als ich über den Korridor bis zu dem Zimmer gegangen war, zögerte ich etwas: Mit was für einem Gesichtsausdruck würde mich Aizawa heute empfangen? –

Aizawa, der damals, als wir zusammen studierten, meine korrekte Lebensweise aufs höchste gelobt hatte! Als ich in das Zimmer trat, fand ich ihn in seinem Äußeren etwas beleibter und kräftiger geworden als früher, aber sein lebhaftes Temperament war unverändert. Mein Fehlverhalten schien er nicht so schwer zu nehmen. Ohne Zeit zu haben, ausführlich darzustellen, was geschen war, seit wir voneinander Abschied genommen hatten, wurde ich dem Minister vorgestellt. Mir wurde aufgetragen, einige eilige, deutsch geschriebene Papiere zu übersetzen. Als ich die Papiere entgegengenommen hatte und aus dem Zimmer trat, folgte mir Aizawa und schlug vor, zusammen mit ihm Mittag zu essen.

Beim Essen fragte er mich vieles und ich erzählte ihm vieles. Denn sein Lebensweg war insgesamt normal und glatt verlaufen, während mein Leben voller Mühen und Wechselfälle gewesen war.

Als ich ihm offenherzig meine unglückliche Geschichte erzählte, drückte er mehrfach sein Erstaunen aus, tadelte mich aber nicht. Er kritisierte vielmehr die übrigen, mittelmäßigen Studenten. Als ich zu Ende erzählt hatte, nahm er einen ernsten Gesichtsausdruck an und sagte in mahnendem Ton: Diese Geschichte habe ihren Grund in meiner angeborenen Willensschwäche. Das könne man jetzt nachträglich nicht kritisieren. Allerdings: ob jemand, der Kenntnisse und Fähigkeiten habe, immer weiter von seinem Gefühl für ein kleines Mädchen gefesselt ein zielloses Leben führen sollte? Momentan habe Graf Amakata nur die Absicht, meine Deutschkenntnisse in Anspruch zu nehmen. Er selbst werde, da der Graf den Grund für meine Entlassung kenne, nicht darauf drängen, daß dieser seine Meinung ändere: Wenn der Graf den Eindruck bekäme, er, Aizawa, wolle mich unter Vorspiegelung falscher Tatsachen protegieren, so würde das mir nichts nützen und ihm selbst schaden. Die beste Empfehlung sei Leistung. Ich solle meine Fähigkeiten zeigen und so das Vertrauen des Grafen gewinnen. Und was meine Beziehung zu jenem Mädchen betreffe: auch wenn sie mich aufrichtig liebe, auch wenn unsere Verbindung inzwischen sehr eng geworden sei, so handele es sich doch nicht um eine Liebe, die auf der Kenntnis der Fähigkeiten und des Charakters des Anderen beruhe. In diese Beziehung sei ich nur aus Anpassung an ein konventionelles Verhalten hineingeschlittert. Ich solle mich entschließen, sie abzubrechen. Dies etwa war der Inhalt seiner Worte.

Wie jemand, der ohne Steuerruder auf dem Ozean treibt und in der Ferne einen Berg erblickt, so war mir zumute, als Aizawa mir diesen Weg in die Zukunft wies. Aber der Berg war noch von dichtem Nebel verhüllt. Es war unklar, wann ich dort hinkommen würde, und ob mein Herz dort Befriedigung finden würde. Trotz der Armut war mein jetziges Leben glücklich, und auf Elises Liebe konnte ich kaum verzichten. Mein schwacher Wille vermochte zu keiner Entscheidung zu kommen, aber ich folgte fürs erste dem Rat des Freundes und versprach, die Verbindung abzubrechen. Wenn es darum geht, auf meinem Standpunkt zu beharren, leiste ich einem Gegner Widerstand, aber einem Freund gegenüber kann ich nicht nein sagen.

Ich verabschiedete mich und ging nach draußen. Der Wind blies mir ins Gesicht. Da ich aus dem Speisesaal des *Hotels* kam, dessen Doppelfenster fest verschlossen waren und in dem ein großer Kachelofen den Raum heizte, empfand ich die Kälte durch meinen dünnen Mantel hindurch (es war nachmittags um vier Uhr) besonders schmerzhaft. Äußerlich fror ich und auch in meinem Herzen breitete sich eine Art Kälte aus.

Die Übersetzung erledigte ich in einer einzigen Nacht. Meine Besuche im Kaiserhof wurden danach immer häufiger. Anfangs sprach der Graf nur geschäftsmäßig mit mir, später dann fragte er mich nach meiner Meinung über neuere Ereignisse in der Heimat. Manchmal erzählte er mir auch über Fehler und Mißerfolge anderer Mitglieder der Delegation und lachte darüber.

Ein Monat ging vorüber. Eines Tages fragte mich der Graf

plötzlich: »Ich muß morgen früh nach Rußland abfahren. Können Sie mitkommen?« Ich hatte Aizawa, der sehr beschäftigt war, mehrere Tage nicht gesehen. So kam diese Frage für mich völlig überraschend. »Wie sollte ich Ihrem Befehl nicht Folge leisten?« Ich will meine Schande bekennen: diese Antwort beruhte nicht auf einem schnellen Entschluß. Wenn ich von einem Menschen, dem gegenüber ich Vertrauen geschöpft habe, unvorbereitet um etwas gebeten werde, dann sage ich zuweilen im selben Augenblick, ohne so recht die Reichweite meiner Antwort zu bedenken, direkt zu. Häufig merke ich nach meiner Zusage, daß mein Versprechen schwer zu halten ist, aber ich schicke mich dann ins Unvermeidliche und führe es aus, mühsam verbergend, daß ich meine Zusage gedankenlos gegeben habe.

An diesem Tag erhielt ich außer dem Übersetzungshonorar noch die Reisekosten ausgezahlt. Ich kehrte heim und übergab Elise das Geld. Damit sollte sie die Lebenskosten bis zu meiner Rückkehr aus Rußland bestreiten. Sie hatte sich von einem Arzt untersuchen lassen und dieser hatte ihr gesagt, daß sie in anderen Umständen sei. Weil sie an Blutarmut litt, hatte sie ihre Schwangerschaft mehrere Monate lang nicht bemerkt. Von dem Theaterdirektor hatte sie Nachricht erhalten, daß sie entlassen sei, weil sie allzu lange gefehlt habe. Da sie erst einen Monat fehlte, gab es für diese Strenge wohl einen anderen Grund. Sie zeigte keine große Besorgnis über meine Abfahrt, denn sie glaubte fest an meine Treue.

Mit der Eisenbahn war es keine so weite Reise. So benötigte ich keine besonderen Vorbereitungen. Ich packte nur den geliehenen Frack, dazu einen neugekauften Gothaer Almanach des russischen Adels und ein paar Lexika in einen kleinen Koffer. Da ich mir dachte, daß Elise, nach den vielen Sorgen der letzten Zeit nun allein zurückgelassen, sich einsam und verlassen fühlen würde, und da ich fürchtete, daß sie beim Abschied auf dem Bahnhof weinen würde, schickte ich sie früh am nächsten Morgen zusammen mit ihrer Mutter zu Bekannten. Dann zog ich mich für die Reise an, schloß die Tür und gab den Schlüssel bei dem neben dem Hauseingang wohnenden Schuster ab.

Was soll ich über die Reise nach Rußland berichten? Meine Aufgabe als Dolmetscher riß mich schlagartig aus dem Alltag heraus und setzte mich über den Wolken ab: Die Pracht des Hofes, welcher sozusagen den äußersten Pariser Luxus mitten in Eis und Schnee versetzte, der sich in den Orden und *Epauletten* spiegelnde Glanz der unzähligen gelben Wachskerzen, die glitzernden Fächer der Hofdamen, die beim Feuer der mit allerlei Skulpturen reichgeschmückten *Kamine* die Kälte vergaßen – in solcher Umgebung hielt ich mich im Gefolge des Grafen in Petersburg auf. Da ich in unserer Delegation am flüssigsten Französisch sprach, mußte ich auch häufig zwischen Hausherr und Gästen vermitteln und dolmetschen.

Ich hatte Elise nicht vergessen. Das heißt, ich konnte sie nicht vergessen, da sie mir täglich Briefe schrieb. An dem Tag meiner Abfahrt habe sie, aus Furcht davor, zum ersten Mal wieder alleine im Scheine der Lampe zu sitzen, den Abend bis spät in die Nacht bei den Bekannten mit Gesprächen zugebracht, sei dann, als sie müde wurde, nach Hause gegangen und sofort eingeschlafen. Als sie am nächsten Morgen aufgewacht sei, habe sie zunächst gedacht, ob es nicht ein Traum sei, daß sie allein zurückgeblieben sei. Eine solche Verlassenheit, wie sie an diesem Tag nach dem Aufstehen verspürt habe, habe sie nicht einmal damals gekannt, als sie sich nur mühsam über Wasser gehalten und nicht gewußt habe, woher sie tagsüber zu essen bekommen solle. Das etwa war der Inhalt ihres ersten Briefes.

Ein späterer Brief schien in starker Erregung geschrieben: Er begann mit dem Wort »Nein«: »Nein, jetzt erst weiß ich, wie tief meine Liebe zu Dir ist. Du hast gesagt, daß Du in Deiner Heimat keine nahen Verwandten hast. Das heißt wohl, Du würdest bleiben, wenn Du hier Deinen Lebensunterhalt verdienen könntest. Außerdem muß ich Dich mit meiner Liebe hier binden. Falls mir das nicht gelingt und Du in den Osten heimkehrst, würde es mir zwar nichts ausmachen, zusammen mit meiner Mutter dorthinzugehen, aber wie sollen wir die riesigen Fahrtkosten bezahlen? Meine Absicht war immer, egal mit welcher Arbeit, hier in dieser Stadt zu bleiben und auf den Tag zu warten, da Du berühmt werden würdest. Aber während der zwanzig Tage, seit Du auf die kurze Reise gegangen bist, empfinde ich jeden Tag stärker die Trennung. Es war ein Irrtum zu glauben, der Schmerz des Auseinandergehens dauere nur einen Moment. Es ist nun unverkennbar, daß ich schwanger bin. Verlaß mich auf keinen Fall, egal was passiert! Mit Mutter habe ich mich heftig gestritten. Aber sie hat nachgegeben, als sie merkte, daß mein Entschluß diesmal unumstößlich ist. Sie sagt, sie werde zu fernen Verwandten auf dem Lande bei Stettin gehen, wenn ich in den Osten gehe. Da Du, wie Du schreibst, von dem Herrn Minister geschätzt wirst, werden wir die Reisekosten schon irgendwie zusammenbekommen. Jetzt aber warte ich nur auf den Tag, da Du nach Berlin zurückkommst.«

Ach, als ich diesen Brief las, sah ich zum ersten Mal meine Situation klar vor Augen. Ich schämte mich: wie unempfindlich war ich gewesen. Ich hatte mir eingebildet, über mein eigenes Schicksal und auch über das des anderen Menschen, der mit mir zusammenhing, einen festen Entschluß getroffen zu haben. Aber der Entschluß galt nur für die Zeit, da es mir gutging, nicht für eine schwierige Periode. Als ich meine Beziehung zu anderen zu betrachten versuchte, da war der Spiegel in meinem Inneren, auf den ich mich verlassen hatte, trüb.

Der Minister behandelte mich nun sehr freundlich. In meiner Kurzsichtigkeit sah ich jedoch nur die Arbeit, die ich gerade ausführte. Gott weiß, daß ich nicht daran dachte, meine Zukunftshoffnungen hiermit zu verknüpfen. Als mir meine Lage jetzt zu Bewußtsein kam: konnte ich da gleichgültig bleiben? Damals als mir mein Freund diese Arbeit vermittelte, erschien mir das Vertrauen des Ministers in unerreichbarer Ferne. Jetzt, da ich es langsam gewonnen zu haben glaubte, flocht Aizawa gelegentlich ein, daß wir auch nach seiner Rückkehr nach Japan weiter so miteinander umgehen würden. Ob er sich hiermit auf etwas bezog, was der Minister gesagt hatte, was er aber auch als Freund mir nicht offen mitteilen durfte, da es eine amtliche Angelegenheit war? Wenn ich jetzt zurückdenke, so hatte er wohl mein leichtfertig gegebenes Versprechen, die Beziehung zu Elise abzubrechen, umgehend dem Minister berichtet.

Ach, als ich damals nach Deutschland kam, meinte ich zunächst, ich hätte den Weg, meine eigentlichen Fähigkeiten zu entwickeln, gefunden; und ich schwor mir, kein mechanischer Mensch zu werden. War ich da nicht wie der Vogel, der, mit gebundenen Füßen losgelassen, einen Moment lang stolz auf seine Freiheit die Flügel schlägt? Es gab kein Mittel, die Schnur an meinen Füßen zu lösen. Früher hatte mein Vorgesetzter im Ministerium mich mit dieser Schnur dirigiert. Nun hielt – leider! – Graf Amakata diese Schnur in seinen Händen.

Genau am Neujahrsmorgen kehrte ich mit der Reisegesellschaft des Ministers nach Berlin zurück. Ich verabschiedete mich am Bahnhof und fuhr mit der Droschke nach Hause. In Deutschland ist es üblich, die Silvesternacht wachzubleiben und am Neujahrstag auszuschlafen. So lagen die Straßen still und verlassen da. Es war sehr kalt. Der Schnee auf dem Weg war zu scharfen Eisschollen gefroren, die im Sonnenlicht glitzerten. Der Wagen bog in die Klosterstraße ein und hielt vor der Haustür. In diesem Moment hörte ich, wie ein Fenster geöffnet wurde, konnte aber vom Wagen aus nichts sehen. Als ich dem Kutscher den Koffer gab und die Treppe hinaufgehen wollte, lief mir Elise auf der Treppe entgegen und fiel mir mit einem Schrei um den Hals. Der Kutscher sah indigniert zu und murmelte irgendetwas in seinen Bart, aber sie hörte es nicht:

»Gut, daß du heimgekehrt bist! Ich wäre gestorben, wenn du nicht gekommen wärst!«

Bis zu diesem Moment hatte mein Herz geschwankt: die Sehnsucht nach der Heimat und der Wunsch nach Erfolg und Ruhm hatten manchmal die Liebe beiseitegedrängt. Aber in diesem Moment wich alles Zögern und Zaudern von mir: ich nahm sie in die Arme, sie legte den Kopf an meine Schulter und vergoß Tränen der Freude.

»In welches Stockwerk soll ich den Koffer tragen?« – die grobe Stimme des Kutschers, der vorausgegangen war und nun oben auf der Treppe stand.

Ich gab ihrer Mutter, die mir entgegenkam, ein Silberstück und bat sie, damit den Kutscher zu bezahlen. Ich wurde von Elise bei der Hand genommen und eilig in die Wohnung geführt. Der Anblick versetzte mich in Erstaunen. Denn auf dem Tisch türmte sich weißes Baumwollzeug und weiße Spitzen.

Elise wies lächeld darauf: »Was hältst du von meinen Vorbereitungen?« Sie nahm dabei ein Stück Baumwollzeug hoch: es war eine Windel. »Stell dir vor, wie glücklich ich bin. Das Kind wird vielleicht dir ähnlich sehen und deine dunklen Augen haben. Deine Augen! Ach, nur im Traume habe ich deine dunklen Augen gesehen. Wenn das Kind da ist, wird deine Rechtschaffenheit es doch nicht zulassen, daß es einen fremden Familiennamen trägt?« Sie senkte den Kopf: »Du lachst vielleicht über meine Kindlichkeit. Aber wie froh werde ich sein an dem Tag, wenn wir zusammen vor den Altar treten.« Sie sah mich unter Tränen an.

Mehrere Tage lang suchte ich den Minister nicht auf, denn ich dachte, er müsse von der Reise erschöpft sein. Ich ging nicht aus und blieb zu Hause, aber eines Tages gegen Abend kam ein Bote, um mich zum Minister zu rufen. Ich ging hin und wurde besonders gnädig empfangen, Nachdem der Minister mir für meine Arbeit in Rußland gedankt hatte, fragte er, ob ich keine Lust habe, mit ihm nach Osten heimzukehren. Er kenne zwar nicht das Ausmaß meiner wissenschaftlichen Fähigkeiten, aber meine Sprachkenntnisse allein würden schon hinreichen. Da ich so lange in diesem Lande lebe, habe er gedacht, ich werde hier wohl verschiedene menschliche Bindungen haben. Aizawa habe ihm aber auf seine Frage hin Auskunft gegeben, daß dem nicht so sei, was ihn beruhigt habe. Die Art, wie er sprach, duldete keine Absage. Obgleich ich einen Schrecken bekam bei seinen Worten, konnte ich auch nicht sagen, Aizawa habe gelogen. Wenn ich jetzt diese ausgestreckte Hand nicht ergriffe, würde ich nicht nur mein Vaterland verlieren, sondern auch jede Möglichkeit, meine Ehre wiederherzustellen, und ich würde im Menschenmeer dieser riesigen europäischen Großstadt begraben werden – dieser Gedanke schoß mir durch den Kopf. Ach, welche Treulosigkeit, daß ich »Ihr Wunsch ist mir Befehl« antwortete!

Selbst wenn mein Gesicht aus Eisen gewesen wäre: was sollte ich zu Hause Elise sagen? Die Verwirrung in meinem Inneren, als ich aus dem *Hotel* trat, war unbeschreiblich. Ich wußte nicht, wohin ich ging, und war völlig in Gedanken verloren. Mehrmals sprang ich im letzten Moment vor Pferdewagen zur Seite und wurde von den Kutschern wegen meiner Unachtsamkeit beschimpft. Als ich nach einiger Zeit um mich blickte, befand ich mich in der Nähe des Tiergartens. Ich ließ mich auf eine Bank am Wegesrand fallen und lehnte meinen brennenden Kopf, in dem es wie von Hammerschlägen dröhnte, an die Lehne. Ich weiß nicht, wieviel Stunden ich wie tot dasaß. Als ich, von der schmerzhaften Kälte geweckt, zu mir kam, war es Nacht und dichter Schnee fiel herab. Auf meiner Hutkrempe und meinen Schultern lag der Schnee einen Zoll hoch.

Es war wohl bereits 11 Uhr vorüber. Die Schienen der Pferdebahn auf der Karlstraße in Moabit waren vom Schnee zugedeckt und die Gaslaternen neben dem Brandenburger Tor leuchteten einsam herüber. Ich wollte aufstehen, aber meine Beine waren starr vor Kälte. Ich rieb sie mit beiden Händen, bis ich endlich loszugehen vermochte.

Ich kam nur langsam voran, und als ich in der Klosterstraße anlangte, war es wohl bereits nach Mitternacht. Ich wußte nicht, wie ich bis hierher gekommen war. Da es Anfang Januar war, gingen in den Wirtschaften und Cafés an der Allee Unter den Linden zweifellos noch viele Leute ein und aus, aber ich hatte nichts davon bemerkt. Mein Kopf war nur erfüllt von dem Gedanken, daß ich ein unentschuldbares Verbrechen begangen hatte.

In der Mansarde im vierten Stock schlief Elise offenbar noch nicht. Wenn ich angestrengt in den dunklen Himmel hinaufschaute, war das Licht wie ein leuchtender Stern klar sichtbar. Aber es wurde von den unablässig fallenden Schneeflocken mal verdeckt, mal tauchte es wieder auf, so als ob der Wind mit ihm spiele. Als ich in die Haustür trat, machte sich meine Erschöpfung bemerkbar, und die Gliederschmerzen wurden so heftig, daß ich nur halb kriechend die Treppe hinaufkam. Ich ging an der Küche vorbei und öffnete die Tür zum Wohnzimmer. Elise, die am Tisch gesessen und Windeln genäht hatte, drehte sich um und stieß einen kurzen Schrei aus: »Was ist mit dir! Wie siehst du aus!«

Sie war mit Recht erschrocken. Mein Gesicht war bleich wie das eines Toten. Den Hut hatte ich unterwegs irgendwo verloren, meine Haare waren wirr, und da ich auf dem Wege mehrfach hingestürzt war, war meine Kleidung von Schneematsch beschmutzt und hier und da zerrissen.

Ich wollte antworten, aber konnte nicht sprechen. Meine Knie zitterten heftig und ich vermochte nicht länger aufrecht zu stehen. Ich erinnere mich, daß ich einen Stuhl zu fassen versuchte, dann aber auf den Fußboden sank.

Erst mehrere Wochen später kam ich wieder zu Bewußtsein. Während ich, vom Fieber geschüttelt, nur wirr durcheinander geredet hatte und von Elise liebevoll gepflegt worden war, war Aizawa eines Tages an mein Krankenbett gekommen, und sie hatte das, was ich vor ihr geheim gehalten hatte, in allen Einzelheiten erfahren. Er hatte dem Grafen nur von meiner Krankheit berichtet und alles in für mich günstiger Weise gefügt. Als ich nun zum ersten Mal Elise sah, die an meinem Krankenbett saß, erschrak ich über ihr verändertes Aussehen. Dank Aizawas Hilfe litt sie keine materielle Not, aber dieser, mein Wohltäter, hatte sie seelisch getötet.

Wie ich später hörte, hatte sie, als sie mit Aizawa zusammentraf, von meinem Aizawa gegebenen Versprechen erfahren und auch von meinem an jenem Abend dem Minister gegebenen Ja. Sie war von ihrem Sitz aufgesprungen, mit erdfahlem Gesicht, und hatte ausgerufen: »Mein Toyotarō! Hast du mich so betrogen!« – und war auf der Stelle niedergesunken. Aizawa hatte ihre Mutter gerufen, und sie hatten zusammen Elise aufs Bett getragen. Als sie nach einer Weile wieder zu sich gekommen sei, habe sie starr vor sich hingeblickt und niemanden, der um sie war, erkannt. Sie habe meinen Namen gerufen und mich verflucht, sich die Haare gerauft und ins Bettzeug gebissen, dann, als habe sie sich plötzlich besonnen, habe sie etwas zu suchen begonnen. Ihre Mutter habe ihr alle möglichen Dinge in die Hand gegeben, die sie aber alle von sich geworfen habe. Erst als ihr eine der auf dem Tisch liegenden Windeln gegeben worden sei, habe sie diese forschend angesehen, sie dann an ihr Gesicht gepreßt und geweint.

Danach habe sie sich nicht mehr laut gebärdet, aber ihre seelischen Reaktionen seien fast völlig zum Erliegen gekommen, und sie sei tumb wie ein kleines Kind geworden. Man habe sie von einem Arzt untersuchen lassen, und der habe gesagt, es handele sich um eine plötzlich aufgetretene *Paranoia* aufgrund einer übermäßigen seelischen Erschütterung. Es bestehe keine Hoffnung auf Heilung. Man habe sie in die Irrenanstalt von Dalldorf bringen wollen, sie habe sich aber dagegen gewehrt und habe geweint und geschrien. Danach habe sie jene eine Windel ständig bei sich getragen, habe sie immer wieder hervorgeholt und angesehen, und habe dann vor sich hingeweint. Sie sei nicht von meinem Krankenbett gewichen, aber auch dies sei offenbar nicht bewußt geschehen. Nur ab und zu habe sie gesagt, so als ob sie sich an etwas erinnere: »–die Medizin, bringt die Medizin.«

Ich genas vollständig. Wie oft habe ich mit Elises lebendem Leichnam im Arm Tränenströme vergossen! Als ich mit dem Minister in Richtung Osten abfuhr, gab ich, nachdem ich mich mit Aizawa beraten hatte, Elises Mutter Geld, das für eine bescheidene Lebensführung ausreichte, und bat sie, für das Kind zu sorgen, welches ich im Leibe der bedauernswerten Wahnsinnigen zurückließ.

Ach, ein so guter Freund wie Aizawa Kenkichi ist schwerlich noch einmal zu finden. Aber in mir ist bis heute etwas, das ihn haßt.

WELLENSCHAUM
(1890)

I

Kraftvoll steht auf einem von mehreren Löwen gezogenen Wagen das Standbild der Göttin Bavaria; angeblich ließ es der frühere König, Ludwig I., auf dem Siegestor aufstellen. Biegt man hier von der Ludwigstraße nach links ein, so erblickt man ein großes Gebäude aus Tridentiener Marmor: Dies ist die Kunstakademie, eine berühmte Sehenswürdigkeit der bayerischen Hauptstadt. Der Ruhm des Direktors Piloty reicht weit, und zahllose Bildhauer und Maler kommen hier zusammen, nicht nur aus den deutschen Ländern, sondern auch aus dem Neuen Griechenland, aus Italien, Dänemark usw. Nach der Tagesarbeit gehen sie in das *Café Minerva* gegenüber der Akademie und vergnügen sich, Kaffee oder Bier trinkend, jeder auf seine Weise. Auch an diesem Abend hörte man von drinnen fröhliches Lachen, während sich das Licht der Gaslaternen in den halbgeöffneten Fenstern spiegelte, als gerade zwei Männer beim Eingang ankamen.

Der vordere mit seinem liederlich ungekämmten braunen Haar und dem schief gebundenen breiten Halstuch war für jedermann unschwer als einer der hiesigen Kunststudenten zu erkennen. Er blieb stehen, öffnete die Tür und sagte zu dem hinter ihm hereinkommenden dunkelhäutigen, kleinen Mann gewandt: »Hier ist es.«

Den beiden schlug zunächst Tabaksqualm entgegen, so daß sie im ersten Moment die Leute im Café nicht erkennen konnten. Diese waren offenbar schon daran gewöhnt, selbst zu dieser, auch nach Sonnenuntergang noch heißen Jahreszeit, ohne die Fenster ordentlich zu öffnen, mitten in solchem Qualm zu sitzen. »Ist das nicht Exter! Eh' man sich's versieht, ist er wieder da!« – Nach den Rufen von allen Seiten zu urteilen, schien der Ankömmling unter den Gästen gute Bekannte zu haben. Währendessen beobachteten die in der Nähe Sitzenden neugierig den, der als zweiter hereingekommen war. Der Beobachtete, wohl unwillig über diese Unhöflichkeit der Gäste, zog einen Moment lang die Augenbrauen zusammen, zeigte dann aber, als habe er es sich anders überlegt, ein leichtes Lächeln und überblickte den Raum.

Da er gerade mit dem Zug aus Dresden angekommen war, fiel ihm auf, wie anders dieses Café als die dortigen aussah. Einige von den runden Marmortischen waren, wohl noch vom Abendessen, mit weißen Tüchern bedeckt. An den anderen, abgedeckten saßen Gäste, vor sich zylinderförmige Tonkrüge, die wohl vier oder fünf japanische Reisweinfläschchen fassen mochten und mit bogenförmigen Griffen versehen sowie mit metallenen Klappdeckeln verschlossen waren. Auf den unbesetzten Tischen standen Kaffeetassen, alle in eigentümlicher Manier umgekehrt, mit daraufgesetzten Untertassen, auf die einige Stückchen Zucker gehäuft waren.

Die Gäste, zwar höchst verschieden in Kleidung und Sprache, waren alle gleicherweise langhaarig und unordentlich angezogen. Daß sie trotzdem keinen unbedingt gemeinen Eindruck machten, lag wohl daran, daß sie in der Welt der Kunst lebten. Ganz besonders lebhaft ging es an dem großen Tisch in der Mitte des Raumes zu. Während an den anderen Tischen ausschließlich Männer saßen, sah man hier auch ein Mädchen. Als sich ihr Blick mit dem des Mannes traf, den Exter gerade mitgebracht hatte, schienen beide überrascht zu sein.

Vielleicht weil der Neuankömmling ein ungewohnter Gast in dieser Runde war? Aber auch die Gestalt des Mädchens vermochte sehr wohl jemanden, der ihr zum ersten Mal begegnete, zu beeindrucken. Ihr Antlitz unter dem breitkrempigen, schmucklosen Hut – sie mochte siebzehn oder achtzehn Jahre alt sein – war von einer Schönheit, daß man meinte, eine antike Venusstatue vor sich zu haben. In ihrer Haltung war etwas Stolzes, so daß sie nicht den Eindruck eines gewöhnlichen Menschen machte. Als Exter jemandem am Tisch nebenan auf die Schulter schlug und ausrief: »Worüber redet ihr?«, sagte sie: »Hier hat niemand etwas Interessantes zu erzählen. Ich würde mich nicht wundern, wenn man sich schließlich widerwärtigen Dingen wie Kartenspiel und Billard zuwendete. Aber wollen Sie nicht mit Ihrem Begleiter herüberkommen?« Während das Mädchen sie lächelnd einlud, horchte der neue Gast aufmerksam auf ihre helle Stimme.

»Wer würde nicht dorthin gehen, wo Fräulein Marie ist! Hört zu, ihr anderen. Ich habe heute Herrn Kose mitgebracht, um ihn in den Kreis des ›Minerva‹ einzuführen. Er ist ein Maler aus dem fernen Japan.« Von Exter so vorgestellt, trat sein Begleiter näher und verbeugte sich. Nur die Ausländer standen auf und nannten ihre Namen. Die anderen erwiderten seine Begrüßung im Sitzen, offenbar aber nicht aus Geringschätzung, sondern weil es in diesem Kreise so üblich war.

Exter: »Ihr wißt, daß ich meine Verwandten in Dresden besucht habe. Dabei traf ich in der Gemäldegalerie dort Herrn Kose und knüpfte mit ihm eine Bekanntschaft an. Als nun Herr Kose aufbrach, um sich eine Zeit lang an der hiesigen Kunstakademie aufzuhalten, machte ich mich zusammen mit ihm auf den Heimweg.« Alle drückten Kose gegenüber ihre Freude aus, jemanden kennenzulernen, der von soweit her gekommen sei, und redeten von allen Seiten gleichzeitig auf ihn ein: »In der Universität sehen wir manchmal Angehörige Ihrer Nation, aber in der Akademie sind Sie der erste. Da Sie heute angekommen sind, werden Sie die *Pinakothek* oder den Ausstellungssaal des Kunstvereins noch nicht gesehen haben; aber was denken Sie über die süddeutsche Malerei, soweit Sie anderswo Bilder gesehen haben? Und mit welchem Ziel sind Sie jetzt hier?« Aber Marie hielt sie zurück: »Einen Augenblick! Bedenkt ihr nicht, wie lästig es Herrn – Kose, wenn ich nicht irre? – sein muß, von allen gleichzeitig gefragt zu werden? Wenn ihr etwas fragen wollt, dann bitte etwas langsamer!« Worauf die andern lachten: »Aha, die gestrenge Hausherrin!« Kose aber begann mit einem etwas seltsamen Akzent, aber in nicht ungeschicktem Deutsch zu erzählen:

»Ich bin nicht zum ersten Mal in München. Vor sechs Jahren fuhr ich über München nach Sachsen. Bei dieser Gelegenheit habe ich mir nur die Bilder in der Pinakothek angesehen, konnte jedoch keine Bekanntschaft mit jemandem von der Akademie anknüpfen. Denn mich drängte es damals nach Dresden, dessen Gemäldegalerie seit der Abfahrt aus der Heimat mein Ziel war. Aber daß ich wieder hierher gekommen und in Ihren Kreis eingetreten bin, das wurde bereits damals vorbestimmt.

Bitte hören Sie zu, ohne meine Geschichte als kindisch abzutun. Es war am letzten Tage des *Karnevals*festes. Als ich aus der *Pinakothek* trat, hatte es gerade aufgehört zu schneien. Jeder Zweig der Allee auf der Mitte der Straße war von dünnem Eis umhüllt, welches im Licht der eben angezündeten Lampen glitzerte. Menschen in allen möglichen ungewöhnlichen Kleidern und mit weißen oder schwarzen Masken vor den Gesichtern gingen in Gruppen umher. Hier und da hatte man Decken aus den Fenstern gehängt, um zuzuschauen. Als ich in das *Café l'Orient* am Karlsplatz eintrat, sah ich die verschiedensten Kostüme miteinander wetteifern, so daß gerade die wenigen Alltagskleider ins Auge fielen. Alle warteten wohl darauf, daß die Tanzsäle wie das *Colosseum* oder das *Victoria* öffneten.«

Als er bis hierher erzählt hatte, kam eine Kellnerin mit einer bis zur Brust reichenden weißen Schürze, in jeder Hand vier oder fünf große Krüge voll überschäumenden Bieres: »Ich wollte von einem neuen Faß zapfen. Deshalb hat es so lang gedauert. Verzeiht bitte!« Mit dieser Entschuldigung reichte sie das Bier denen, die ihre Krüge schon leergetrunken hatten. Aber das Mädchen rief die Kellnerin mit »Hierher, hierher!« zu sich und ließ sie auch vor Kose, der noch nichts getrunken hatte, einen Krug stellen. Kose nahm einen Schluck und fuhr fort:

»Ich setzte mich auf einen Stuhl in der Ecke und betrachtete das lebhafte Treiben. Da ging die Tür auf und herein kam ein etwa fünfzehnjähriger, schmutziger italienischer Kastanienverkäufer, unter dem Arm einen Kasten voller Tüten mit gerösteten Kastanien. Auch sein Ruf *Maroni, Signore!* war kräftig und beherzt. Nach ihm trat ein wohl zwölf- oder dreizehnjähriges Mädchen ein. Sie hatte eine alte *Kapuze* tief in die Stirn gezogen und hielt mit ihren beiden rotgefrorenen Händen einen flachen Korb, in dem auf übereinandergeschichtetem Tannengrün reizend gebundene Veilchen – zu dieser Jahreszeit völlig unerwartet – auslagen. Der helle Klang ihrer Stimme, mit der sie, ohne ihr Gesicht zu heben, *Veilchen gefällig?* sagte, ist mir immer noch in Erinnerung. Der Knabe und das Mädchen schienen nicht zusammenzugehören. Das Mädchen hatte offenbar gewartet, bis der Knabe hineinging, und war dann, die Gelegenheit nützend, mit ihm hereingekommen.

Mir fiel sofort auf, wie verschieden die beiden waren: Der Kastanienjunge frech und fast abstoßend, das Veilchenmädchen sanft und lieblich. Beide gingen zwischen den versammelten Menschen hindurch und kamen zur Mitte des Raumes, wo vor der Theke ein großer englischer Hund zu Füßen eines dort sitzenden Mannes lag, offenbar ein Student, der ihn mitgebracht hatte. Der Hund hatte bisher ruhig dagelegen. Jetzt aber erhob er sich, krümmte den Rücken, streckte seine vier Beine und schnüffelte in den Kastanienkasten. Als der Junge dies bemerkte und ihn zu verjagen suchte, erschrak der Hund und stieß gegen das Mädchen hinter ihm, das einen entsetzten Schrei ausstieß und den Korb aus den Händen fallen ließ. Die an den Stengeln in Staniolpapier gewickelten hübschen Veilchensträuße fielen glitzernd über den Boden und der Hund stürzte sich sofort auf das willkommene Spielzeug und zertrat und zerfetzte die Blumen. Der Boden war naß von dem in der Wärme des Ofens geschmolzenen Schnee, welchen die Gäste an ihren Schuhen hereingetragen hatten. Während die Zuschauer teils lachten, teils schimpften, wurden die Blüten verwüstet und mit dem Schmutz des Fußbodens vermischt, bis sie nicht mehr zu erkennen waren. Der Knabe mit den Kastanien lief eilig fort. Der Student schalt gähnend seinen Hund. Das Mädchen blickte sprachlos auf die Szene, weinte aber nicht. Vielleicht weil ihr, an Unglück gewöhnt, die Tränenquellen versiegt waren? Oder vielleicht, weil sie vor Schrecken und Verwirrung noch nicht begriff, daß der Lebensunterhalt eines ganzen Tages vernichtet war? Als das Mädchen nach einer Weile gerade mit einer kraftlosen Gebärde zwei oder drei heil gebliebene Sträußchen aufheben wollte, kam, von der Frau an der Theke herbeigerufen, der Chef des Hauses hinzu. Es war ein Mann mit rotem Gesicht und vorstehendem Bauch, der eine weiße Schürze umgebunden hatte. Er stemmte seine dicken Fäuste in die Seiten, blickte die Blumenverkäuferin eine Weile drohend an und schrie dann: ›In meinem Geschäft dulde ich keine Hausiererei! Verschwinde auf der Stelle!‹ Das Mädchen ging wortlos hinaus, während ihr alle Gäste mit ihren Masken, ohne auch nur eine Träne zu zeigen, nachblickten.

Ich warf eine Nickelmünze für den Kaffee auf die Steinplatte der Theke, nahm meinen Mantel und eilte hinaus. Ich rief dem bitterlich vor sich hin schluchzenden Blumenmädchen nach, aber sie wandte sich nicht um. Erst als ich sie einholte und ansprach: ›Bitte, gutes Kind, nimm dies Geld für die Veilchen‹, blickte sie auf. Welch schönes Gesicht! In ihren blauschwarzen Augen lag eine bodenlose Traurigkeit und drohte jedem, den sie anblickten, das Herz zu zerreißen. Ich legte ihr die sieben oder acht *Mark*, die ich in meiner Geldbörse hatte, auf die Zweige in ihrem leeren Korb und verließ sie, noch ehe sie in ihrer Verwunderung etwas zu sagen vermochte. Aber ihr Gesicht und ihre Augen blieben mir unauslöschlich im Gedächtnis eingeprägt. Als ich nach Dresden kam und die Genehmigung erhielt, in der Galerie Bilder zu kopieren, da stellte sich, welchem Bild ich mich auch zuwandte, ob Venus oder Leda, ob Madonna oder Helena, ganz rätselhaft immer das Antlitz des Veilchenmädchens wie eine Nebelwand zwischen mich und das Bild. Zeitweilig erschien es mir deshalb völlig aussichtslos, meine Arbeit voranzubringen. Ich zog mich in einen Gasthof zurück, wo ich in einem Zimmer im zweiten Stock wohl Löcher in das Ledersofa gesessen hätte, wenn ich nicht eines Tages meinen ganzen Mut zusammengenommen und mich entschlossen hätte, unter Aufbietung aller meiner Kräfte die Gestalt des Blumenmädchens der Ewigkeit zu überliefern. Aber in den Augen des Blumenmädchens, das ich gesehen hatte, war weder der Ausdruck der Freude beim Anblick der Frühlingsfluten noch die verträumte Stimmung einer, die den Abendwolken nachblickt. Es wäre unpassend gewesen, sie zwischen klassische Ruinen Italiens zu stellen und von einer Schar weißer Tauben umfliegen zu lassen. Meine Phantasie versetzte sie auf einen Felsen am Ufer des Rheins, gab ihr eine Harfe in die Hand und ließ sie ihre klagende Stimme erheben. Ich selbst stand in einem kleinen Nachen auf dem unten dahinfließenden Strom, beide Hände hoch streckend und im Gesicht den Ausdruck grenzenloser Liebe. Um den Nachen schwebten die Gestalten zahlloser *Nixen* und *Nymphen*. Wenn ich heute hier in die Stadt München gekommen bin und für eine Zeitlang ein *Atelier* in der Akademie zu mieten beabsichtige, so nur, um diesen einen in meinem Koffer mitgebrachten Bildentwurf mit Ihnen, meinen verehrten Lehrern und Freunden, zu erörtern und zu vollenden.«

Als Kose selbstvergessen zu Ende erzählt hatte, leuchteten seine schmalen *mongolischen* Augen. Zwei oder drei Zuhörer riefen: »Wahrlich schön erzählt!« Exter, der kühl lächelnd zugehört hatte, sagte: »Geht auch hin, das Bild zu betrachten; in einer Woche wird Herrn Koses *Atelier* eingerichtet sein.« Marie hatte während der Erzählung ihre Gesichtsfarbe gewechselt, und ihre Augen hingen nur noch an Koses Lippen. Einmal schien sogar der Krug in ihrer Hand zu zittern. Kose, der bereits zu Beginn, als er in diesen Kreis trat, verwundert festgestellt hatte, daß das Mädchen seiner Veilchenverkäuferin ähnlich sah, fühlte bei diesem Blick, mit dem sie, ganz ins Zuhören verloren, ihn unverwandt anblickte: Das ist sie, zweifellos. Oder ist dies etwa auch ein Streich, den mir meine Phantasie spielt? – Als er seine Erzählung beendete, blickte das Mädchen Kose eine Weile an und fragte dann: »Und haben Sie die Blumenverkäuferin danach nicht wiedergesehen?«

Kose schien nicht sofort die richtige Anwort zu finden: »Nein, ich bin nach dem Zusammentreffen mit der Blumenverkäuferin noch am gleichen Abend mit dem Zug nach Dresden abgereist. Allerdings, falls Sie meine ungehörigen Worte entschuldigen, so erlaube ich mir zu sagen: Sie erscheinen mir bisweilen wahrhaftig wie meine kleine Veilchenverkäuferin und auch wie mein Bild der Lorelei.«

Die Versammelten lachten laut auf. Aber das Mädchen sprach: »So scheint auch zwischen meiner Gestalt, die ich doch kein Bild bin, und Ihnen selbst jene kleine Blumenverkäuferin zu stehen. Wer, glauben Sie, bin ich wohl?« Sie stand auf und sagte mit einer Stimme, die gleicherweise ernst wie auch scherzend erscheinen mochte: »Ich bin jene Veilchenverkäuferin und dies ist der Lohn für Ihr Mitgefühl.« Damit lehnte sie sich über den Tisch, nahm Koses nach vorn gebeugten Kopf zwischen ihre Hände und drückte einen Kuß auf seine Stirn.

In der allgemeinen Aufregung fiel der Bierkrug vor ihr um. Das Bier netzte ihren Rock und rann schlangenförmig über den Tisch zu den anderen Gästen. Kose spürte die heißen Handflächen auf beiden Ohren, und kaum daß er darüber erstaunen konnte, hatten ihre noch heißeren Lippen seine Stirn berührt. »Verdreh meinem Freund nicht den Kopf!« rief Exter. Die anderen erhoben sich halb von ihren Stühlen; einer sagte: »Ein schlechter Scherz!« und ein anderer lachend: »Verflucht! – und wir werden als Stiefkinder behandelt?« Währenddessen schauten von den übrigen Tischen alle belustigt zu.

Einer, der neben dem Mädchen gesessen hatte, streckte mit den Worten »Willst du mich nicht auch trösten?« seinen rechten Arm aus und umfaßte ihre Hüfte. Das Mädchen schüttelte ihn ab und rief: »Nun, ihr unartigen Stiefkinder! Für euch gibt es eine passendere Art von Küssen!« Sie richtete sich auf und blickte eine Weile drohend auf die Versammlung, daß man glauben konnte, aus ihren schönen Augen schössen Blitze. In diesem Moment erschien die Gestalt des Mädchens

Kose, der völlig verblüfft zuschaute, weder wie die Veilchenverkäuferin noch wie die Lorelei, sondern ganz als ob sie die Bavaria auf dem Siegestor sei.

Das Mädchen ergriff ein Glas, welches zu einer übrig gebliebenen leeren Kaffeetasse gehörte, und schien einen Schluck von dem Wasser zu nehmen. Dann spie sie den vollen Mund aus und rief: »Stiefkinder seid ihr! Stiefkinder! Wer von euch ist kein Stiefkind der Kunst! Die einen studieren die Florentinische Schule und sind Schatten Michelangelos und Leonardos; die anderen studieren die Niederländische Schule und sind Schatten von Rubens und Van Dyck; und selbst die, die unseren Albrecht Dürer studieren, sind fast alle nur Schatten Albrecht Dürers! Wenn ihr zwei oder drei *Studien* in der Ausstellung günstig verkauft habt, so lobt ihr euch selbst in den Himmel: Wir sind die sieben Pleiaden; wir sind die zehn Helden; wir sind die zwölf Apostel! – Ihr Prahlhanse! Wie sollten die Lippen Minervas je solchen Ausschuß berühren? Begnügt euch mit meinem kalten Kusse!«

Von dieser Ansprache, gehalten unter dem ausgespieenen Sprühnebel, verstand Kose nichts. Er konnte nur vermuten, daß es sich um Spott über die heutige Malerei handele. Als er zu ihrem Gesicht aufblickte, war ihre majestätische Haltung, die ihn an die Göttin Bavaria gemahnt hatte, unverändert. Nachdem sie zu Ende gesprochen hatte, nahm sie ihre vom Bier durchnäßten Handschuhe vom Tisch und ging mit großen Schritten zur Tür.

Alle machten verdutzte Gesichter. Einer sagte: »Eine Verrückte« und ein anderer: »Da müssen wir uns bald rächen«. Aber das Mädchen wandte sich in der Tür noch einmal um: »Warum grollt ihr? Betrachtet euch im Mondschein: Auf euren Stirnen ist keine Spur von Blut; denn was ich auf euch gespieen habe, war Wasser!«

II

Bald nachdem das sonderbare Mädchen weggegangen war, brachen alle auf. Als Kose auf dem Heimweg Exter fragte, berichtete dieser: »Sie ist eines der Mädchen, die in der Akademie Modell stehen, und heißt *Fräulein* Hansl. Da sie sich, wie Sie ja gesehen haben, wunderlich benimmt, bezeichnen sie manche als Irre. Andere meinen, sie sei mißgestaltet, weil sie sich nicht, wie andere Modelle, entblößt. Niemand kennt ihre Herkunft, aber sie ist gebildet und von ungewöhnlichem Charakter. Da sie keine schmutzigen Handlungen begeht, sind viele Kunststudenten gerne mit ihr zusammen. Daß sie ein schönes Porträtmodell ist, haben Sie ja gesehen.« Kose: »Ich werde sie beim Malen brauchen. Bestellen Sie ihr, sie möge kommen, wenn ich mein *Atelier* eingerichtet habe.« Exter: »In Ordnung. Aber sie ist kein dreizehnjähriges Blumenmädchen. Halten Sie ein Aktstudium nicht für gefährlich?« Kose: »Sie haben doch gesagt, sie stehe nicht Aktmodell?« Exter: »Ja, das wird gesagt. Aber ich habe sie heute auch zum ersten Mal einen Mann küssen gesehen.«

Kose wurde bei diesen Worten Exters rot. Da sie sich aber in der von Straßenlaternen nur spärlich beleuchteten Gegend des *Schillermonuments* befanden, bemerkte es sein Freund nicht. Vor dem *Hotel* Koses trennten sich die beiden.

Es war eine Woche später. Durch Exters Vermittlung hatte Kose ein *Atelier* in der Akademie bekommen. Der Korridor lag nach Süden und die Nordwand wurde zur Hälfte von einem großen Glasfenster eingenommen. Der Raum war vom Nachbaratelier nur durch einen Vorhang aus Segeltuch getrennt. Da es Mitte Juni war, waren viele Studenten verreist und nebenan war niemand, so daß Kose sich freute, durch nichts in seiner Arbeit gestört zu werden. Kose stand vor einer Staffelei und zeigte dem gerade eingetretenen Mädchen das Bild der Lorelei: »Dies ist das Bild, wonach Sie mich gefragt haben. Manchmal – nicht wenn Sie ihr scherzendes Lachen zeigen – erscheint mir Ihre Gestalt dieser noch unvollendeten Figur sehr ähnlich.«

Das Mädchen lachte laut: »Sie dürfen nicht vergessen, daß ich Ihnen an jenem Abend vor kurzem gesagt habe, ich sei die kleine Veilchenverkäuferin, das ursprüngliche Modell Ihrer Lorelei.« Dann aber machte sie plötzlich ein ernstes Gesicht: »Sie glauben mir nicht. Das ist auch nicht verwunderlich. Da alle Leute mich als Irre bezeichnen, werden auch Sie das denken.« Dabei klang ihre Stimme nicht so, als ob sie scherze.

Kose, der zwischen Glauben und Zweifel geschwankt hatte, vermochte sich nicht mehr zurückzuhalten und sprach zu dem Mädchen: »Quälen Sie mich nicht allzu lang. Ich spüre noch das Brennen Ihrer Lippen auf meiner Stirn. Wie oft habe ich versucht, das Ganze als einen bedeutungslosen Scherz zu vergessen, aber meine Verwirrung löste sich nicht. Ach, erzählen Sie mir Ihre wahre Herkunft, falls es Ihnen keine Verlegenheit bereitet!«

Kose stützte den Kopf in die Hand. Sein Ellenbogen ruhte auf einer Ecke des Tischchens unter dem Fenster, und einige gerade aus dem Koffer genommene alte illustrierte Zeitungen, angebrochene Farbtuben und eine billige japanische Pfeife mit einem Zigarrenstumpen im Kopf lagen darauf. Das Mädchen setzte sich vor ihn in einen Korbstuhl und begann zu erzählen:

»Nun, wo soll ich anfangen? Als ich die Genehmigung erhielt, hier in der Akademie Modell zu stehen, da habe ich mich Hansl genannt, aber das ist nicht mein wirklicher Name. Mein Vater hieß Steinbach und war ein vom jetzigen König geschätzter, zeitweise erfolgreicher Maler. Als ich zwölf Jahre alt war, wurde im Wintergarten der Residenz ein abendlicher Empfang gegeben, zu dem auch meine Eltern eingeladen waren. Als auf dem Höhepunkt der Festlichkeit der König nirgendwo zu sehen war, erschraken alle und suchten ihn überall unter dem Glasdach, wo hierher verpflanzte tropische Blumen und Bäume überaus üppig wuchsen. In einer Ecke des Gartens stand Tandardinis berühmtes Standbild von Faust und Gretchen. Als mein Vater bis dort gekommen war, rief jemand mit herzzerreißender Stimme: ›Hilfe, Hilfe!‹ Er ging der Stimme nach und gelangte zum Eingang eines mit einer goldenen Kuppel überdeckten *Kioskes*. Das Licht der Gaslaternen drang, von den Zweigen der ringsum wuchernden Palmen behindert, durch die mit kräftigen Farben bunt bemalten Glasfenster hinein, und dort, in dem dämmrigen, unheimlichen Lichtschein versuchte eine Frau zu fliehen, und es war der König, der die sich Wehrende festhielt. Wie war meinem Vater wohl zumute, als er das Gesicht der Frau sah: es war meine Mutter. Wie vor den Kopf geschlagen zögerte mein Vater einen Moment lang, dann stieß er den König mit den Worten »Entschuldigt, Majestät!« nieder. Meine Mutter floh davon, aber der unter dem unerwarteten Angriff gestürzte König erhob sich und packte meinen Vater. Wie sollte mein Vater gegen den beleibten und kräftigen König ankommen? Er wurde niedergerungen und mit einer gerade zur Hand stehenden Gießkanne übel zugerichtet. Der Kabinettssekretär Ziegler, der dies erfuhr und dem König deswegen ins Gewissen redete, sollte in einen Turm von Neuschwanstein gesperrt werden, aber jemand setzte sich für ihn ein und bewahrte ihn davor. Ich war an jenem Abend zu Hause und erwartete die Rückkehr meiner Eltern. Das Dienstmädchen kam zu mir und sagte, die Eltern kämen heim. Aber als ich ihnen froh entgegeneilte, da wurde mein Vater von fremden Leuten hereingetragen und meine Mutter umarmte mich und weinte.«

Das Mädchen schwieg eine Weile. Vom Himmel, der schon seit dem Morgen bewölkt war, fiel Regen und von Zeit zu Zeit hörte man einzelne Tropfen an das Fenster schlagen. Kose sagte: »Daß der König wahnsinnig geworden ist und man ihn in das Schloß Berg am Starnberger See gebracht hat, stand gestern in der Zeitung. Aber daß schon damals so etwas vorkam –«

Das Mädchen fuhr in seiner Erzählung fort: »Schon seit langem verabscheut der König belebte Orte und wohnt auf dem Lande, schläft am Tage und steht des Nachts auf. Die

Verdienste des Königs aus seinem mittleren Alter, als er zur Zeit des deutsch-französischen Krieges gegen den Widerstand des katholischen Parlaments sich der preußischen Seite anschloß, werden zunehmend von Gerüchten über seine Willkür überschattet. Auch wenn öffentlich niemand etwas davon sagt, so weiß doch jeder, daß er versucht hat, z. B. den Armeeminister Merlinger und den Finanzminister Riedel ohne Grund hinrichten zu lassen, was von einflußreicher Seite vertuscht worden ist. Wenn der König tagsüber schläft, müssen die Bediensteten alle gehen, aber es heißt, man habe ihn im Schlaf häufig den Namen Marie rufen hören. Das war der Name meiner Mutter. Ob die hoffnungslose Liebe die Krankheit des Königs noch verschlimmert hat? Meine Mutter und ich haben ein ähnliches Gesicht und ihre Schönheit soll am Hofe unübertroffen gewesen sein.

Mein Vater starb kurz darauf an einer Krankheit. Da er sehr gesellig und großzügig, dabei aber überaus weltfremd war, blieb uns überhaupt nichts. Danach mieteten wir eine leere Wohnung im zweiten Stock eines Hinterhauses ganz im Norden der Dachauer Straße. Dort wurde dann auch meine Mutter krank. In einer solchen Situation zeigt das Herz der Menschen seinen Unbestand. Zahllose schmerzliche Erfahrungen brachten mein kindlich-gefühlvolles Gemüt schon früh dazu, die anderen Menschen zu hassen. Es war im Januar des folgenden Jahres zur Karnevalszeit. Wir hatten alle Möbel und Kleider verkauft und waren nicht mehr in der Lage, auch nur die tägliche Not zu befriedigen. So schloß ich mich einer Gruppe armer Kinder an und lernte, Veilchen zu verkaufen. Dank Ihrer Hilfe verbrachte meine Mutter die letzten drei oder vier Tage vor ihrem Tode ohne Sorgen.

Beim Begräbnis meiner toten Mutter half mir ein Schneider, der eine Stiege über uns wohnte. Er sagte, so eine arme Waise dürfe man nicht alleine lassen, und nahm mich bei sich auf. Wenn ich jetzt daran denke, wie ich mich damals darüber freute, wird mir ganz bitter zumute. Ich wußte bereits, daß der Schneider zwei Töchter hatte, die sehr anspruchsvoll waren und angeberisch auftraten. Als ich sie nun nach meiner Übersiedlung beobachtete, fand ich, daß sie abends häufig Gäste hatten. Sie tranken dann Alkolhol und zum Schluß lachten und fluchten sie oder sangen Lieder. Die Gäste waren oft Ausländer, und ich glaube, ich habe unter ihnen auch Studenten aus Ihrem Lande gesehen. Eines Tages sagte mir mein Herr, ich soll mir auch ein neues Kleid anziehen. Der Blick, mit dem er mich dabei ansah und lachte, war mir irgendwie unheimlich, und obgleich noch ein Kind, vermochte ich mich nicht zu freuen. Nach Mittag kam ein etwa vierzigjähriger, mir unbekannter Mann und lud mich ein, zum Starnberger See zu fahren, und mein Herr redete mir auch zu. Da ich mich noch erinnerte, welches Vergnügen es mir früher bereitet hatte, mit meinem Vater dorthin zu gehen, willigte ich, wenn auch zögernd, ein. Alle lobten mich: ›So bist du ein braves Kind!‹ Mein Begleiter war während der Fahrt freundlich zu mir, aber es geschah nichts weiter. Drüben angekommen, stiegen wir in einen Salondampfer namens Bavaria, wo wir in den Speiseraum gingen und er mir zu essen bestellte. Er bot mir auch Alkohol an, da ich aber nicht daran gewöhnt war, lehnte ich ab und trank nicht. Als das Schiff in Seeshaupt ankam, mietete er ein kleines Boot, um damit etwas hinauszufahren, wie er sagte. Mir wurde angesichts der hereinbrechenden Dämmerung bange. Ich sagte, ich wolle schnell heimkehren, aber er hörte nicht auf mich und ruderte los. Am Ufer entlangfahrend kamen wir zu einer einsamen Schilfgegend. Dort hörte der Mann auf zu rudern. Ich war erst dreizehn und verstand zuerst nicht, worum es ging. Dann aber veränderte sich der Gesichtsausdruck des Mannes plötzlich und ich sprang, außer mir vor Angst, ins Wasser. Als ich nach einer Weile wieder zu mir kam, befand ich mich in einem Fischerhaus am Seeufer, und ein ärmlich aussehendes Ehepaar bemühte sich um mich. Ich behauptete, ich hätte keine Familie, zu der ich zurückkehren könne. Als ich mich nach ein paar Tagen Aufenthalt an die schlichte Art des Fischerpaares gewöhnt hatte, eröffnete ich ihnen mein unglückliches Schicksal, sie empfanden Mitleid und nahmen mich als Tochter auf. Hansl ist der Name jenes Fischers.

So wurde ich die Tochter eines Fischers. Da ich aber mit meinem schwachen Körper nicht in der Lage war, ein Boot zu rudern, ließ ich mich von einem bei Leoni wohnenden reichen Engländer als Kammermädchen anstellen. Meine Pflegeeltern, welche Katholiken sind, sahen mich nur ungern bei einem Engländer dienen. Ich danke jedoch der Gouvernante dieser Familie, daß ich mich ans Lesen gewöhnt habe. Sie war eine über vierzig Jahre alte Jungfer, die mich den hochmütigen Töchtern des Hauses vorzog. Nach drei Jahren hatte ich die ohnehin nicht allzu zahlreichen Bücher der Gouvernante alle gelesen. Sicherlich habe ich vieles mißverstanden. Auch waren die Bücher von sehr gemischter Art. Neben Knigges »Über den Umgang mit Menschen« gab es Humboldts »Kunst des langen Lebens«. Die Gedichtsammlungen von Goethe und Schiller konnte ich halb auswendig. Ich las Königs populäre Literaturgeschichte oder betrachtete Reproduktionen von Bildern des Louvre und der Dresdner Galerie und vertiefte mich in eine Übersetzung von Taines Kunstabhandlung.

Nachdem letztes Jahr der Engländer mit seiner Familie in seine Heimat zurückgekehrt war, dachte ich daran, mich in einem guten Hause zu verdingen. Wegen meiner niedrigen Herkunft aber nahm man mich in den dortigen vornehmen oder adeligen Familien nicht auf. Zufällig wurde ich von einem Lehrer dieser Akademie entdeckt und saß ihm Modell, aus diesem Anlaß erhielt ich schließlich die Genehmigung, als Akademiemodell zu arbeiten. Aber niemand weiß, daß ich die Tochter des berühmten Steinbach bin. Jetzt lebe ich unter den Künstlern und tue nichts anderes, als meine Tage lustig zu verbringen. Aber es stimmt, was Gustav Freytag sagt: niemand benimmt sich übler als die Künstler, und so muß ich sehr auf der Hut sein, wenn ich mit einem Mann allein bin. Ich war entschlossen, Abstand zu halten, und ich bin dabei unversehens, wie Sie sehen, eine seltsame Exzentrikerin geworden. Manchmal denke ich selbst, ob ich nicht wahnsinnig bin. Daran ist wohl auch ein bißchen meine Lektüre in Leoni schuld. Aber wie wahnsinnig müssen dann erst die sogenannten Gelehrten sein! Die Künstler, die mich als Wahnsinnige schmähen, sollten eher bedauern, nicht selbst wahnsinnig zu sein. Denn daß es ohne eine Portion Wahnsinn nicht möglich ist, ein großer Held oder ein berühmter Meister zu werden, braucht man nicht erst bei Seneca oder Shakespeare nachzulesen. Sie sehen, ich bin gebildet! Wie traurig ist es, wenn diejenigen, die man wahnsinnig sehen möchte, nicht wahnsinnig sind! Aber wie traurig ist es auch zu hören, daß der König, der doch besser nicht wahnsinnig wäre, wahnsinnig geworden ist. Da es überhaupt so viele traurige Dinge gibt, weine ich des Tages mit den Zikaden und klage des Nachts mit den Fröschen. Aber niemand hat Mitleid mit mir. Nur Sie, glaube ich, werden nicht gefühllos über mich lachen. So tadeln Sie mich bitte nicht, wenn ich rückhaltlos alles erzähle. Oder ist das etwa auch Wahnsinn?«

III

Es hörte auf zu regnen, aber der Himmel blieb bewölkt. Durch die nassen Fensterscheiben sah man nur die schwankenden Bäume im Hof der Akademie. Während er der Erzählung des Mädchens zuhörte, stritten in der Brust Koses die verschiedensten Gefühle miteinander: Mal fühlte er sich als Bruder, der seiner lange Zeit von ihm getrennten Schwester begegnet; dann wieder war ihm zumute wie einem Bildhauer, der in einem verwilderten Park die niedergestürzte Statue der Venus in einsamem Schmerz betrachtet, oder wie einem Mönch, der sich von einer verführerischen Frau angezogen fühlt und mit sich ringt, daß er nicht der Sinneslust verfalle. Als er jedoch ihre Geschichte zu Ende gehört hatte, pochte sein Herz heftig und sein Leib zitterte. Völlig außer sich wollte er sich vor sie auf die Knie werfen. Sie aber erhob sich plötzlich: »Wie heiß es hier im Zimmer ist! Bald wird das Akademietor geschlossen werden und außerdem hat es aufgehört zu regnen. Von Ihnen habe ich nichts zu fürchten. Wollen Sie nicht mit mir nach Starnberg fahren?« Damit nahm sie den neben ihr liegenden Hut und setzte ihn auf, ganz so, als zweifle sie nicht im geringsten, daß Kose mitgehen werde. Dieser folgte ihr wie ein kleines Kind, das von seiner Mutter geführt wird.

Vor dem Tor nahmen sie eine Droschke, kurz darauf kamen sie am Bahnhof an. Es war Sonntag. Trotzdem kehrten, wohl wegen des schlechten Wetters, nur wenig Ausflügler von Fahrten in die Umgebung zurück, und es war sehr ruhig im Bahnhof. Eine Frau verkaufte Extrablätter einer Zeitung. Sie kauften eines und lasen, das Befinden des Königs habe sich seit dem Umzug nach Berg gebessert. Deshalb habe sein Leibarzt Gudden die Überwachung gelockert. Im Zuge saßen viele Sommerfrischler vom Seeufer, die jetzt von Einkäufen in der Stadt zurückfuhren. Alle redeten über den König. Eine alte Frau mit einem Einkaufskorb in der Hand erzählte in ihrem Dialekt: »Der König ist jetzt in ruhigerer Stimmung als vorher auf Hohenschwangau. Unterwegs nach Berg verlangte er in Seeshaupt, Wasser zu trinken. Dabei hat er den Fischern, die er in der Nähe sah, freundlich zugenickt.«

Der Zug fuhr eine Stunde. Als sie in Starnberg ankamen, war es fünf Uhr nachmittags. Hier, gut einen Tag Fußmarsch von München entfernt, schienen einem die Alpen bereits irgendwie näher zu sein, und auch bei diesem bewölkten Wetter hatte man das Gefühl, freier atmen zu können. Als nach mancherlei Windungen des Zuges plötzlich die Hügel auseinandertraten, sah man weit ausgedehnt den See liegen. Der Bahnhof befand sich am Südwestende des Ortes, und man erkannte undeutlich die in Abendnebel gehüllten Wälder und Fischerdörfer auf dem Ostufer. Das den Bergen nahe Südende des Sees jedoch verschwand in der Ferne. Von dem Mädchen, welches sich hier auskannte, geführt, stieg Kose die steinernen Stufen rechter Hand hinauf und kam zu einem *Hotel* namens Bayerischer Hof, vor dem im Freien Steintische und Stühle standen. Aber heute, nach dem Regen, war der Ort verlassen und man sah kaum Gäste. Der Kellner trug über seinem schwarzen Anzug eine weiße Schürze und murmelte irgendetwas vor sich hin, während er die an die Tische gelehnten Stühle aufrichtete und abwischte. Zufällig bemerkte Kose seitwärts unter dem vorspringenden Dach am Fuße der Spalierranken eine Gruppe Gäste, die um einen runden Tisch saßen. Sie wohnten offenbar im *Hotel.* Da unter der gemischten Gesellschaft aus Männern und Frauen auch Bekannte von dem Abend im *Minerva* waren, wollte Kose hinübergehen und sie ansprechen. Aber das Mädchen hielt ihn zurück: »Die Gesellschaft dort ist nichts für Sie. Ich bin zwar allein mit einem jungen Mann hierhergekommen, aber zu schämen haben sich eher die da drüben, nicht wir. Passen Sie auf: da die Leute mich kennen, werden sie's nicht lange hier aushalten und das Weite suchen.« Kaum hatte sie dies gesagt, als die Kunststudenten tatsächlich auch schon aufstanden und ins *Hotel* gingen. Das Mädchen rief den Kellner herbei und fragte, ob der Salondampfer noch fahre. Der Kellner wies auf die treibenden Wolken und meinte, bei diesem ungewissen Wetter werde der Salondampfer wohl nicht mehr ausfahren. »Dann fahren wir mit dem Wagen nach Leoni«, sagte sie und bestellte eine Droschke.

Als die Droschke kam, stiegen beide ein. Vom Bahnhof aus fuhren sie am Ostufer entlang. Da blies ein Wind von den Alpen herab, und drüben über dem See stieg Nebel auf. Kose blickte zurück in die Richtung, woher sie gekommen waren. Dort wurde der Himmel immer grauer, und nur die Firste der Häuser und die Wipfel der Bäume hoben sich schwarz ab. Der Kutscher wandte sich um und fragte: »Soll ich das Verdeck zuziehen? Es gibt Regen.« »Nein, danke«, sagte das Mädchen und wandte sich an Kose: »Was für ein wunderbarer Ausflug! In diesem See habe ich einmal fast mein Leben verloren. Und in diesem See ist auch mein Leben gerettet worden. Sie werden sich fragen, warum ich Sie hierhergeführt habe: Ich dachte, hier sei der richtige Ort, Ihnen mein Herz zu öffnen. Wieviel Jahre habe ich zugebracht in der einzigen Hoffnung,

Sie wiederzusehen! Denn Sie haben mich gerettet, als ich im *Café l'Orient* in eine beschämende Situation geraten war. Und wie glücklich war ich, als ich an dem Abend neulich im *Minerva* Ihre Erzählung hörte! Da ich mich in der Gesellschaft der Kunststudenten befand, welche ich immer schon für nichts achtete, beschimpfte ich die anderen und führte mich dreist auf. Ich muß Ihnen schamlos erschienen sein. Aber das Menschenleben ist kurz. Wenn man nicht während des einen glücklichen Augenblicks laut herauslacht, wird man es später bereuen.« Bei diesen Worten nahm sie ihren Hut ab und blickte Kose an. Ihr Gesicht war wie Marmor, in dessen Adern heißes Blut pulsiert, und das im Winde wehende goldene Haar erinnerte an die Mähne eines feurigen Rosses, welches mit hochgeworfenem Kopf ein langes Wiehern ausstößt. »Heute! Heute! Was soll mir das Gestern! Morgen, übermorgen sind leere Wörter, nichtige Klänge!«

In diesem Augenblick fielen einzelne dicke Regentropfen auf die Kleider der beiden im Wagen und im Nu wurde der Regen stärker. Vom See her fegte die Gischt herüber und spritzte auf die geröteten Wangen des Mädchens. Kose, der sie von der Seite her ansah, schien wie entrückt. Das Mädchen richtete sich im Wagen auf und rief: »Kutscher! Du bekommst ein Trinkgeld, wenn du schneller fährst. Gib dem Pferd die Peitsche, noch mal!« Sie schlang den rechten Arm um Koses Hals, warf den Kopf zurück und blickte in den Himmel. Kose lehnte seinen Kopf an die weiche Schulter des Mädchens und schaute sie an wie im Traum. Dabei tauchte wieder das Bild der Göttin Bavaria vom Siegestor vor ihm auf.

Als sie am Schloß Berg vorbeifuhren, wo jetzt, wie es hieß, der König wohnte, wurde der Regen zunehmend heftiger. Immer neue Windstößte fegten über die Wasserfläche heran und schufen ein Streifenmuster aus weißem Regen und schwarzem Wind. Der Kutscher hielt den Wagen an: »Einen Moment! Die Herrschaften werden allzu naß werden und sich eine Erkältung holen. Außerdem ist der Wagen zwar alt, aber wenn er durchnäßt wird, bekomme ich Ärger mit meinem

Chef.« Damit zog er schnell das Verdeck über und fuhr dann, dem Pferd einen Streich mit der Peitsche versetzend, eilig weiter.

Der Regen fiel unaufhörlich und es begann unheimlich zu donnern. Als die Straße durch ein Waldstück führte, war es unter den Bäumen bereits dämmrig, obgleich die Sommersonne hier sonst um diese Uhrzeit eigentlich noch hoch am Himmel steht. Wie Durstige, die Wasser trinken, sogen die beiden den in den Wagen strömenden Duft der von der Sommersonne erhitzten und vom Regen befeuchteten Pflanzen ein. In den Pausen zwischen den Donnerschlägen erhob ab und zu eine von dem schrecklichen Wetter nicht eingeschüchterte *Nachtigall* ihre glockenhelle Stimme – vielleicht aus dem gleichen Grunde wie jemand, der allein auf einem einsamen Weg geht? Marie hatte beide Arme um Koses Hals geschlungen und ließ ihren Leib gegen ihn sinken. Als sich ihre Blicke trafen, sah er ein Lächeln über ihr von den Blitzen, die durch das Blattwerk drangen, beleuchtetes Gesicht spielen. Ach, die beiden vergaßen sich selbst, vergaßen den Wagen, in dem sie fuhren, und vergaßen die Welt außerhalb des Wagens!

Als sie aus dem Wald herauskamen und eine abschüssige Straße hinabfuhren, vertrieb der Wind die Wolkenberge, und es hörte auch auf zu regnen. Innerhalb kürzester Zeit verschwand, so wie man Tücher eines nach dem anderen wegzieht, der Nebel über dem See, und die Häuser auf dem Westufer waren wieder mit Händen zu greifen. Nur wenn der Wagen ab und zu unter Bäumen hindurchfuhr, wehte der Wind noch die an den Zweigen hängenden Tropfen herab.

In Leoni stiegen sie aus dem Wagen. Links erhob sich die sogenannte Rottmannshöhe, auf der ein Stein steht mit der Inschrift: Der sehenswerteste Punkt am See. Rechts zum See gewandt lag das Gasthaus, welches der Hofmusiker Leoni eröffnet haben soll. Das Mädchen umschlang beim Gehen mit beiden Händen Koses Arm, als ob sie sich an ihm festhalten wolle. Vor dem Gasthaus blickte sie auf den Hügel zurück: »In dem Haus auf halber Höhe wohnte der Engländer, bei dem ich in Dienst stand, und auch die Fischerhütte der alten Hansls ist nur noch hundert Schritte entfernt. Ich wollte Sie eigentlich dorthin führen, aber ich bin zu aufgeregt. Deshalb lassen Sie uns in diesem Gasthaus ausruhen.« Kose erklärte sich einverstanden und sie gingen hinein. Als sie ein Abendessen bestellten, wurde ihnen gesagt: »Vor sieben Uhr wird es nicht fertig sein. Sie müssen sich noch eine halbe Stunde gedulden.« In diesem Gasthaus gab es nur im Sommer Gäste und die Kellner wurden jedes Jahr neu eingestellt. So kannte niemand Marie.

Plötzlich stand das Mädchen auf und zeigte auf ein am Steg festgemachtes Boot: »Können Sie rudern?« Kose: »In Dresden habe ich auf dem Carola-See im Park gerudert. Ich kann nicht behaupten, daß ich gut rudere, aber Sie allein zu befördern werde ich wohl in der Lage sein.« Das Mädchen: »Die Stühle im Garten sind naß und hier drinnen ist es zu heiß. Fahren Sie mich bitte eine Weile lang mit dem Boot!«

Kose zog seinen Sommermantel aus, legte ihn dem Mädchen über und ließ sie einsteigen. Dann ergriff er die Ruder und fuhr hinaus. Obgleich es aufgehört hatte zu regnen, war der Himmel immer noch mit Wolken überzogen, und drüben über dem Ufer brach bereits die Abenddämmerung herein. Wohl wegen des Windes vorhin gingen noch Wellen und schlugen gegen das Steuer. Sie fuhren am Ufer entlang zurück in Richtung Berg über die letzten Häuser von Leoni hinaus. In einer Lücke zwischen den Baumgruppen des Ufers sah man einen langsam herabführenden Kiesweg. Direkt am Wasser stand eine Bank. Ein Schilfbüschel berührte das Boot und gab einen raschelnden Laut. Da hörte man am Ufer Schritte. Ein Mann trat zwischen den Bäumen hervor. Er war fast sechs Fuß groß, hatte einen schwarzen Mantel an und trug einen zusammengerollten Regenschirm in der Hand. Links folgte ihm mit etwas Abstand ein Greis, dessen Bart und Haupthaar völlig weiß wie Schnee waren. Der Vorangehende ging mit gesenktem Kopf, so daß das Gesicht von dem weitkrempigen Hut verdeckt wurde und nicht zu erkennen war. Jetzt blieb er, zwischen den Bäumen hervortretend, zum See gewandt eine Weile stehen. Mit der einen Hand nahm er den Hut ab und blickte auf. Sein langes schwarzes Haar war zurückgekämmt, und man sah die breite Stirn. Die Gesichtsfarbe war fahl wie Asche, und die eingefallenen Augen hatten einen bohrenden Glanz. Auch Marie, die mit Koses Mantel über den Schultern im Boot hockte, hatte die beiden am Ufer bemerkt. In diesem Augenblick nun rief sie erschrocken »Das ist der König!« und sprang auf. Der Mantel glitt ihr von der Schulter. Da sie den Hut vorhin im Gasthaus liegengelassen hatte, fiel ihr ungeordnetes goldenes Haar geschmeidig auf ihre Schultern mit dem weißen Sommerkleid herab. Der am Ufer stehende war tatsächlich der König, welcher in Begleitung seines Leibarztes Gudden auf einem Spaziergang war. Der König blickte verzückt auf die Gestalt des Mädchens, als ob er eine seltsame Erscheinung sehe. Dann rief er plötzlich das eine Wort »Marie!«, schleuderte den Regenschirm fort und watete durch das seichte Wasser herüber. Das Mädchen schrie auf und verlor sofort das Bewußtsein. Ehe noch Koses Hände sie auffangen konnten, sank sie nieder und fiel infolge der Schaukelbewegung des sich zur Seite neigenden Bootes vornüber ins Wasser.

Da der See sich an dieser Stelle nur allmählich vertiefte, war das Wasser auch dort, wo das Boot hielt, wohl kaum fünf Fuß tief. Allerdings ging der Sand des Ufers hier zunehmend in lehmigen Schlamm über. Deshalb sanken die Füße des Königs tief ein, so daß er sich nicht mehr von der Stelle bewegen konnte. In diesem Augenblick kam der Greis, der ihn begleitete hatte, ebenfalls seinen Schirm wegwerfend, nach. Trotz seines Alters schien seine Kraft ungemindert. Er machte zwei, drei kräftige Schritte ins Wasser und faßte mit festem Griff den Kragen des Königs, um ihn herauszuziehen. Der König wehrte sich dagegen, und Mantel wie Jacke blieben in der Hand des Greises. Als dieser die Kleidungsstücke von sich warf und noch einmal versuchte, den König zu sich zu ziehen, wandte sich der König um und packte ihn. Eine Weile rangen die beiden, ohne einen Laut von sich zu geben.

Dies alles geschah innerhalb von Sekunden. Kose hatte, als das Mädchen aus dem Boot stürzte, nur ihren Rock zu fassen bekommen. Sie schlug mit der Brust hart auf einen im Schilf verborgenen Pfahl und drohte zu versinken. Aber Kose gelang es schließlich, sie wieder ins Boot zu ziehen, und er ruderte, die beiden im flachen Wasser Kämpfenden sich selbst überlassend, den Weg zurück, den sie gekommen waren. Kose dachte nur daran, wie er das Leben des Mädchens retten könne, ohne sich um etwas anderes zu kümmern. Er kam bis vor das Gasthaus von Leoni, aber legte nicht an, sondern ruderte in Richtung der Hütte des Fischerpaares, die hundert Schritt weiter stehen sollte. Die Sonne war bereits untergegangen. Am Ufer breiteten *Eichen* und *Erlen* ihre dichtbelaubten Zweige aus, und an einer Stelle, wo das Wasser eine Bucht bildete, schimmerten im Abenddunkel weiße Blüten an den Wasserpflanzen zwischen dem Schilf. Das Mädchen lag im Boot, Schlammreste und Algen im aufgelösten Haar, ein Anblick, der bei jedem Mitleid erweckt hätte. Gerade in diesem Augenblick hob sich, wohl aufgeschreckt durch das heranrudernde Boot, ein Leuchtkäfer aus dem Schilf und flog gegen das Ufer hin in die Höhe. Ach, war dies etwa die entfliehende Seele des Mädchens?

Nach einer Weile sah Kose das Licht einer Hütte, die bisher von den Bäumen verdeckt gewesen war. Als er näherfuhr und herüberrief: »Ist das hier Hansls Haus?«, wurde ein kleines Fenster unter dem überhängenden Dach geöffnet. Eine weißhaarige alte Frau blickte zum Boot herüber und sagte mit ruhiger Stimme: »So hat also auch dieses Jahr der Gott des Sees sein Opfer gefordert. Mein Mann ist gestern zum Schloß Berg gerufen worden und noch nicht heimgekehrt. Aber wenn sie Hilfe brauchen, kommen Sie nur herein.« Als sie das Fenster schließen wollte, rief Kose laut: »Marie ist ins Wasser gefallen, eure Marie!« Ohne zu Ende zu hören, ließ die alte Frau das Fenster offenstehen und stürzte hinaus zum Bootssteg, um Kose unter Tränen zu helfen, das Mädchen hineinzutragen.

Die Hütte bestand nur aus einem Raum, welcher zur Hälfte

mit Dielen ausgelegt war. Eine offenbar eben angezündete kleine Petroleumlampe flackerte auf dem Herd. Die auf die vier Wände gemalten primitiven bunten Bilder aus dem Leben Jesu waren von Ruß bedeckt und nur undeutlich zu erkennen. Die alte Frau zündete ein Reisigfeuer an und bemühte sich auf alle mögliche Weise um das Mädchen. Aber sie kehrte nicht ins Leben zurück. Kose brachte die ganze Nacht zusammen mit der alten Frau neben der Leiche zu. Unter Klagen über die grausame Welt, in der die Menschen wie Wellenschaum vergehen, erwarteten sie den Morgen.

Es war der 13. Juni des Jahres 1886 christlicher Zeitrechnung, abends 7 Uhr, als der bayerische König Ludwig II. im See ertrank. Zusammen mit ihm verlor der betagte Leibarzt Gudden, welcher ihn zu retten versucht hatte, sein Leben und starb, wie es heißt, mit den Spuren der Fingernägel des Königs im Gesicht. Am nächsten Tag, dem vierzehnten, war die Aufregung in der Hauptstadt München über diese entsetzliche Nachricht ungeheuer. An allen Straßenecken waren schwarzgeränderte Plakate mit der Todesnachricht angeschlagen, vor denen sich Menschentrauben bildeten. Die Leute drängten sich zum Kauf der Extrablätter, in welchen zu dem Bericht über die Entdeckung der Königsleiche noch die verschiedensten Vermutungen hinzugefügt wurden. Unbeschreiblich war das Gedränge der dem Appell Folge leistenden uniformierten Soldaten mit ihren mit schwarzem Fell gezierten bayerischen Helmen und der Polizisten, welche teils zu Pferde, teils zu Fuß hin- und hereilten. Der König hatte sich lange Zeit nicht dem Volke gezeigt, aber jetzt sah man doch in den Straßen von Schmerz und Trauer gezeichnete Gesichter. Inmitten dieser Aufregung kümmerte sich in der Akademie niemand darum, wo der neue Student Kose geblieben sein mochte. Nur Exter machte sich über seinen Freund Gedanken.

Nachdem die Akademiestudenten am Morgen des 15. Juni dem in der Nacht von Schloß Berg nach München überführten Königssarg entgegengegangen waren und auf dem Rückweg im Café Minerva einkehrten, begab sich Exter zu Koses Atelier um nachzuschauen, ob ihm vielleicht etwas zugestoßen sei. Er fand Kose, dessen Gesicht sich in den drei Tagen völlig verändert hatte und der sehr abgemagert erschien, kniend vor dem Bild der Lorelei.

Beschäftigt mit den Gerüchten um den unglücklichen Tod des Königs kümmerte sich niemand darum, daß eine Tochter des bei Leoni wohnenden Fischers Hansl zur gleichen Zeit ertrunken war.

DER BOTE
(1891)

Bei den vom Prinzen N. veranstalteten Zusammenkünften des Deutschen Vereins im Teehaus Hoshigaoka pflegten die neu vom Studium im Westen heimgekommenen Offiziere der Reihe nach von ihren Erlebnissen zu berichten. »Heute sind Sie dran mit Ihrer Geschichte. Seine Exzellenz ist schon ganz ungeduldig.« – Kobayashi, ein junger Offizier, der offenbar erst vor kurzem zum Hauptmann befördert worden war, nahm, mit diesen Worten gedrängt zu erzählen, die Zigarre aus dem Mund, streifte die Asche am Kohlebecken ab und begann:

Was ich erzähle, trug sich zu, als ich dem sächsischen Armeecorps zugeteilt war und an den Herbstmanövern teilnahm. Wir befanden uns in der Nähe des Dorfes Ragewitz. Der übliche Gefechtsaustausch war abgeschlossen und wir sollten den markierten Feind angreifen. Auf einer Anhöhe waren Soldaten als feindliche Truppen locker verteilt und wurden, unter geschickter Ausnutzung von Bodenwellen, Gehölzen und Bauernhäusern von allen Seiten angegriffen. Wegen des ungewöhnlichen und großartigen Anblicks waren Leute aus den umliegenden Dörfern gekommen und standen in Gruppen zusammen, darunter junge Mädchen, festlich aufgeputzt mit Miedern aus schwarzem Samt und schmalkrempigen tellerförmigen Strohhüten, auf die Blumen gesteckt waren. Während ich durch den mitgebrachten Feldstecher eifrig hin- und herblickte, erweckte eine Gruppe auf dem gegenüberliegenden Hügel meine besondere Neugierde.

Der Herbsthimmel – es war Anfang September – war an diesem Tag, für diese Jahreszeit ungewöhnlich, leuchtend blau und die Luft durchsichtig, so daß man die Gruppe in völliger Klarheit sehen konnte. In ihrer Mitte stand ein Pferdewagen, darauf mehrere vornehme junge Damen, welche mit der augenverwirrenden Farbigkeit ihrer Kleider wie ein

Blumenstrauß oder ein Stück Brokat erschienen: Die Schärpen der Stehenden und die Bänder an den Hüten der Sitzenden wurden vom Winde emporgeweht. Der weißhaarige Greis, der neben ihnen auf einem Pferd saß und ein schlichtes grünes Jagdgewand mit Hirschhornknöpfen sowie einen hellbraunen Hut trug, schien irgendwie von besonderer Bedeutung zu sein. Mein Feldstecher blieb eine Weile auf die junge Frau gerichtet, die etwas weiter unten auf einem weißen Pferd saß. In ihrem stahlgrauen langen Reitkostüm und dem schwarzen, mit einem dünnen weißen Seidenschal umschlungenen Hut war ihre Erscheinung vornehm und unnahbar. Auch als nun aus dem Dunkel des gegenüberliegenden Gehölzes die Feldjäger in Scharen hervorstießen und sich die Leute drängten, um den prächtigen Anblick nicht zu versäumen, wandte sich die geheimnisvolle Schöne nicht dorthin um.

»Haben Sie jemanden entdeckt?« – der junge Offizier mit den blonden Haaren und dem prächtigen Schnurrbart, der mich so ansprach und mir dabei leicht auf die Schulter schlug, war Baron von Melheim, ein Oberleutnant, der dem Stab des gleichen Bataillons zugeteilt war wie ich. »Das da drüben ist die Familie des mir gut bekannten Grafen Bülow, des Herrn von Schloß Döben. Unser Stab wird heute abend in seinem Schloß Quartier nehmen, so daß auch Sie Gelegenheit haben werden, die Familie kennenzulernen.« In dem Moment bedrängten die Feldjäger unsere linke Flanke und Melheim sprengte eilig los. Wir kannten uns zwar noch nicht lange, aber ich hatte bereits einen sympathischen Eindruck von ihm gewonnen.

Als die Angreifer bis zum Fuß des Hügels vorgerückt waren, wurde das Ende des heutigen Manövers angezeigt. Nach Abschluß der üblichen Manöverkritik ritt ich zusammen mit Melheim hinter dem Bataillonskommandeur zu unserer Unterkunft. Die gegenüber den Feldern etwas erhaben angelegte *Chaussee* durchzog in schönen Bögen die abgeernteten Kornfelder. Gelegentlich drang der Klang eines Flusses an unser Ohr: wir näherten uns offenbar der jenseits des Gehölzes dahinfließenden Mulde. Der Bataillonskommandeur hatte die Vierzig wohl um einige Jahre überschritten: Sein Haar hatte noch nicht seine dunkelbraune Färbung verloren. In seinem roten Gesicht fielen jedoch die starken Stirnfalten auf. Er war im Auftreten schlicht und sprach wenig, aber hatte die Angewohnheit, in jedem zweiten oder dritten Satz seine Aussage mit den Worten »ich persönlich« einzuschränken. Unvermittelt wandte er sich an Melheim und sagte: »Ihre Verlobte wartet sicherlich schon.« »Entschuldigen Sie bitte, Herr Major, aber ich habe keine Verlobte.« »Wirklich? Seien Sie mir nicht böse, aber ich persönlich war der Meinung, Fräulein Ida sei mit Ihnen verlobt.« Während diese Worte zwischen ihnen gewechselt wurden, waren wir vor dem Schloß Döben angelangt. Ein langer weißer Sandweg, an dessen beiden Seiten ein die Beete einfassender niedriger Metallzaun verlief, führte zu einem alten Steintor. Wir ritten hindurch und gelangten zu einem weißgetünchten Gebäude mit einem Ziegeldach inmitten blühender weißer Eibischbäume. Auf der Südseite erhob sich ein hoher Steinturm, der einer ägyptischen Pyramide nachgebildet schien. Geführt von einem *livrierten* Diener, der uns auf die Nachricht hin, daß wir heute hier übernachten würden, entgegengekommen war, stiegen wir die weiße Steintreppe hinauf. Die durch die Bäume im Garten dringende Abendsonne beleuchtete feuerrot die auf beiden Seiten der Treppe kauernden *Sphinxen*. Ich betrat zum ersten Mal das Schloß einer deutschen Adelsfamilie. Wie würde es drinnen aussehen? Und als was für ein Mensch würde sich die schöne Reiterin herausstellen, die ich vorhin aus der Ferne gesehen hatte? All dies waren Rätsel, die ich wohl nicht vollständig würde lösen können.

Wir kamen durch mehrere Räume, auf deren Wänden und gewölbten Decken allerlei Dämonen und Ungeheuer gemalt waren und deren Säulen mit in Stein gehauenen Tierköpfen geschmückt waren. Hier und da standen *Truhen*, und Schilde und Waffen der alten Zeit waren an den Wänden aufgehängt.

Graf Bülow hatte sich umgezogen und trug jetzt ein weites

schwarzes Obergewand, welches seine übliche Kleidung zu sein schien, und wartete hier zusammen mit der Gräfin. Da er den Bataillonskommandeur bereits seit früher gut kannte, schüttelte er ihm herzlich die Hand. Er ließ sich auch mich vorstellen und nannte mit aus tiefster Brust heraufkommender Stimme seinen eigenen Namen. Melheim grüßte er beiläufig: »Schön, daß Sie da sind!« Die Gräfin schien älter zu sein als der Graf, ihre Bewegungen waren mühsam, aber in ihrem Blick gab sich Herzensgüte zu erkennen. Sie rief Melheim zu sich und flüsterte eine Weile lang mit ihm. Der Graf wandte sich zu den Gästen: »Sie sind heute sicherlich müde, gehen Sie und ruhen Sie sich aus.« Damit gab er Anweisung, uns unsere Zimmer zu zeigen.

Ich und Melheim bekamen ein nach Osten gewandtes Zimmer. Die Wasser der Mulde umspülten die Grundmauern des Schlosses direkt unter unserem Fenster. Das Grün der Grasbänke auf dem gegenüberliegenden Ufer war noch nicht verblaßt. In den Eichen, die weiter entfernt standen, hing der Abendnebel. Der Fluß bog rechter Hand ab, und auf dem diesseitigen Ufer, das wie eine Landzunge hervorstieß, standen drei oder zwei Bauernhäuser und ein schwarzes Mühlrad zeichnete sich gegen den Himmel ab. Zur Linken ragte ein Zimmer des Schlosses über das Wasser vor. Das Fenster dieses balkonartigen Raumes wurde, während ich hinüberschaute, geöffnet und mehrere Mädchenköpfe blickten dicht gedrängt herüber. Aber die Frau, die auf dem Schimmel geritten hatte, war nicht darunter. Melheim, der seine Uniform ausgezogen hatte und sich zur Waschschüssel begeben wollte, bat mich: »Dort drüben ist der Aufenthaltsraum der jungen Damen. Auch wenn's etwas unhöflich ist: bitte schließen Sie schnell das Fenster.«

Es wurde Abend und man rief uns in den Speisesaal. Während wir zusammen hingingen, wandte ich mich an Melheim: »In diesem Haus gibt es aber viele junge Damen.« »Ursprünglich waren es sechs. Aber eine heiratete meinen Freund Graf Fabrice, so daß nur noch fünf übrig sind.« »Fabrice, ist das nicht die Familie des Staatsministers?« »Ja, die Frau des Ministers ist die ältere Schwester des hiesigen Hausherrn, und mein Freund ist der älteste Sohn des Ministers.«

Wir setzten uns an den Tisch. Die fünf Töchter hatten sich jede anders herausgeputzt und es war schwer zu entscheiden, welche die Schönste war. Nur die älteste trug ein schwarzes Übergewand und einen schwarzen Rock, was meine Aufmerksamkeit erregte. Sie war diejenige, die vorhin beim Manöver auf dem weißen Pferd gesessen hatte. Die anderen Töchter beobachteten neugierig den Japaner. Die Gräfin bewunderte meine Uniform und eines der Mädchen sagte: »Mit den schwarzen Tressen auf schwarzem Stoff sieht er aus wie ein braunschweigischer Offizier«, worauf die rosenwangige jüngste Tochter »überhaupt nicht« dazwischen rief: sie konnte in ihrer Kindlichkeit den Ärger über die ältere Schwester nicht zurückhalten. Alle vermochten kaum ihr Lachen zu verbergen und beugten ihre erröteten Gesichter tief über die Suppenteller. Die schwarz gekleidete Tochter aber saß da, ohne mit der Wimper zu zucken. Nach einiger Zeit sagte die jüngste Tochter, wohl um ihren faux-pas von vorhin wiedergutzumachen: »Ida gefällt es sicher, daß die Uniform des Herrn ganz und gar schwarz ist.« Auf diese Worte hin warf die schwarzgekleidete Tochter ihr einen strengen Blick zu. Ihre Augen waren gewöhnlich unbestimmt in die Ferne gerichtet, wenn sie aber einmal jemanden ansahen, waren sie sprechender als alle Worte. Der Blick, den sie nun der Schwester zuwarf, schien mit Lächeln vermischten Tadel auszudrücken. Durch die Bemerkung der jüngsten Schwester hatte ich nun erfahren, daß dies Fräulein Ida war, von welcher der Bataillonskommandeur behauptet hatte, sie sei die Verlobte Melheims. Als ich daraufhin Melheim aufmerksam beobachtete, war in seinen Worten und in seinem Benehmen Hochachtung und Liebe ihr gegenüber zu spüren. Zudem schienen Graf und Gräfin Bülow mit dieser Verbindung einverstanden zu sein. Ida war hochgewachsen und schlank und die einzige unter den fünf jungen Damen, die schwarze Haare hatte. Abgesehen von ihren Augen, war sie nicht auffallend schöner als die anderen Töchter. Zwischen ihren Augenbrauen standen immer leichte Falten. Wohl wegen ihrer schwarzen Kleidung sah sie etwas blaß aus.

Das Essen ging zu Ende und man begab sich in den angrenzenden Raum. Es war ein kleines salonartiges Zimmer, in welchem viele weiche Sessel und niedrige *Sofas* standen. Hier wurde Kaffee gereicht. Ein Bediensteter brachte auf einem Tablett mehrere Gläser mit verschiedenen Branntweinen. Außer dem Hausherrn nahm niemand davon, nur der Bataillonskommandeur nahm mit den Worten »Ich persönlich nehme einen Chartreuse« ein Glas und trank es auf einen Zug aus. Im gleichen Moment erklang aus der dämmrigen Zimmerecke hinter mir eine seltsame Stimme: »Persönlich! persönlich!« Als ich mich erschrocken umwandte, sah ich dort einen großen Käfig, in welchem ein Papagei saß, der die schon oft gehörten Worte des Bataillonskommandeurs nachgeahmt hatte. Die Mädchen flüsterten: »Der Unglücksvogel!«, aber der Bataillonskommandeur selber lachte laut.

Als der Hausherr mit dem Bataillonskommandeur in das Kabinett ging, um dort Zigarren zu rauchen und über die Jagd zu reden, lächelte ich der jüngsten Tochter zu, welche mich die ganze Zeit von fern beobachtet hatte und offenbar den Japaner, einen so seltenen Gast, gerne angesprochen hätte, und fragte sie: »Gehört dieser kluge Vogel dir?« »Nein, er gehört niemandem Bestimmten, aber auch ich habe ihn sehr gerne. Bis vor kurzem hatten wir auch viele Tauben. Aber weil Ida es nicht leiden konnte, daß sie so vertraulich wurden und immer um uns waren, haben wir sie alle weggegeben. Nur dieser Papagei mag aus irgend einem Grund unsere älteste Schwester nicht, weshalb wir ihn komischerweise immer noch bei uns haben. – Stimmt's?« Damit wandte sie sich dem Papagei zu, und der Papagei, der angeblich die Schwester haßte, öffnete seinen krummen Schnabel und wiederholte: »Stimmt's stimmt's«.

Währenddessen ging Melheim zu Ida und bat sie um irgend

etwas, wozu sie aber keine Lust zu haben schien. Als dann jedoch auch die Gräfin ihr zusprach, stand sie abrupt auf und setzte sich ans *Piano*. Ein Diener zündete eilig auf beiden Seiten des Pianos Kerzen an. Melheim fragte: »Welche Noten soll ich bringen?«, und wollte zu dem kleinen Tisch hinübergehen, der neben dem Instrument stand. Ida aber sagte: »Nein, ich brauche keine Noten –« Sachte berührten ihre Fingerspitzen die *Tasten* und die Töne durchdrangen den Raum. Als das Stück komplizierter wurde, erschien eine leichte Röte wie die des Morgennebels auf ihrem Gesicht. Wenn die Töne leise dahinflossen wie die Kristallkugeln eines langen, langen Rosenkranzes, war einem, als ob die Mulde ihren Lauf eingestellt habe. Wenn die Musik dann plötzlich heranstürmte wie Waffengetöse, war es, als müßten die Ahnen des Schloßherrn, welche ehemals die vorbeiziehenden Reisenden bedroht hatten, von ihrem jahrhundertelangen Schlaf geweckt werden. Ach, die Gedanken dieses Mädchens, die, ständig in ihrer schmalen Brust eingeschlossen, keinen Ausweg in Worte fanden, strömten – so schien es – hier nun aus ihren zarten Fingerspitzen hervor. Mir war, als ob der Klang der Saiten das Schloß Döben emportrage und als ob die anderen und ich selbst mit dem Strom der Musik auf- und absteigend dahinflössen. Als das Stück seinen dramatischen Höhepunkt erreichte und die verschiedenen Geister der Saiten, die in diesem Instrument geschlummert hatten, einzeln ihren grenzenlosen Groll hinausgeschrieen hatten und dann alle zusammen ihren dröhnenden Klagegesang begannen, da erhob draußen vor dem Schloß eine seltsame Flöte ihre Stimme und versuchte unsicher und schwankend in die Musik des *Pianos* einzustimmen.

Ida, die völlig in ihr Spiel versunken war, bemerkte dies eine Weile nicht, als dann aber der Klang der Flöte an ihr Ohr zu dringen schien, verwirrte sich plötzlich ihr Spiel, und nach einem Schlußakkord, der das Piano nahezu zerspringen ließ, erhob sie sich, wobei ihr Gesicht noch bleicher war als sonst. Die Töchter blickten sich gegenseitig an und flüsterten: »Das war wieder ein Streich des Jungen mit der Hasenscharte.« Da erstarb die Flöte draußen.

Der Graf kam aus dem kleinen Zimmer herüber: »Idas wildes Spiel eben ist für uns nichts besonderes; aber Sie werden sicherlich etwas überrascht sein.« Dabei verbeugte er sich höflich vor mir.

Die verklungene Musik war noch in meinem Ohr, während ich wie benommen auf mein Zimmer ging. Meine Gedanken waren so erfüllt von dem, was ich heute erlebt hatte, daß ich nicht einschlafen konnte. Als ich zu Melheim hinübersah, lag er ebenfalls wach. Ich wollte ihn so vieles fragen, empfand aber eine gewisse Scheu. Ich sagte nur: »Wissen Sie, wer der seltsame Flötenspieler vorhin war?« Der Baron wandte sich zu mir herüber: »Das ist eine lange Geschichte. Da ich heute nacht auch aus irgendeinem Grunde nicht schlafen kann, will ich aufstehen und es Ihnen erzählen.«

Als wir aus den noch kaum erwärmten Betten stiegen, uns an den Tisch unter dem Fenster setzten und zu rauchen begannen, klang wieder jene Flöte von draußen herüber, brach ab und erklang sogleich wieder, wie wenn eine junge Nachtigall zu singen versucht. Melheim räusperte sich und begann zu erzählen:

»Es war wohl vor zehn Jahren. In dem Dorf Bröhsen nicht weit von hier lebte damals ein armer Waisenjunge. Als er sechs oder sieben Jahre alt war, starben seine Eltern in einer Epidemie, aber da er durch eine Hasenscharte entstellt war, nahm sich niemand seiner an. Er war schon dem Verhungern nahe, als er eines Tages um ein Stück trockenes Brot bittend auch zu diesem Schloß kam. Die damals gerade zehnjährige Ida hatte Mitleid mit ihm und gab ihm zu essen. Sie schenkte ihm ihre Spielzeugflöte und sagte: ›Da, flöte einmal‹, aber er konnte die Flöte wegen seiner Hasenscharte nicht im Mund halten. Ida jammerte ständig: Bringt ihm doch den häßlichen Mund in Ordnung und gab keine Ruhe. Die Mutter hörte dies und ließ, beeindruckt von dem kindlichen Mitgefühl, welches sich in Idas Worten äußerte, einen Arzt die Hasenscharte zusammennähen. Von da an blieb der Junge beim Schloß und arbeitete als Schafhirte. Die Spielzeugflöte jedoch, die er von Ida erhalten hatte, trug er immer bei sich. Später schnitzte er sich aus Holz eine Flöte und übte darauf so eifrig, daß er, ohne daß ihm irgend jemand Unterricht gegeben hätte, von selbst soweit kam, einen solchen Ton, wie wir gehört haben, hervorzubringen.

Als ich im Sommer vorletzten Jahres Urlaub erhielt und hierher kam, ging das ganze Schloß auf einen Ausflug. Fräulein Idas weißes Pferd war besonders schnell, und nur ich selbst konnte mit ihr Schritt halten. Da kam uns an einer Biegung des schmalen Weges ein mit Heu hochbeladener Wagen entgegen. Das Pferd scheute und bäumte sich auf. Sie hielt sich mit knapper Not am Sattel fest. Ehe ich ihr zur Hilfe kommen konnte, hörte man aus dem hohen Gras am Wegesrand einen Ruf und der Hütejunge lief wie im Fluge herbei. Er faßte die Zügel des Pferdes und hielt es fest, bis es sich beruhigt hatte. Der Junge war, immer wenn er gerade nicht auf der Weide sein mußte, ihr unbemerkt gefolgt. Als Ida das begriff, schenkte sie ihm zwar durch andere Leute dieses und jenes, aber erlaubte ihm aus irgendeinem Grunde nicht, sie direkt zu treffen. Auch der Junge verstand, daß sie einen Widerwillen gegen ihn verspürte, da sie, wenn er ihr zufällig begegnete, nicht zu ihm sprach, so daß er ihr schließlich von sich aus aus dem Wege ging. Aber auch jetzt hört er nicht auf, sie von Ferne zu beobachten, und gerne rudert er mit einem kleinen Boot unter ihr Fenster, macht es dort fest und schläft darin des Nachts auf einem Heulager.«

Als er geendet hatte und wir uns hinlegten, dämmerte es in dem nach Osten gerichteten Fenster bereits leicht. Die Flöte war nicht mehr zu hören, aber ich träumte diese Nacht von Ida. Das Pferd, auf dem sie ritt, wurde vor meinen Augen schwarz. Als ich verwundert genauer hinsah, hatte es ein menschliches Gesicht mit einer Hasenscharte. Aber im Traum erschien es mir ganz selbstverständlich, daß sie darauf ritt. Als ich nach einer Weile wieder hinsah, hatte die Reiterin, die ich für Ida gehalten hatte, den Kopf einer Sphinx. Die pupillenlosen Augen waren halb geöffnet. Und was ich als Pferd angesehen hatte, war der Löwenleib, die Vorderpfoten brav nebeneinander gelegt. Auf dem Kopf der Sphinx saß ein Papagei, sah mich an und lachte häßlich.

Als ich am nächsten Morgen aufstand und das Fenster öffnete, färbte die Morgensonne den Wald auf der anderen Seite des Flusses golden, und ein leichter Wind kräuselte die Wasserfläche der Mulde. Auf der Wiese nahe am Ufer weidete eine Schafherde. Ein kleinwüchsiger Junge, gekleidet in einen kurzen grünlichen *Kittel*, der die schmutzigen, nackten Waden entblößte, stand dabei und ließ, seinen wirren roten Haarschopf schüttelnd, fröhlich seine Peitsche knallen.

An diesem Tag nahm ich den Morgenkaffee im Zimmer ein. Da ich mittags mit dem Battaillonskommandeur an einem Empfang beim König teilnehmen sollte, welcher sich in die Halle des Schützenvereins in Grimma begeben hatte, um dort einem Übungsschießen beizuwohnen, zog ich meine Ausgehuniform an und wartete auf den Bataillonskommandeur. Der Graf lieh uns einen Pferdewagen und kam selbst bis zur Freitreppe heraus, um uns zu verabschieden. Ich war als ausländischer Offizier zu dem heutigen Empfang eingeladen, zu welchem ansonsten nur Generäle und Stabsoffiziere zusammenkamen. Melheim blieb im Schloß. Obgleich wir uns auf dem Lande befanden, war die Halle überraschend prächtig herausgeputzt worden: Für die Gedecke hatte man, wie erzählt wurde, unter anderem silberne Teller und Meißner Porzellan aus der Residenz geholt. Die Keramik dieses Landes ist angeblich nach dem Vorbild der ostasiatischen Keramik gestaltet, die Farben der Pflanzenmotive jedoch, mit denen sie dekoriert ist, haben keinerlei Ähnlichkeit mit denen unseres Landes. Aber in der Dresdner Residenz soll es ein Porzellanzimmer geben, in dem zahlreiche chinesische und japanische Blumenvasen ausgestellt sind. Mir wurde zum ersten Mal ein Treffen mit dem König gewährt. Er war ein weißhaariger Greis von mildem Aussehen. Wohl weil er der Sohn des Königs Johann ist, welcher Dantes *Divina Commedia* übersetzt haben soll, begrüßte er mich mit überaus geschickten Worten: »Wenn in Zukunft hier in Sachsen eine japanische Gesandtschaft eingerichtet wird, erwarte ich, nachdem wir uns heute kennengelernt haben, Sie als Gesandten!« Er schien nicht zu wissen, daß in unserem Lande niemand aufgrund von Beziehungen zu einem solchen Amte ernannt wird, sondern daß dies nur aufgrund einer bestimmten Laufbahn möglich ist. Unter den über 130 Offizieren, die bei diesem Empfang zusammenkamen, befand sich auch ein alter Militär von imposanter Gestalt, gekleidet in eine Kavallerieuniform. Dies war der Staatsminister Fabrice.

Als ich in der Abenddämmerung zum Schloß zurückkehrte, war das Lachen und der fröhliche Lärm der Mädchen bis vor das steinerne Außentor zu hören. Die bereits sehr zutrauliche jüngste Schwester kam an die Kutsche gelaufen: »Meine Schwestern spielen *Croquet*. Machen Sie doch auch mit!« Der Battaillonskommandeur meinte: »Verscherzen Sie sich nicht die Gunst der Mädchen. Ich persönlich werde mich umziehen und mich etwas ausruhen.« Ich ging mit der jüngsten Tochter zum Garten am Fuß der *Pyramide*. Die Schwestern waren gerade mitten im Spiel. In den Rasen waren hier und da eiserne Bögen gesteckt. Die Spielerinnen hielten die bunten Bälle mit der Schuhspitze fest, um sie dann mit einem kleinen Schläger unter den Bögen hindurchzuschicken. Die gewandten Spielerinnen verfehlten kaum einen Schlag, aber die ungeschickten stampften ärgerlich mit den Füßen auf, wenn sie daneben schlugen. Ich schnallte meinen Säbel ab und mischte mich unter die Spielerinnen, aber so oft ich es auch versuchte, der Ball flog enttäuschenderweise immer in völlig verkehrte Richtung. Gerade als die Mädchen alle zusammen lachten, kam Ida mit Melheim. Sie hatte sich bei ihm eingehakt, aber ihre Fingerspitzen berührten kaum seinen Ellenbogen. Ihr Verhältnis schien nicht allzu vertraulich zu sein.

Melheim wandte sich an mich: »Wie war der Empfang?«

Ohne auf eine Antwort zu warten, ging er zu den Mädchen: »Laßt mich auch mitmachen!« Die Mädchen blickten sich gegenseitig an und lachten: »Wir haben schon keine Lust mehr zu spielen. Wo sind Sie mit Ida gewesen?« »Wir sind bis zu dem Felsen mit der schönen Aussicht gegangen; aber sie reicht nicht an den Blick von unserer *Pyramide* heran. Herr Koboyashi muß morgen mit seiner Kompanie nach Mützchen aufbrechen; kann nicht eine von euch ihn oben auf die Pyramide führen und ihm zeigen, wie jenseits der Mühle der Qualm der Eisenbahn zu sehen ist?«

Ehe noch die jüngste Tochter mit ihrem schnellen Mundwerk etwas sagen konnte, antwortete Ida völlig überraschend: »Ich führ' ihn!« Wie oft bei Menschen, die nicht viel reden, schoß mit den plötzlich ausgesprochenen Worten eine Röte über ihr Gesicht. Sie ging sogleich voraus und ich folgte ihr neugierig. Die zurückbleibenden Mädchen sammelten sich um Melheim und drängten ihn: »Bitte erzählen Sie uns bis zum Abendessen etwas Interessantes.«

Auf der Gartenseite des Turmes führte eine in den Stein gehauene Treppe zur abgeflachten Pyramidenspitze hinauf. Wer auf der Treppe hinauf- oder hinabstieg oder oben stand, war somit von unten aus deutlich zu sehen, weshalb es nicht weiter verwunderlich war, daß Ida so ohne weitere Umstände anbot, mich zu führen. Sie ging eilig zum Aufgang der Pyramide und wandte sich dort zu mir um. Ich holte sie ein und stieg vor ihr die Stufen hinauf. Sie folgte direkt hinter mir, da ihr aber offensichtlich das Steigen schwerfiel, machte sie unterwegs mehrere Pausen. Als wir endlich oben angekommen waren, fanden wir die Plattform überraschend geräumig. Sie war von einem niedrigen eisernen Geländer eingefaßt, und in der Mitte war ein großer Steinblock eingelassen.

Nun stand ich oben auf diesem Turm, die Alltagswelt weit unter mir, und jenem Mädchen gegenüber, das ich gestern von dem Hügel bei Ragewitz aus zum ersten Mal gesehen, zu dem ich mich seltsam hingezogen gefühlt hatte und die ich – weder aus gemeiner Neugier noch aus sinnlicher Begierde –

im Traume gesehen und über die ich im Wachen nachgedacht hatte. Wie schön auch die von hier aus zu überblickende sächsische Ebene sein mochte, sie war nicht zu vergleichen mit dem Herzen dieses Mädchens, in dem es, so schien mir, dunkle Wälder und tiefe Abgründe gab.

Das Rot, welches nach dem Aufstieg über die steile Steintreppe ihr Gesicht gefärbt hatte, war noch nicht vergangen, als sie sich im Schein der nahezu blendenden Abendsonne, wohl um Atem zu schöpfen, auf den großen Steinblock in der Mitte der Pyramidenplattform niedersetzte und mir mit ihren sprechenden Augen direkt ins Gesicht sah, da erschien dies Mädchen, das gewöhnlich so unauffällig aussah, noch schöner als gestern, als sie die seltsame Phantasie auf dem Klavier spielte und erinnerte mich, ich weiß nicht weshalb, an eine von einem bestimmten Bildhauer geschaffene Grabskulptur.

Sie sprach eilig: »Ich habe eine Bitte, die ich nur äußere, weil ich Ihr Herz kenne. Sie werden sich wundern, wieso ich das sage, wo wir uns gestern zum ersten Mal gesehen und noch gar nicht miteinander gesprochen haben. Aber ich rede nicht leichtfertig zu jemand Fremdem. Wenn das Manöver vorbei ist und Sie nach Dresden gehen, werden Sie dort sicherlich in die Residenz und zum Staatsminister eingeladen werden.« Nach dieser Einleitung holte sie einen geschlossenen Brief hervor und gab ihn mir: »Geben Sie dies der Gemahlin des Staatsministers, ohne daß es jemand merkt. Niemand darf es merken!« Da die Gemahlin des Staatsministers ihre Tante war, und zudem ihre älteste Schwester sich in deren Haus aufhielt, sollte es eigentlich möglich sein, ohne die Hilfe eines Ausländers, den man zum ersten Mal getroffen hatte, auszukommen. Und falls es darum ginge, daß es niemand hier im Schloß erführe, so hätte sie diesen Brief doch heimlich mit der Post schreiben können. – Daß sie trotzdem diesen seltsamen Weg wählte, weckte in mir einen Moment lang den Gedanken, daß sie verrückt sei. Aber sie hatte nicht nur sprechende Augen, ihre Ohren vermochten offenbar auch die Gedanken anderer Menschen zu hören.

Sie fuhr fort, als ob sie sich entschuldigen wolle: »Sie werden gehört haben, daß Gräfin Fabrice meine Tante ist. Zudem hält sich meine älteste Schwester in ihrem Hause auf. Aber ich möchte, daß auch sie davon nichts erfährt und bin deshalb auf den Gedanken gekommen, Sie um Hilfe zu bitten. Falls ich nur auf die Leute hier im Hause Rücksicht nehmen müßte, dann gäbe es auch die Post. Aber ich gehe selten allein aus, so daß mir dieser Weg nicht offensteht. Bitte bedenken Sie dies.« Ihre Begründung war überzeugend und ich sagte zu.

Als die letzten Strahlen der untergehenden Sonne wie ein Regenbogen durch das Gehölz in der Nähe des Schlosses drangen, und sich der Nebel längs des Flusses ausbreitete, stiegen wir vom Turm herab. Melheim hatte zu Ende erzählt und die Mädchen warteten bereits auf uns. So gingen wir zusammen in den Speisesaal, in welchem neue Kerzen angezündet worden waren. Da Ida an diesem Abend, ganz anders als gestern, in sichtlich guter Laune mit Melheim umging, zeigte sich auch auf dessen Gesicht der Ausdruck der Freude.

Am nächsten Morgen brachen wir auf in Richtung Mützchen.

*

Die Herbstmanöver endeten fünf Tage später und meine Kompanie ging nach Dresden zurück. Ich erkundigte mich nach dem Palais in der Seestraße, um mein der Tochter des Grafen von Bülow, Ida, gegebenes Versprechen einzulösen; aber es war sehr schwer, solch hochgestellte Persönlichkeiten zu treffen, ehe mit dem Winter die Saison der Empfänge und Gesellschaften beginnen würde. Der übliche Besuch eines Offiziers etwa bestand darin, daß er zum Zimmer neben dem Eingang geführt wurde und dort etwas auf seine Visitenkarte schrieb. So beschränkte ich mich darauf, meinen Auftrag in Erinnerung zu halten.

Auch gegen dieses Jahresende hin war ich mit meinen Dienstaufgaben sehr beschäftigt. Als die großen lotosblattförmigen Eisschollen auf den grünen Wellen der durch die Schneeschmelze angeschwollenen Elbe dahintrieben, fand in der Residenz der prächtige Neujahrsempfang statt. Ich schritt über das gefährlich glatt gewachste Parkett bis in die Nähe des Königs und durfte seine strahlende uniformierte Gestalt sehen. Wenige Tage später wurde ich zu einer Abendgesellschaft beim Staatsminister Von Fabrice eingeladen. Ich wartete den Augenblick ab, da man nach den Grußworten der Botschafter von Österreich, Bayern, Nordamerika etc. die Löffel in das Eisdessert senkte, näherte mich der Gräfin und übergab ihr, nachdem ich ihr kurz erklärt hatte, wie es hierzu gekommen war, endlich Idas Brief.

Gegen Mitte Januar wurde mir zusammen mit den neu beförderten Offizieren eine Audienz bei der Königin gewährt. Ich zog meine Ausgehuniform an und begab mich in die Residenz. Wir standen in einem Kreis zusammen und warteten auf das Kommen der Königin, als diese von einem alten gebrechlichen Zeremonienmeister hereingeführt wurde. Der Zeremonienmeister stellte jeden vor und die Königin richtete an jeden einzeln ein paar Worte und hielt ihm die unbehandschuhte rechte Hand zum Kuß hin. Die Königin, klein von Statur und schwarzhaarig, trug ein unauffälliges, dunkelbraunes Kleid. Sie wandte sich aber leutselig mit überaus sanfter Stimme an die einzelnen Offiziere etwa mit den Worten: »Sind Sie nicht verwandt mit dem und dem, der sich im Frankreich-Feldzug ausgezeichnet hat?« Womit sie dem Betroffenen jeweils eine Freude machte. Die Hofdame, die mit ihr gekommen war, war auf der Türschwelle des Eingangs zu den Gemächern der Königin stehengeblieben und stand mit einem Fächer in der rechten Hand da. Ihre edle Gestalt glich einem von den Stützpfeilern eingerahmten Bild. Als ich sie zufällig ansah, da war es Ida. Wie war sie hierhergekommen?

*

Von der eisernen Brücke aus, die in der Mitte der Hauptstadt über die Elbe führt, konnte man die sich zu beiden Seiten der Schloßgasse hinziehende Residenz sehen, deren Fenster an diesem Abend besonders hell leuchteten. Diesmal war auch ich zum Ball eingeladen. Ich wand mich durch die lange Reihe der Wagen, die bis in die Augustusstraße hinaus standen. Als ich vor dem Portal der Residenz anlangte, stieg gerade eine vornehme Dame aus. Sie übergab ihren Schulterpelz dem Kammerdiener, der ihn im Wagen verstaute, und ging, ohne dem degengeschmückten Leibwächter, der ihr den Wagenschlag aufhielt, einen Blick zu schenken, in den Palast. Ich nutzte die Pause, da ihr Wagen noch nicht losgefahren und der dahinter wartende Wagen noch nicht vorgerückt war, und ging hinter der Dame zwischen den auf beiden Seiten aufgestellten lanzentragenden Gardesoldaten mit ihren Bärenfellmützen hindurch, um die Marmortreppe, auf der ein langer roter Teppich ausgelegt war, hinaufzusteigen. Zu beiden Seiten der Treppe standen in Abständen Männer in dunkelvioletten Kniehosen und grün und weiß eingefaßten *Livreen* aus gelbem Tuch regungslos und mit gesenktem Kopf. Früher pflegten diese Männer jeder eine Kerze zu halten. Aber jetzt wurden die Korridore und Treppen von Gaslampen erleuchtet. Aus dem Saal oberhalb der Treppe strömte das Licht der altmodisch mit gelben Kerzen bestückten Kandelaber, traf die zahllosen Orden, Epauletten und glitzernden Damenkleider und wurde von den großen Spiegeln, die zwischen den Ahnenporträts an den Wänden hingen, zurückgeworfen. Die Worte reichen nicht hin, den Glanz zu beschreiben.

Als der Zeremonienmeister seinen mit goldenen Troddeln geschmückten Stab feierlich auf das *Parkett* aufstieß, wurden die Samtvorhänge mit einem Zug lautlos vor dem Durchgang weggezogen, in der Mitte des Saales bildete sich von selbst eine Gasse und alle Gäste (es sollen sechshundert gewesen sein) verbeugten sich tief. Die königliche Familie schritt hindurch zwischen den gesenkten Köpfen der Damen mit ihren bis in die Mitte des Rückens ausgeschnittenen Roben, den golden bestickten Krägen der Militärs und den hochaufgebauten blonden Frisuren. An der Spitze schritten zwei Lakaien mit hohen gelockten Perücken wie in alter Zeit. Darauf folgten die zwei Majestäten, der König und die Königin, der Kronprinz von Sachsen-Meiningen und seine Gemahlin, die Prinzen von Weimar und Schönberg, und schließlich mehrere wichtige Hofdamen. Nicht ohne Grund wird gesagt, die Hofdamen des Sächsischen Hofes seien häßlich. Sie sahen nicht nur nicht gut aus, sondern hatten meist auch den Frühling ihres Lebens bereits hinter sich. Darunter waren einige, auf deren faltiger Brust man die einzelnen Rippen zählen konnte, die aber, da es die Sitte so verlangte, dies nicht verbergen konnten. Ich beobachtete in vorgebeugter Haltung die Vorbeischreitenden, aber die, auf die ich wartete, kam nicht. Das Defilee war nahezu vorüber, da kam sozusagen als Nachhut eine einzelne junge Hofdame würdevoll schreitend heran. Mit dem Gedanken, es könnte *sie* sein, blickte ich auf: es war Ida.

Als die königliche Familie am oberen Ende des Saales ankam und sich niedersetzte, umringten sie die Gesandten der verschiedenen Länder und deren Ehefrauen. Da begann mit einem Trommelwirbel des Schützenregimentsorchesters, welches auf der Balustrade gewartet hatte, die *Polonaise*. Bei diesem Tanz faßt jeder die Finger der Dame, die sich zu seiner Rechten befindet, und zieht einmal mit ihr durch den Saal. An der Spitze der Prozession führte der König in Uniform die rotgewandete Prinzessin von Meiningen, dann folgte die Königin in einem gelben Seidenkleid mit einer Schleppe zusammen mit dem Prinzen von Meiningen. Nachdem etwa fünfzig Paare durch den Saal gezogen waren, setzte sich die Königin auf einen mit einer Krone verzierten Sessel und forderte die Ehefrauen der Gesandten auf, sich neben ihr niederzusetzen, während sich der König in ein Nebenzimmer zu den Kartentischen begab.

Jetzt begann der eigentliche Ball. Ich beobachtete, wie geschickt sich die Tänzer auf dem engen Platz in der Mitte des Saales voller Gäste bewegten. Es waren meist junge Offiziere mit Hofdamen als Partnerinnen. Ich wunderte mich, daß ich Melheim nicht darunter sah, merkte aber dann, daß eigentlich nur Gardeoffiziere eingeladen waren. Wie mochte wohl Ida tanzen? Ich beobachtete sie, so wie man im Theater seine Lieblingsschauspielerin betrachtet. Sie trug ein hellblaues Kleid ohne jeden Schmuck außer einer an ihre Brust gesteckten lieblichen Blume, dessen Rock, wenn sie sich auf der engen Tanzfläche hin- und herbewegte, vollkommene Kreise beschrieb und die feierlichen diamantenübersäten Gewänder der eitlen Damen verblassen ließ.

Mit der Zeit begannen die Flammen der gelben Kerzen zunehmend zu qualmen und zu erlöschen, die Wachstropfen hingen lang herunter, und auf dem Fußboden lagen Stoffetzen und herabgefallene Blütenblätter. Gerade als immer mehr Gäste sich in den Vorraum zum Buffet begaben, ging jemand an mir vorbei, wandte sich dann halb zu mir um und sagte, den halb geöffneten Fächer gegen das Kinn haltend: »Sie haben mich wohl vergessen?« Es war Ida. »Wie sollte ich?« antwortete ich. Als wir einige Schritte zusammen gegangen waren, sagte sie: »Haben Sie schon das Porzellanzimmer drüben gesehen? Auf den ostasiatischen Blumenvasen dort sind mir unbekannte Pflanzen und Tiere aufgemalt. Der einzige, der sie mir erklären könnte, wären Sie. Wie wär's?« Mit diesen Worten geleitete sie mich in einen anderen Raum.

Hier standen an den Wänden ringsum auf weißen Steinborden Blumenvasen aus verschiedenen Ländern, welche die künstlerisch interessierten Fürsten über Generationen hin gesammelt hatten: milchigweiße, lasurblaue, ja bunt wie chinesischer Brokat gefärbte Vasen hoben sich gegen die dunklen Wände ab. Die mit der Residenz wohlvertrauten Gäste schenkten an diesem Abend der Sammlung keine Aufmerksamkeit. Nur ab und zu kam jemand auf dem Weg in den Vorraum hier vorbei, aber kaum einer blieb stehen.

Sie setzte sich auf ein Sofa mit blaßkarminfarbenem Bezug, in den dunkelrote Blumenranken eingewebt waren. Die auch durch den Tanz nicht im geringsten zerknitterten Falten ihres hellblauen Kleides seitwärts hinbreitend, wies sie mit der Spitze ihres Fächers auf eine Vase auf dem mittleren Bord:

»Es scheint jetzt schon lange her, daß ich Sie im vergangenen Jahr völlig überraschend als Boten brauchte. Was werden Sie wohl von mir gedacht haben? Sie haben mich aus quälender Dunkelheit befreit, und ich habe Sie keinen Moment lang vergessen.

Neuerdings habe ich einige Bücher über japanische Sitten und Gebräuche gelesen. Westliche Reisende notieren darin voller Verachtung, daß in Ihrem Lande viele Ehen von den Eltern arrangiert werden, und es in diesen Ehen keine wahre Liebe zwischen Mann und Frau gibt. Solche Äußerungen zeugen von wenig Nachdenken. Denn finden wir dies nicht auch in Europa? Wenn man vor der Verlobung lange miteinander Umgang hatte und sich gegenseitig durch und durch kennt, dann erst kann man sowohl ja als auch nein sagen. Aber im Adel ist es üblich, daß sich die Partner, die frühzeitig von Höhergestellten füreinander bestimmt werden, diesem Arrangement nicht widersetzen können, auch wenn ihre Herzen nicht übereinstimmen. Wenn sich durch die täglichen Begegnungen ihr Widerwille gegeneinander bis zum Unerträglichen aufgestaut hat, dann werden sie verheiratet. Was für eine unvernünftige Welt!

Melheim ist Ihr Freund. Würde ich etwas Schlechtes über ihn sagen, so würden Sie ihn sicherlich verteidigen. Ja, auch ich kenne seine aufrichtige Gesinnung und sehe wohl, daß seine äußere Erscheinung nicht unangenehm ist. Aber selbst nachdem ich nun jahrelang mit ihm umgegangen bin, kann ich in meiner Brust nicht einmal ein Glimmen verspüren. Da meine Eltern mit dieser Beziehung einverstanden sind, leihe ich ihm gelegentlich meinen Arm, aber wenn wir zwei alleine sind, dann erscheinen mir Haus und Garten so eng und niederdrückend, und wenn er unbeabsichtigt einen tiefen Seufzer tut, so wird mir heiß im Kopf, daß es kaum auszuhalten ist. Fragen Sie nicht warum! Wer vermöchte das zu wissen? Man liebt, weil man liebt, heißt es, und mit dem Widerwillen verhält es sich wohl ebenso.

Als ich einmal in einem Moment, da mein Vater guter Laune war, ihm meine innerlichen Qualen eröffnen wollte, merkte er sofort, worum es ging, und unterbrach mich: »Wer als Adeliger geboren ist, kann nicht daran denken, nach seinen Launen zu leben wie Hinz und Kunz. Persönliche Rechte müssen dem Recht des Blutes geopfert werden. Ich bin alt. Aber denke nur nicht, ich hätte deshalb menschliches Fühlen vergessen. Sieh dort an der Wand das Bild meiner Mutter. Sie war ebenso streng, wie sie dort aussieht, und ließ nicht zu, daß ich oberflächlichen Stimmungen nachging. So verzichtete ich auf die normalen Vergnügungen, aber die Ehre der Familie, in deren Blut sich über Jahrhunderte kein Tropfen gemeinen Blutes gemischt findet, wurde gerettet.« Als er mir dies in ungewohnt sanftem Ton (gewöhnlich sprach er grob und knapp, wie es zu einem Soldaten paßt) sagte, vermochte ich die mir vorher zurechtgelegten Argumente nicht herauszubringen, sondern fühlte mich nur schwach und hilflos.

Und wozu sollte ich meiner Mutter, die ja dem Vater nicht zu antworten weiß, meine Gedanken eröffnen? Aber wenn auch als Adelige geboren, bin ich doch ein Mensch. Nachdem ich die verwünschten Vorstellungen von Familie und Abstammung als Aberglaube durchschaut habe, bedeuten sie nichts mehr für mich. Würde ich mich einer niedrigen Liebe hingeben, wäre dies eine Schande für ein vornehmes Fräulein, und wer würde mich unterstützen bei einem Ausbruch aus dem Gewohnten? In katholischen Ländern treten manche in solchen Fällen in ein Kloster ein, aber hier im protestantischen Sachsen ist mir auch dies verwehrt. Ja, der Hof, welcher wie die katholische Kirche das Ritual versteht, aber nicht das Gefühl – der Hof soll mein Grab sein.

Meine Familie hat einen berühmten Namen in diesem Lande. Wir sind mit dem mächtigen Staatsminister Graf Fabrice in mehrfacher Hinsicht verbunden. Es wäre einfach gewesen, jene Bitte offen zu äußern, aber da war nicht nur die unbeugsame Haltung meines Vaters: ich mag von Natur aus nicht meine Gefühle mit anderen teilen und auch nicht von anderen mit Symphatie oder Antipathie angesehen werden. Ich wollte nicht, daß mein Wunsch überall herumerzählt und ich von den einen ermahnt und von den anderen ermuntert würde. Und noch mehr hätte es mich geärgert, wenn ein oberflächlicher Mensch wie Melheim gedacht hätte, ich wolle ihm ausweichen und es betreffe nur ihn selbst. Als ich gerade nach einem Weg suchte, in den Hofdienst zu treten, ohne daß es die anderen merken würden, daß der Wunsch von mir ausging, begegnete ich Ihnen, der Sie sich vorübergehend in diesem Land aufhalten und uns sicherlich gleichgültig als Figuren am Wegesrand ansehen. Ich spürte, daß Sie in Ihrem Innersten unerschütterlich ehrlich sind, und so bat ich Sie, heimlich den Brief an Frau Fabrice, welche mir seit früher liebevoll zugetan ist, zu bestellen.

Die Gräfin Fabrice behielt die Angelegenheit zunächst für sich und sagte nicht einmal der eigenen Familie etwas davon. Als dann eine Stelle als Hofdame frei wurde, rief sie mich – angeblich vorübergehend – in die Residenz, um mich dann, mit der Begründung, dem Wunsch der Königin sei schwer zu widersprechen, endgültig hierzubehalten.

Jemand wie Melheim, der sich einfach treiben läßt und nicht eigentlich zu schwimmen weiß, wird sich keine grauen Haare darüber wachsen lassen. Schmerz bereitet mir nur der Knabe, der in der Nacht, da Sie bei uns übernachtet haben, mein Klavierspiel unterbrach. Er hat, auch nachdem ich fort war, jede Nacht sein Boot unter meinem Fenster festgemacht. Als man jedoch eines Morgens die Tür des Schafstalles geschlossen fand und die Leute das Ufer absuchten, da schwamm, so erzählt man, das Boot leer auf dem Wasser und auf dem Heu lag nur seine zurückgelassene Flöte.«

Als sie geendet hatte, schlug die Uhr Mitternacht und der Ball kam zum Abschluß. Da es Zeit war, daß sich die Königin zurückzog, erhob sich Ida hastig. Während meine Lippen die

Finger ihrer ausgestreckten rechten Hand berührten, eilten die Gäste an uns vorbei zum Eckraum, dem Paradezimmer, wo das *Souper* bereitet war. Ida mischte sich unter sie und ihre Gestalt verschwand in der Ferne. Nur ab und zu sah ich noch zwischen den Schultern der Gäste hindurch ihr hellblaues Kleid.

BECHER
(1910)

Geht man vom Gasthaus aus bergan in Richtung des Wasserfalls Tsuzumigataki, so kommt man an einer Stelle vorbei, wo klares, kühles Quellwasser hervorsprudelt.

Das Wasser quillt in der Brunnenöffnung hoch und bildet eine gewölbte Fläche; das überschüssige Wasser fließt nach allen Seiten hin ab.

Grünes, schönes Moos überzieht die Außenfläche der Brunneneinfassung.

Es ist ein Sommermorgen.

In den Zweigen der Bäume rings um die Quelle hängen noch hier und da Reste des Morgennebels.

Der Bach fließt das Tal hinab mit einem Geräusch, als ob tausend Edelsteine ausgeschüttelt würden. Auf dem Weg, der längs des Baches bergan führt, scheinen mehrere Leute heraufzukommen.

Sie nähern sich, lebhaft miteinander sprechend.

Stimmen wie ein Schwarm zwitschernder Vögel.

Offensichtlich lauter Kinder; zweifellos Mädchen.

»Beeil' dich! Immer bist du die letzte! Schneller!«

»Wartet doch! Der Weg ist steinig; man kann so schlecht gehen.«

Die Mädchen, die teils vorangehen, teils zurückbleiben, haben alle gleicherweise ihr glattes Haar mit breiten, roten Bändern zusammengebunden. Die Bänder erscheinen wie ein Schwarm flatternder Schmetterlinge.

Sie tragen auch alle gleicherweise leichte Sommerkimonos mit dunkelblauem Muster, deren Ärmel vom Winde bewegt werden; auch die Sandalen an ihren Füßen sind gleich: alle haben rote Zehenriemen. »Ich bin die Erste.«

»Das gilt nicht!«

Sie laufen um die Wette zur Quelle; es sind sieben Mädchen.

Alle sind etwa elf oder zwölf Jahre alt. Für Geschwister sind sie zu nahe beieinander. Alle sind hübsch; und etwas kokett; wohl Freundinnen.

Welcher Faden hält diese sieben Korallenkugeln zusammen? Wer hat sie in das Gasthaus mitgebracht?

Die Morgensonne dringt zwischen den ziehenden Wolken hervor, fällt dann zwischen den Zweigen hindurch und zeichnet ein Streifenmuster auf die Erde um die Quelle.

Mehrere rote Schleifen lodern auf.

Eines der Mädchen setzt eine Blasenkirsche an den Mund, bläst sie auf und wirft sie mitten in die Quelle.

Sie wirft sie auf das zu einer gewölbten Fläche angeschwollene Wasser.

Die Blasenkirsche dreht sich einige Male und schwimmt dann über den Brunnenrand heraus.

»Was, sie schwimmt ja sofort weg! Und ich hatte mich so darauf gefreut, zu sehen, was mit ihr wird!«

»Natürlich schwimmt sie weg.«

»Und du wußtest, daß sie wegschwimmt?«

»Natürlich!«

»Das glaub' ich dir nicht!«

Sie tut so, als wolle sie die andere schlagen; die Ärmel des blauen Kimonos flattern.

»Komm, wir trinken!«

»Stimmt, wir sind ja zum Trinken gekommen.«

»Hast du's vergessen?«

»Ja, ich hab's ganz vergessen.«

»Du meine Güte!«

Jede holt einen Becher hervor.

Ein kalter, weißer Glanz blinkt in den sieben Händen auf.

Alle haben silberne Becher; große silberne Becher.

Die Sonne strahlt eben voll herab. Die sieben Becher glänzen noch mehr. Sieben silberne Schlangen umwinden die Quelle.

Die silbernen Becher sind alle von einer Art; jeder hat die gleiche Inschrift eingraviert.

Es sind die Buchstaben »Natur«.

Das Wort ist in einem seltsamen Schriftstil graviert. Ob es irgend ein Vorbild gibt? Oder ob es eine völlig neuartige Schrift ist?

Eine nach der anderen trinkt aus der Quelle.

Sie spitzen ihre dunkelroten Lippen und füllen die pfirsichfarbenen Backen mit Wasser.

Zwischen den Bäumen des Wäldchens hört man das durchdringende Zirpen der Insekten. Es sind Zikaden.

Wenn die weißen Wolken völlig verschwunden sein werden und die Sonne ganz oben stehen wird, dann wird dieses Zirpen zu einem ohrenbetäubenden Geräusch anschwellen.

Da kommt jemand ganz allein den Berg hinauf. Nach den sieben Mädchen kommt noch ein Mädchen.

Es ist das achte Mädchen.

Sie ist etwas größer als die sieben anderen; vielleicht ist sie vierzehn oder fünfzehn Jahre alt.

Ihre goldenen Haare hat sie mit einem schwarzen Band zusammengebunden. Aus ihrem bernsteinfarbenen Gesicht schauen zwei kornblumenblaue Augen hervor. Sie blickt auf die Natur mit einem unendlichen Erstaunen.

Nur der Mund ist blaßrot.

Sie hat ein graues, schwarzgesäumtes europäisches Kleid an.

Vielleicht ein in Asien geborenes europäisches Kind? oder ein Mischling?

Das achte Mädchen holt aus seiner Rocktasche einen Becher hervor.

Es ist ein kleiner Becher.

Woher kommt dieses Gefäß? Eine Farbe wie Lava, die gerade aus dem Krater hervorgequollen und erkaltet ist.

Die sieben Mädchen haben getrunken. Die konzentrischen Kreise, die auf der Wasseroberfläche erschienen, als sie ihre Becher eintauchten, sind verschwunden.

Sie sind in der gewölbten Wasserfläche der Quelle verschwunden.

Das achte Mädchen drängt sich zwischen den blauen Sommerkimonos hindurch zum Brunnenrand.

Die sieben Mädchen bemerken erst jetzt, daß da jemand ihren Frieden stört.

Und sie bemerken den dunklen, kleinen Becher in der bernsteinfarbenen Hand.

Das haben sie nicht erwartet.

Die sieben roten Lippen sind geöffnet, aber kein Wort kommt hervor.

Die Zikaden zirpen durchdringend.

Eine ganze Weile lang hört man nur das Zirpen der Zikaden.

Schließlich sagt eines der Mädchen:

»Du trinkst auch?«

In der Stimme liegt Mißtrauen und auch etwas Zorn.

Das achte Mädchen nickt schweigend.

Eines der anderen Mädchen sagt: »Dein Becher ist aber seltsam; zeig mal!«

Das achte Mädchen gibt ihm, ohne etwas zu sagen, den lavafarbenen Becher.

Der kleine Becher geht aus der einen Hand, der bernsteinfarbenen, sehnigen Hand, in die andere, eine rosige, weiche und volle Hand.

»Was für eine trübe Farbe!«

»Und das soll Porzellan sein?«

»Ist das nicht Stein?«

»Sieht aus, als ob man's aus einem abgebrannten Haus geholt hätte.«

»Oder aus einem Grab!«

»Genau! Aus einem Grab!«

Aus sieben Kehlen erklingt ein silberhelles Lachen. Das achte Mädchen steht da, seine Arme ihrer natürlichen Schwere überlassend; seine kornblumenfarbenen Augen blikken unbewegt ins Leere.

Eines der anderen Mädchen sagt:

»Ist ja winzig!«

Ein anderes sagt:
»Wirklich klein. Daraus kann man ja gar nicht trinken.«
Ein anderes sagt:
»Soll ich dir meinen Becher leihen?«
Eine mitleidige Stimme.
Und das Mädchen hält seinen eigenen großen, silbern blinkenden Becher mit den eingravierten Buchstaben »Natur« hin.
In diesem Moment öffnet das achte Mädchen zum ersten Mal seinen bis dahin geschlossenen Mund:
»Mon verre n'est pas grand, mais je bois dans mon verre.«
Eine melancholische, aber deutliche Stimme.
»Mein Becher ist nicht groß, aber ich trinke aus meinem Becher.« Das sind seine Worte.
Die sieben Mädchen blicken sich mit ihren reizenden, schwarzen Augen an.
Sie verstehen die Sprache nicht.
Das achte Mädchen läßt seine Arme mit ihrer natürlichen Schwere herabhängen.
Es macht ihm nichts aus, daß die anderen seine Sprache nicht verstehen.
Das achte Mädchen hat den Willen des achten Mädchens ausgedrückt; es hat keinen Raum für ein Mißverständnis gelassen.
Das eine Mädchen zieht seinen silbernen Becher zurück.
Den großen, silbern blinkenden Becher mit der Inschrift »Natur«.
Das andere Mädchen gibt den schwärzlichen Becher zurück.
Es gibt den kleinen, schwärzlichen Becher, dessen Farbe an erkaltete Lava erinnert, zurück.
Das achte Mädchen schöpft ganz ruhig ein wenig Wasser aus der Quelle und netzt seine blaßroten Lippen.

DIE LANDUNGSBRÜCKE
(1910)

Lang ist die Landungsbrücke, so lang!

Die Eisenkonstruktion, auf welcher sich vier Schienenstränge schräg überschneiden, ist mit verschieden langen Holzbohlen belegt, wie ein Xylophon, auf dem Kinder spielen. Durch die Spalten zwischen den einzelnen Bohlen, in denen, wenn man nicht aufpaßt, die Schuhabsätze und die Stollen der Holzsandalen hängenbleiben, sind hier und da die schwarzen Wellen zu sehen, die Sonne hell glitzernd reflektierend.

Der Himmel ist strahlend blau.

Im Zug, mit dem sie, in der ersten Klasse neben ihrem heute abreisenden Mann sitzend, vom Bahnhof Shinbashi gekommen ist, hatte sie nicht den Eindruck, daß es draußen windig sei, jetzt aber, nachdem sie aus der Rikscha gestiegen ist, die sie vom Bahnhof Yokohama hierhergebracht hat, bläst ihr der schon schmerzhaft kalte Wind – es ist der 5. März – den Saum des Mantels, den sie über dem Kimono trägt, hoch.

In ihrem von dem weitgeschnittenem Mantel verhüllten Leib trägt sie, bereits nahe der Niederkunft, die Frucht der Liebe ihres heute abfahrenden Mannes.

Ihr Haar ist in einer einfachen modernen Frisur aufgesteckt. Um die Schulter trägt sie eine weiße *Boa* aus Straußenfedern.

Einen mit Fransen versehenen blaßgrünen Sonnenschirm in der Hand, umringt von mehreren Dienstmädchen, schreitet sie voran.

Lang ist die Landungsbrücke, so lang!

Rechts und links haben große Schiffe angelegt. Manche sind schwarz gestrichen, manche braun.

Die an der Brücke liegenden Schiffe geben ihr Schutz vor dem Wind. Jedesmal wenn sie aus dem Windschatten eines Schiffes tritt, kommt ein Windstoß und weht den Saum ihres Mantels hoch.

Ihr Ehemann, ein Graf, hat im vorletzten Jahr die Universität abgeschlossen, und gleich danach haben sie geheiratet. Vor einem Jahr hat sie ein Töchterchen zur Welt gebracht: ein reizendes Geschöpf, die Freude seiner Eltern. Ende des Jahres wurde er zum Protokollbeamten ernannt und heute nun fährt er in amtlichem Auftrag Richtung London.

Den Spazierstock mit dem gebogenen Griff schwenkend, schreitet ihr Ehemann in seinem grauen Mantel zügig voran. Vicomte N., um einen Kopf größer als der Graf, schreitet, ganz ähnlich gekleidet, mit kräftigen Schritten neben ihm. Sie, die Ehefrau, bleibt immer weiter zurück.

Das französische Schiff, mit welchem ihr Ehemann fahren wird, hat am äußersten Ende der Landungsbrücke auf der rechten Seite festgemacht.

Auf der Landungsbrücke steht ein Gerüst, wie man es bei der Reparatur von Straßenbahnoberleitungen einsetzt, und von dort aus ist die Gangway zum Schiff hinübergelegt.

Während sie langsam weitergeht, sieht sie, wie ihr Mann und der ihn begleitende Vicomte über diese Gangway auf das Schiff hinübergehen.

Die zur Verabschiedung der Reisenden Gekommenen stehen in Gruppen auf der Landungsbrücke. Viele sind zur Verabschiedung ihres Mannes und des Vicomte gekommen. Wahrscheinlich gibt es in dem jetzt zur Abfahrt bereiten Schiff keine weiteren Gäste, die von so vielen Menschen verabschiedet werden.

Manche Leute stehen am Fuße des Gerüstes, von dem aus die Gangway zum Schiff hinüberführt, und warten dort auf ihre jeweiligen Begleiter. Manche sind auch zusammen mit ihrem Ehemann und dem Vicomte über den Steg aufs Schiff gegangen. Einige stehen auch diesseits des Gerüstes, dort wo Bauholz und Seile liegen.

Unter diesen Menschen sind wohl auch gute Bekannte und Freunde von ihrem Manne oder vom Vicomte; auch Leute, die ihnen ferner stehen. Vielleicht bildet sie sich nur ein, daß sie alle hier unter dem klaren wolkenlosen Himmel traurig und mutlos dastehen?

Während sie langsam nachkommt und zufällig nach rechts blickt, sieht sie dort am Rumpf des Schiffes mehrere runde Fenster. In einem der Fenster sieht man die Gesichter und Oberkörper mehrerer Frauen. Es sind Frauen zwischen dreißig und vierzig, und alle haben weiße Latzschürzen vorgebunden: wohl Kellnerinnen, die zum Schiff gehören. Als sie daran denkt, daß es Kellnerinnen auf dem Schiff sind, mit dem ihr Mann fortfährt, ist sie sogar auf diese einfachen Frauen neidisch.

Von Bord blickt eine Frau mit einem großen, mit weißem Tuch umhüllten Hut, in der Hand einen kleinen Koffer, auf die Landungsbrücke herab. In ihrem faltigen Gesicht glänzen über der großen gebogenen Nase große, bläulich umränderte Augen.

Offenbar eine Jüdin, die mit dem selben Schiff reist.

Auch diese Frau erscheint ihr beneidenswert.

Lang ist die Landungsbrücke, so lang!

Schließlich kommt sie am Fuße des Gerüstes an. Vorsichtig ihren Leib mit dem zweiten Kind ihres Mannes unter dem grauen Mantel über die Gangway tragend, steigt sie hinab auf das weite, schwarz gestrichene Deck des Schiffes. Den Sonnenschirm gibt sie einem der Dienstmädchen.

Von einem vor ihr aufs Schiff hinübergegangenen Bekannten ihres Mannes geführt, geht sie das Deck entlang zurück zum Heck. Am Ende des Ganges liegen Kabinen, an deren Türen Zinkplatten mit den Nummern 27 bis 29 angebracht sind. In dem einen Türeingang steht der Vicomte und wendet sich ihr zu: »Dies ist die Kabine.«

Sie muß sich diesen Raum gut ansehen und ins Gedächtnis einprägen. Dies ist die Kabine, zu der während seiner langen Seefahrt ihre Träume gehen werden.

Ein Mann, offenbar der Kapitän, lädt auf französisch ihren Mann in den *Salon* ein. Nach ihrem Ehemann und dem Vicomte wagt sie sich ebenfalls hinein.

Es ist ein weiter, prächtiger *Salon* mit mehreren nebeneinanderstehenden Tischen. Auf jedem Tisch steht ein Blumengesteck. Langsam versammeln sich hier die zur Verabschiedung gekommenen Gäste.

Der Kapitän gibt ein Zeichen und ein Kellner bringt eine Menge trichterförmiger Gläser. In die Gläser wird *Champagner* eingeschenkt und an die Versammelten verteilt. Ein anderer Kellner trägt ein Tablett herein, auf dem Waffeln, wie sie zum Eis serviert werden, überkreuz aufgeschichtet sind, und läßt die Gäste davon nehmen.

Diejenigen, die *Champagner* genommen haben, treten einer nach dem anderen vor ihren Ehemann und den Vicomte, wünschen ihnen eine glückliche Reise und trinken ihnen zu.

Sie sitzt auf einem kleinen Stuhl neben einem Tisch und wartet darauf, daß die Glückwünsche ein Ende nehmen. Ihr Ehemann blickt, obgleich mit der Erwiderung der Höflichkeiten beschäftigt, dann und wann zu ihr hinüber.

Aber im Beisein so vieler Menschen kann ihr Ehemann ihr bereits nichts mehr sagen. Und auch sie selbst kann vor so vielen Menschen nichts zu ihrem Ehemann sagen.

Die Schiffsglocke ertönt. Die zur Verabschiedung Gekommenen treten einzeln vor ihren Mann und den Vicomte und verabschieden sich. Sie selbst verbeugt sich schweigend vor ihrem Mann und dem Vicomte und geht hinter den anderen hinaus.

Sie geht wieder über die schwankende Gangway auf die Landungsbrücke zurück. Sie nimmt den blaßgrünen Schirm aus der Hand des Dienstmädchens und spannt ihn auf.

Ihr Mann und der Vicomte stehen an Deck und blicken herab. Sie selbst blickt unter ihrem Schirm hervor nach oben. Ihr ist, als ob ihre nach oben gerichteten Augen immer größer und größer würden.

Die Schiffsglocke ertönt zum zweiten Mal. Einige französische Matrosen beginnen die Seile, mit denen die Gangway festgemacht ist, zu lösen. Auf dem Gerüst, welches aussieht wie die Vorrichtungen, die man für die Reparatur von Straßenbahnoberleitungen gebraucht, steht ein japanischer Arbeiter mit der Arbeitsjacke seiner Firma. Er bereitet das Einholen der Gangway vor. Während das Seil von dem Mann mit der Arbeitsjacke auf die Winde gedreht wird, löst sich die Gangway vom Schiffsrumpf.

Aus Yokohama klingt die Signalkanone herüber. Daraufhin setzt sich das Schiff, aus dessen Bauch schon seit einiger Zeit Maschinengeräusch zu hören ist, ganz langsam in Bewegung.

Zwei ältere Europäer, wohl ein Ehepaar, stehen im Zwischendeck. Sie wechseln unbekümmert Worte mit einem weißhaarigen älteren Mann auf der Landungsbrücke, der dort, mit dem einen Fuß auf einem der wie große Garnrollen aussehenden Eisenpflöcke zum Festmachen der Schiffstaue, wartet. Es sieht kaum so aus, als ob sie eine lange schmerzhafte Trennung vor sich hätten.

Ob sich das Schiff bewegt? Oder die Landungsbrücke? Zwischen dem Punkt, wo ihr Ehemann und der Vicomte stehen, und ihrer eigenen Position bildet sich eine *Parallaxe*. Ihr ist, als ob ihre Augen immer größer und größer würden.

Unter den Menschen, die zur Verabschiedung der Reisenden gekommen sind, laufen manche bis zum Ende der Landungsbrücke. Sie selbst fühlt sich zu einem solch unziemlichen Benehmen nicht in der Lage.

Unversehens blinkt etwas Weißes an der Schiffsseite auf. Es ist ein Taschentuch in der Hand der Frau mit dem großen, mit weißem Tuch umhüllten Hut. Am Ende der Landungsbrücke steht ein hochgewachsener Mann mit roter Weste und braunen Schuhen. Auch in seiner Hand blitzt etwas Weißes auf. Auch dort wohl ein Abschied.

Nachdem die zwei damit begonnen haben, werden hier und dort Taschentücher geschwenkt. Auch in der zur Verabschiedung des Grafen gekommenen, bis zum Ende der Landungsbrücke gegangenen Gruppe blitzt etwas Weißes auf. Die Frau umfaßt mit ihrer schmalen Hand das im Kimonoärmel mitgebrachte *Battist*tuch, sieht sich aber doch nicht zu einem so unziemlichen Benehmen in der Lage.

In dem Moment, als das Schiff sich in seiner ganzen Länge von der Landungsbrücke gelöst hat, wendet es den Bug nach rechts. Die Seite, wo ihr Mann und der Vicomte stehen, verschwindet schließlich aus ihrem Gesichtsfeld.

Sie sieht nur noch seitlich am Heck einen vielleicht fünfzehn Jahre alten Jungen stehen, mit einer hellblauen *Blouse* für den kalten Wind zu leicht gekleidet. Welche Mutter mag wohl auf ihn in Frankreich warten? Oder vielleicht hat er gar keine Eltern? Worauf sind wohl seine Augen gerichtet, wie er da seitlich am Heck steht und herüberblickt?

Sie dreht sich langsam auf dem Absatz um und beginnt, umringt von den Hausmädchen, zurückzugehen.

Lang ist die Landungsbrücke, so lang!

Dort, wo eben noch das schwarz gestrichene Schiff lag, glitzern kleine Wellen, das helle Sonnenlicht reflektierend, wie die Schuppen eines Fisches.

IM UMBAU
(1910)

Ministerialrat Watanabe stieg vor dem Kabukiza-Theater aus der Straßenbahn.

Es hatte geregnet. Watanabe ging, gelegentlich einer Pfütze ausweichend, durch den Kobiki-Distrikt am Kanalufer entlang in Richtung Postministerium. Hier irgendwo, an der Einfahrt zu einer Seitengasse, hatte er, wenn er sich recht erinnerte, das Schild gesehen.

Es waren kaum Leute unterwegs. Einige lebhaft redende Männer in westlicher Kleidung, offenbar auf dem Heimweg vom Amt, kamen ihm entgegen. Eine Frau eilte mit kleinen Schritten vorbei: nach ihrem Kimono zu urteilen eine Kellnerin aus einem Teehaus, die vielleicht in der Nachbarschaft etwas zu besorgen hatte. Eine einzelne Rikscha, das Regendach noch hochgestellt, überholte ihn von hinten.

Schließlich entdeckte er das Gesuchte: ein verhältnismäßig kleines Schild mit der waagerechten Aufschrift »Hotel Seiyōken«.

Zum Kanalufer hin war das Gebäude mit einem Bretterzaun verstellt. An der zur menschenleeren Seitengasse gewandten Hausfront befand sich ein von zwei Seiten aus hochführender Treppenaufgang. Die Treppe bildete ein Dreieck mit abgeschnittener Spitze. Diese abgeschnittene Spitze wurde von zwei Türen eingenommen. Watanabe stieg die Treppe hinauf und überlegte dabei, durch welche der beiden Türen er wohl hineingehen sollte; aber, oben angekommen, fand er, daß auf der linken Tür »Eingang« stand.

Seine Schuhe waren auf dem aufgeweichten Weg ziemlich schmutzig geworden. Er reinigte sie sorgfältig und öffnete dann die Glastür. Sie führte in einen geräumigen flurartigen Raum mit Dielenboden. Hier lag die gleiche Kokosmatte als Fußabtreter wie draußen vor der Tür. Daneben war ein Wischlappen ausgebreitet. Watanabe säuberte noch einmal seine Schuhe und dachte dabei: Ich bin also nicht der einzige mit so schmutzigen Schuhen.

Es schien niemand dazusein. Nur in einiger Entfernung hörte man geschäftigen Lärm. Offenbar waren Zimmerleute an der Arbeit. Der Bauzaun vor dem Haus, und dazu dieser Lärm: man ist mitten im Umbau, dachte Watanabe.

Da niemand kam, ihn zu empfangen, ging er den gegenüberliegenden Korridor entlang bis dort, wo ein Quergang nach links und rechts führte. Während er noch überlegte, wohin er sich wenden solle, entdeckte er endlich doch einen müßig herumstehenden Mann: wohl ein Kellner.

»Ich habe gestern telephonisch bestellt.«

»Sehr wohl, für zwei Herrschaften, nicht wahr? Im zweiten Stock, bitteschön!«

Der Kellner wies auf eine rechter Hand nach oben führende Treppe. Wegen des Umbaues hatte das Restaurant den Betrieb praktisch eingestellt. Deshalb wohl wußte der Kellner sofort, daß er der Gast mit der Reservierung für zwei Personen war. Auf dieser Seite des Hauses hörte man das Hämmern und Schlagen noch viel stärker.

Der Kellner folgte ihm die Treppe hinauf. Watanabe überlegte, in welches Zimmer er wohl geführt werde, und wandte sich um:

»Ziemlich laut hier, nicht wahr?«

»Nein nein, Sie können unbesorgt sein; die Arbeiter gehen um fünf Uhr nach Hause. Während des Essens werden Sie von keinerlei Lärm gestört werden. Wenn Sie bitte einen Moment in diesem Zimmer hier warten wollen.«

Der Kellner eilte an ihm vorbei und öffnete die Tür zu einem Raum auf der Ostseite. Watanabe fand den *Salon* etwas zu groß für zwei Gäste. Um drei kleine Tische waren jeweils vier oder fünf Stühle gestellt. Unter dem rechten Fenster an der Ostwand stand auch ein *Sofa*. Daneben ein Weinstock, etwa einen Meter groß, welchen man im Gewächshaus künstlich zum Früchtetragen gebracht hatte.

Als Watanabe unschlüssig umherblickte, sagte der im Türeingang stehengebliebene Kellner: »Das Essen möchten Sie bitte hier einnehmen« und öffnete dabei eine Tür linker Hand. Sie führte zu einem Zimmer gerade in der richtigen Größe. Die Tafel war bereits gedeckt. Ein Korb mit reizvoll arrangierten *Azaleen*- und *Rhododendron*zweigen stand in der Mitte und zwei *Couverts* waren einander gegenüber hergerichtet. Vielleicht würden noch zwei Gäste zusätzlich sitzen können; sechs hätten es wohl etwas eng; gerade das richtige Zimmer.

Watanabe war recht zufrieden und ging in den *Salon* zurück. Der Kellner war aus dem Speisezimmer direkt in die Küche gegangen. So fand sich Watanabe jetzt zum ersten Mal allein.

Das Geräusch der Hämmer und Beile hörte plötzlich auf. Watanabe sah auf seine Taschenuhr: es war tatsächlich genau fünf Uhr; noch eine halbe Stunde bis zur verabredeten Zeit. Er nahm eine Zigarre aus der auf einem kleinen Tisch für die Gäste bereitgestellten Kiste, schnitt das Mundstück zurecht und zündete sie sich an.

Merkwürdigerweise hatte er überhaupt nicht das Gefühl, auf jemanden zu warten. Es war ihm nahezu egal, auf wen er hier eigentlich wartete, wessen Gesicht dort auf der anderen Seite des Blumenkorbes erscheinen würde. Watanabe wunderte sich über seine eigene Gleichgültigkeit.

Den Rauch langsam ausblasend, öffnete Watanabe das Fenster beim *Sofa* und blickte nach draußen. Direkt unter dem Fenster war eine Menge Bauholz aufgestapelt. Dort war wohl der Haupteingang. Das hoch stehende Wasser des *Kanals* schien völlig bewegungslos. Auf dem anderen Ufer sah man ein Wohnhaus; vielleicht eine billige Absteige oder etwas Ähnliches. Es war fast niemand unterwegs. Im Hauseingang gegenüber stand eine Frau mit einem Kind auf dem Rücken müßig herum. Ganz rechts versperrte das Marinemuseum mit seiner imposanten Gestalt aus rotem Backstein den Blick.

Watanabe setzte sich auf das *Sofa* und betrachtete das Innere des *Salons*. An den Wänden hingen da und dort Rollbilder, die irgendein Zufall hier zusammengeführt haben mochte: Pflaumenblüten und Nachtigall, Urashima Tarō mit der Schildkröte, ein Falke und andere Banalitäten. Alle waren zu kurz und zu schmal und nahmen sich an den hohen Wänden so aus, als ob sie unten abgeschnitten worden seien. Rechts und links von der Tür, die zum Speisezimmer führte, hingen Kalligraphien. Er sah näher hin und fand, daß es »Schriftzeichen aus dem Götterzeitalter« waren, geschrieben von dem Großlehrbeauftragten Sowieso. Japan ist kein Land der Kunst.

Watanabe genoß eine Weile die Zigarre, ohne etwas Bestimmtes zu denken oder wahrzunehmen.

Auf dem Flur hörte man Schritte und Stimmen. Die Tür ging auf. Die Frau, auf die Watanabe gewartet hatte, war da. Sie trug einen großen, mit einer Holzperlenschnur verzierten *Annemarie*-Hut aus Stroh. Unter dem grauen, kimonoartigen Überwurf sah an der Brust weißer, bestickter *Batist* hervor. Auch der Rock war grau. In der Hand trug sie einen Schirm mit einem *Volant*, klein wie ein Kinderspielzeug. Watanabe lächelte unwillkürlich, während er sich erhob und die Zigarre auf dem Aschenbecher ablegte. Die Frau wandte sich kurz zum Kellner, welcher hinter ihr in der Tür stehengeblieben war, und blickte dann Watanabe an. Es waren die großen braunen Augen einer *brünetten* Frau. In diese Augen hatte er früher oft geblickt; aber diese fingerbreiten bläulichen Schatten hatten sie damals nicht gehabt.

»Entschuldige, ich hab dich warten lassen.«

Sie sprach deutsch. Etwas unpassend zu der formlosen Begrüßung nahm sie den Schirm aus der rechten in die linke Hand und streckte ihm mit vornehmer Pose die Finger der behandschuhten Rechten entgegen. Watanabe dachte: sie spielt vor dem Kellner Theater, aber erwiderte gleichwohl in korrekter Weise einen leichten Händedruck mit den Fingerspitzen. Dann sagte er zu dem Kellner:

»Wenn das Essen fertig ist, geben Sie bitte Bescheid!«

Der Kellner zog sich zurück.

Die Frau warf den Schirm nachlässig auf das *Sofa*. Dann ließ sie sich, als sei sie sehr erschöpft, auf die Polster fallen, stützte beide Ellenbogen auf den Tisch und sah Watanabe schweigend an. Dieser rückte einen Stuhl an den Tisch und setzte sich. Nach einer Weile sagte sie: »Ziemlich wenig Betrieb hier, nicht?«

»Ist im Umbau. Eben war hier noch ein Höllenlärm.«

»Ach so? Fühl mich irgendwie so unruhig hier. Aber mein Leben besteht sowieso aus lauter Unruhe.«

»Seit wann bist du eigentlich in Japan und wie bist du hergekommen?«

»Vorgestern bin ich angekommen. Und gestern hab ich dich dann auf der Straße getroffen.«

»Und wie bist du hergekommen?«

»Seit Ende letzten Jahres war ich in Wladiwostok.«

»Dann bist du auf der Bühne von dem Hotel da aufgetreten?«

»Genau!«

»Doch wohl nicht allein? In einer Truppe?«

»Nicht in einer Truppe und auch nicht allein; zusammen mit jemandem, den du kennst.« Sie zögerte etwas: »Bin zusammen mit Kosinski.«

»Mit dem *Polacken*? Dann heißt du also jetzt Kosinska.«

»Du bist gemein. Ich singe und Kosinski macht die Begleitung; das ist alles.«

»Wird sich wohl nicht darauf beschränken.«

»Natürlich, wir reisen zu zweit. Ich müßte lügen, wenn ich behauptete, es gebe gar nichts anderes.«

»Klar. Und so hast du ihn auch nach Tōkyō mitgenommen?«

»Ja, wir wohnen zusammen in Atagoyama.«

»Daß er dich allein ausgehen läßt.«

»Begleiten laß ich mich nur beim Singen.« Sie gebrauchte das deutsche Wort *begleiten*, welches »auf dem Piano begleiten« und auch »zusammen gehen« heißen kann. »Als ich ihm erzählte, daß ich dir auf der Ginza begegnet bin, hat er gesagt, er möchte dich unbedingt treffen.«

»Das hat mir gerade noch gefehlt!«

»Wieso denn? Wir haben noch genug Geld.«

»Was heißt genug? Das wird schon mit der Zeit aufgebraucht. Und was wollt ihr weiter machen?«

»Wir fahren nach Amerika. In Japan ist nichts zu verdienen. Das haben wir schon in Wladiwostok gehört und rechnen deshalb mit gar nichts.«

»Da tut ihr gut dran. Nach Rußland ist Amerika sicher das richtige. Japan ist noch nicht soweit. Japan ist noch im Umbau.«

»Im Umbau? Das werd ich in Amerika weitererzählen: Ein japanischer Gentleman hat gesagt, Japan ist noch im Umbau. Oder soll ich sagen: ein japanischer Beamter? Du bist doch Beamter, nicht?«

»Hm, bin Beamter.«

»Und so korrekt, nicht wahr?«

»Schrecklich korrekt. Spiele den perfekten *Philister*. Dies Abendessen ist die Ausnahme von der Regel.«

»Das ist nett von dir.« Sie zog den bereits aufgeknöpften Handschuh aus und streckte ihre offene rechte Hand über den Tisch zu ihm hin. Watanabe drückte die Hand, im Ernst auf ihre Geste eingehend. Ihre Hand war kalt. Sie zog die kalte Hand nicht zurück und blickte mit ihren durch die Schattenringe noch größer wirkenden Augen eindringlich Watanabe ins Gesicht.

»Darf ich dir einen Kuß geben?«

Watanabe machte eine gequälte Grimasse: »Wir sind in Japan.«

Ohne zu klopfen trat der Kellner ein.

»Das Essen ist fertig.«

»Wir sind in Japan« wiederholte Watanabe und erhob sich. Er führte die Frau in das Zimmer mit der gedeckten Tafel. Gerade ging mit einem Aufblitzen das elektrische Licht an.

Die Frau blickte im Zimmer umher und sagte, während sie sich auf der gegenüberliegenden Seite an den Tisch setzte, wie im Scherz: »*Chambre séparée*.« Offenbar wollte sie sehen, wie

Watanabe darauf reagierte, denn sie reckte sich etwas und blickte herüber. Der Korb mit den Blumen störte.

»Sieht zufällig so aus«, antwortete Watanabe gleichgültig.

Es wurde Sherry eingeschenkt. Melonen wurden gereicht. Drei Kellner waren ständig beschäftigt, die zwei Gäste zu bedienen. Watanabe bemerkte: »Sieh mal, wie eifrig die Kellner sind.«

»Dabei nicht allzu aufmerksam. In Atagoyama sind sie genauso«, sagte sie, während sie mit gespreizten Ellenbogen das Fruchtfleisch der Melone abtrennte und aß.

»In Atagoyama stören sie wohl?«

»Du denkst wieder was ganz Falsches. Aber lassen wir das. Die Melone schmeckt gut, nicht wahr?«

»Bald wirst du in Amerika jeden Morgen Melonen zu essen bekommen.«

Die beiden aßen und redeten dabei über völlig gleichgültige Dinge. Schließlich wurde der Hauptgang mit dem *Salat* gebracht und *Champagner* eingeschenkt.

Die Frau sagte plötzlich: »Du bist auch gar nicht eifersüchtig!« Selbst bei dieser gleichgültigen Konversation mußte sie an jene Zeit denken, da sie nach dem Besuch des *Zentraltheaters* an einem Tisch in dem Restaurant auf der Brühlschen Terrasse genauso wie jetzt einander gegenübergesessen hatten, mal sich streitend, mal sich wieder vertragend. Die Frau hatte das eben in scherzhaftem Tone sagen wollen, aber unwillkürlich kam es ihr ernst heraus. Sie bereute ihre Worte.

Watanabe hob, ohne aufzustehen, das *Champagner*-Glas über das Blumenarrangement und sagte mit fester Stimme:

»*Kosinski soll leben!*«

Die Frau erhob schweigend, mit einem starren Lächeln auf den Lippen, das Glas; ihre Hand zitterte kaum merklich.

Es war erst halb neun. Quer über die wie ein Lichtermeer erscheinende Ginza fuhr eine einsame Rikscha mit einer Frau, welche den Schleier tief über das Gesicht gezogen hatte, eilig in Richtung Shiba.

HANAKO
(1910)

Auguste Rodin trat ins Atelier.

Der ganze weite Raum war von der Morgensonne durchflutet. Dieses luxuriöse, ehemals von einem wohlhabenden Manne errichtete Gebäude, das *Hôtel Biron*, war bis vor kurzem ein Kloster der Nonnen vom Heiligen Herzen Jesu gewesen. In diesem Raum wahrscheinlich hatten die jungen Mädchen und Kinder aus dem *Faubourg Saint-Germain* unter Anleitung der Nonnen von *Sacré-Cœur* fromme Lieder gesungen.

Man kann sich vorstellen, wie die Mädchen in Reih und Glied stehend gesungen haben, die rosa Münder weit geöffnet – wie Vogeljunge im Nest, die ihre Eltern kommen sehen.

Ihre fröhlichen Stimmen sind nicht mehr zu hören.

Aber eine andere Heiterkeit beherrscht nun den Raum. Ein besonderes Leben, ein Leben ohne Stimme: ohne Stimme, aber stark, intensiv, vor Kraft zitternd.

Auf einigen Gestellen liegen Tonklumpen, auf anderen unförmige Marmorbrocken. Wie das Sonnenlicht verschiedene Pflanzen aufblühen läßt, so beginnt Rodin gewöhnlich gleichzeitig mehrere Arbeiten und wendet sich jeweils derjenigen zu, nach der ihm der Sinn steht. Unter den Händen dieses Mannes wachsen so mehrere Werke wie Wesen der Natur: mal ist das eine weiter, mal das andere. Rodin verfügt über ein erstaunliches Formengedächtnis. Seine Werke wachsen, auch während er die Hände ruhen läßt. Und er besitzt eine erstaunliche Konzentrationsfähigkeit. In dem Moment, da er sich an die Arbeit macht, kann er sich in eine Stimmung versetzen, als arbeite er schon mehrere Stunden daran.

Rodin überblickte mit einem heiteren Gesichtsausdruck die zahlreichen halbfertigen Werke. Eine breite Stirn, eine markante Nase. Ein dichter weißer Bart umrahmt das Kinn.

Jemand klopfte an die Tür.

»*Entrez!*«

Eine volle und kräftige, durchaus nicht greisenhafte Stimme schallte durch den Saal.

Herein trat ein schlanker Mann, wohl zwischen dreißig und vierzig, den man mit seinem dichten braunen Haar wohl für einen Juden halten konnte.

Er habe, wie versprochen, *Mademoiselle Hanako* mitgebracht.

Rodin veränderte seinen Gesichtsausdruck nicht, weder beim Anblick des Mannes noch bei dessen Worten.

Als sich vor Jahren einmal ein kambodschanischer Häuptling in Paris aufhielt, hatte Rodin beim Anblick einer Tänzerin aus dessen Gefolge in den weichen Bewegungen ihrer langen schmalen Gliedmaßen einen eigentümlichen Zauber entdeckt. Die damals eilig hingeworfenen *dessins* sind erhalten. Rodin, der überzeugt ist, daß jede Rasse Schönheit besitzt, daß diese von den Augen dessen, der sie entdeckt, abhängt, Rodin hatte gehört, daß neuerdings eine Japanerin namens Hanako im *Variété* auftrete, und hatte durch fremde Vermittlung den Mann, der Hanako engagiert hatte, gebeten, sie zu ihm zu bringen und ihm vorzustellen.

Jetzt war dieser Mann, der *Imprésario*, gekommen.

»Führen Sie sie herein«, sagte Rodin. Daß er ihm keinen Stuhl anbot, geschah nicht nur aus Mangel an Zeit.

»Ich habe einen Dolmetscher mitgebracht«, sagte der Mann in seiner beflissenen Art.

»Was ist das für ein Mann? Ein Franzose?«

»Nein, ein Japaner. Ein Student, der am *Institut Pasteur* arbeitet. Als er von Hanako hörte, daß sie zu Ihnen gerufen worden sei, hat er von sich aus gebeten, dolmetschen zu dürfen.«

»Gut, rufen Sie ihn mit rein.« Der Imprésario verbeugte sich und ging aus dem Zimmer.

Gleich darauf traten ein Japaner und eine Japanerin ein. Beide erschienen ihm extrem klein. Der Imprésario, der nach ihnen eintrat und die Tür hinter sich schloß, war auch nicht besonders groß, aber die beiden Japaner waren fast einen Kopf kleiner.

Wenn Rodins Augen konzentriert auf etwas gerichtet sind, bilden sich an den inneren Augenwinkeln scharfe Falten. Auch jetzt bildeten sich solche Falten. Sein Blick wanderte von dem Studenten zu Hanako und ruhte eine Weile auf ihr.

Der Student begrüßte Rodin und ergriff dessen Hand, auf welcher jede einzelne Sehne hervortrat. Er hielt die Hand, die *La Danaïde*, *Le Baiser*, *Le Penseur* geschaffen hatte. Und er nahm aus seiner Brieftasche eine Visitenkarte, auf der »Kubota, Absolvent der Medizin« stand, und überreichte sie Rodin.

Rodin blickte kurz auf die Visitenkarte und sagte: »Sie arbeiten also am *Institut Pasteur*?«

»Ja.«

»Sind Sie dort schon lange?«

»Es sind jetzt drei Monate.«

»*Avez-vous bien travaillé*?«

Dem Studenten schoß es durch den Kopf: Das war der Satz, den Rodin, wie das Gerücht sagte, immer wieder wie eine fixe Redensart zu sagen pflegte. Und jetzt war diese einfache Frage an ihn gerichtet worden.

»*Oui*, *beaucoup*, *Monsieur*!« Im Moment, da er dies sagte, war es Kubota, als ob er feierlich geschworen habe, sein ganzes Leben dem Studium zu widmen.

Kubota stellte Hanako vor. Rodin erfaßte mit einem Blick ihren gedrungenen Körper von der etwas unbeholfen aufgesteckten Takashimada-Frisur bis zu den in weißen Strümpfen und Chiyoda-Sandalen steckenden Füßen und drückte ihre kleine feste Hand.

Kubota konnte sich einer gewissen Scham nicht erwehren. Er hätte Rodin lieber eine etwas besser aussehende Japanerin vorgestellt.

Das war auch nicht weiter verwunderlich. Hanako war keine Schönheit. Sie war eines Tages plötzlich als »Japanische Schauspielerin« in den Großstädten Europas aufgetaucht. Kein Japaner hatte vorher je von einer Schauspielerin dieses Namens gehört. Natürlich auch Kubota nicht. Zudem war sie eben keine Schönheit. Wollte man sagen: sie sah wie eine Küchenmagd aus, wäre das vielleicht etwas zu hart. Sie schien keine besonders harte körperliche Arbeit getan zu haben: ihre Hände waren nicht rauh oder rissig. Aber trotz ihrer blühenden siebzehn Jahre wäre sie auch als Hausmädchen schwerlich annehmbar. Mit einem Wort: sie war bestenfalls als ehemaliges Kindermädchen einzustufen.

Überraschenderweise zeigte sich auf Rodins Gesicht ein Ausdruck der Befriedigung. Ihm gefiel dieser gesunde Körper, der kaum Müßiggang gekannt hatte; ihm gefiel das Spiel ihrer unter der dünnen Haut sichtbaren, von keinem Fett verdeckten und durch mäßige Arbeit gut ausgebildeten kräftig gespannten Muskeln: in ihrem gedrungenen Gesicht zwischen Stirn und Kinn, am nackten Hals, an den handschuhlosen Händen und den Unterarmen.

Hanako, die sich schon weitgehend an europäische Bräuche gewöhnt hatte, ergriff Rodins ausgestreckte Hand und zeigte ein liebenswürdiges Lächeln.

Rodin bot den beiden Japanern Stühle an und sagte zu dem Imprésario: »Bitte warten Sie eine Weile im Empfangszimmer.«

Nachdem dieser den Raum verlassen hatte, setzten sich die beiden.

Rodin hielt Kubota eine geöffnete Zigarrenkiste hin und wandte sich dabei an Hanako: »Liegt *Mademoiselles* Heimat in den Bergen oder am Meer?«

Hanako hatte, wie üblicherweise Frauen in solchen Lebensumständen, eine *stereotype* Lebensgeschichte zur Hand, wie jenes Mädchen, das in Zolas *»Lourdes«* im Zug von der wunderbaren Heilung ihres kranken Fußes erzählt. Da Hanako immer wieder die gleiche Geschichte erzählte, hatte sie langsam Übung darin und hatte einen Text entwickelt, wie ihn ein *routinierter* Romanautor schreiben würde. Rodins unerwartete Frage brachte glücklicherweise diese bereitgehaltene Geschichte durcheinander.

»Die Berge sind weit weg, das Meer ist gleich nebenan.«

Rodin gefiel diese Antwort.

»Sind Sie oft mit dem Boot gefahren?«

»Ja.«

»Haben Sie selbst gerudert?«

»Ich war noch klein. Deshalb habe ich nicht selbst gerudert. Mein Vater hat gerudert.«

Vor Rodins innerem Auge stieg ein Bild auf. Und er schwieg eine Weile. Rodin schweigt gerne.

Ohne eine Überleitung wandte sich Rodin an Kubota: »*Mademoiselle* kennt doch meinen Beruf? Ob sie sich wohl auszieht?«

Kubota überlegte einen Moment lang. Bei jemand anderem wäre er natürlich nicht bereit gewesen, eine Landsmännin zu bitten, sich nackt auszuziehen. Aber bei Rodin hatte er nichts dagegen. Das erforderte keine Überlegung. Er dachte nur darüber nach, was Hanako wohl sagen würde.

»Ich frage sie auf jeden Fall einmal.«

»Bitte.«

Kubota wandte sich folgendermaßen an Hanako: »Der Meister hat eine Bitte. Du weißt wohl, daß er ein großer Bildhauer ist, der auf der ganzen Welt nicht seinesgleichen hat, und daß er den menschlichen Körper plastisch darstellt. Und da hätte er nun eine Bitte. Er fragt, ob du dich nicht einmal kurz ausziehen und dem Meister zeigen könntest. Was meinst du dazu? Du siehst, der Meister ist ein alter Mann. Er wird bald siebzig. Zudem ist er, wie du siehst, ein ernsthafter Mensch. Nun, wie ist es?«

Während er das sagte, beobachtete Kubota intensiv Hanakos Gesicht. Ob sie sich schämen oder zieren würde? Oder sich über die Zumutung beklagen würde?

»Ich zieh mich aus.« Sie antwortete offen und ohne Umschweife.

»Sie ist einverstanden«, sagte Kubota zu Rodin.

Rodins Gesicht leuchtete vor Freude. Er stand auf, legte sich Papier und Zeichenkreide zurecht und wandte sich an Kubota: »Wollen Sie dabei sein?«

»Ich komme beruflich gelegentlich in eine ähnliche Situation. Für *Mademoiselle* wäre es aber wohl unangenehm.«

»Ja? Ich brauche nur fünfzehn oder zwanzig Minuten. Sie können währenddessen in die Bibliothek dort gehen. Wenn sie wollen, rauchen Sie eine Zigarre«; Rodin wies dabei seitwärts auf eine Tür.

Kubota sagte zu Hanako: »Es dauert fünfzehn oder zwanzig Minuten.« Dann zündete er sich eine Zigarre an und verschwand hinter der ihm von Rodin gezeigten Tür.

*

Das kleine Zimmer, in das Kubota eingetreten war, hatte zwei einander gegenüberliegende Türen, aber nur ein Fenster. Vor diesem Fenster stand ein schmuckloser Tisch. Zu beiden Seiten des Fensters und an der gegenüberliegenden Wand standen Bücherregale.

Kubota studierte eine Weile stehend die Aufschriften auf den Buchrücken. Es war eine *collection*, die eher zufällig zusammengekommen als planmäßig gesammelt zu sein schien. Rodin ist ein geborener Bücherliebhaber und er hat, so wird berichtet, seit der Zeit, da er als junger Mann mittellos durch *Bruxelles* wanderte, ständig Bücher in der Hand gehabt. Unter den alten verschmutzten Büchern gab es sicherlich einige, mit denen sich für ihn alle möglichen Erinnerungen verbanden. Er hatte sie wohl absichtlich hier zu seinem Atelier gebracht.

Da die Asche der Zigarre herabzufallen drohte, trat Kubota an den Tisch und streifte sie auf dem Aschenbecher ab. Auf dem Tisch lagen Bücher. Neugierig nahm sie Kubota in die Hand.

Direkt vor dem Fenster lag ein altes Buch mit Goldschnitt. Vielleicht eine Bibel, dachte Kubota. Als er es aufschlug, war es jedoch eine *Edition de poche* der *Divina commedia*. Das weiter vorn schräg daliegende Buch stellte sich als ein Band der Sämtlichen Werke von *Baudelaire* heraus.

Ohne die Absicht darin zu lesen, schlug er die erste Seite auf und fand dort einen Aufsatz »Die Metaphysik des Spielzeugs«. Was schreibt er da wohl, dachte Kubota und begann unversehens zu lesen.

Baudelaire war als Kind einmal bei einem bestimmten Fräulein zu Besuch. Dieses Fräulein hatte ein ganzes Zimmer voller Spielzeug und bot an, ihm irgend eines davon zu schenken. Mit dieser Erinnerung beginnt Baudelaire seinen Essay.

Wenn Kinder sich mit Spielzeug beschäftigen, dann versuchen sie bestimmt nach einiger Zeit, es zu zerstören. Sie meinen, es gebe irgend etwas dahinter. Ist es ein bewegliches Spielzeug, so wollen sie den Ursprung der Bewegung herausfinden. Kinder interessieren sich mehr für die *Métaphysique* als für die *Physique*, mehr für das Übersinnliche als für die Naturwissenschaft.

Es war ein Text von bloß vier oder fünf Seiten. So las ihn Kubota, vom Reiz der Darstellung verführt, schließlich ganz durch.

Da klopfte es und die Tür wurde geöffnet. Rodins weißhaariges Haupt erschien zwischen dem Türspalt.

»Entschuldigen Sie bitte. Sie haben sich sicherlich gelangweilt.«

»Keineswegs. Ich habe Baudelaire gelesen.« Damit trat Kubota ins Atelier hinaus.

Hanako war schon wieder angezogen.

Auf dem Tisch lagen zwei fertige *esquisses*.

»Was von Baudelaire haben Sie gelesen?«

»Die Metaphysik des Spielzeugs.«

»Auch der Körper des Menschen ist nicht als Gestalt an sich interessant. Er ist der Spiegel der Seele. Interessant ist das durch die Gestalt durchscheinende innere Feuer.«

Als Kubota einen verstohlenen Blick auf die *esquisses* warf, sagte Rodin: »Es sind grobe Entwürfe. Sie werden nicht durchfinden.«

Nach einer Weile fuhr er fort: »*Mademoiselle* hat einen wirklich schönen Körper. Sie hat gar kein Fett und die Muskeln sind einzeln sichtbar. Wie die Muskeln bei *Foxterriern*. Da sie starke, stämmige Beine hat, sind die Gelenke genauso groß wie die Hände und Füße. Sie ist so kräftig gebaut, daß sie beliebig lange auf einem Bein stehen und dabei das andere Bein im rechten Winkel ausstrecken kann. Sie ist wie ein Baum, der seine Wurzeln tief ins Erdreich versenkt hat. Sie unterscheidet sich vom mediterranen Frauentyp, der breite Schultern und Hüften hat, und sie unterscheidet sich auch vom nordeuropäischen *Typ*, bei dem die Hüfte sehr breit und die Schulter schmal ist. Sie hat die Schönheit der Kraft.«

ILLUSIONEN
(1911)

Vor den Augen breitet sich das weite Meer aus.

Das Meer hat den Sand zu kleinen Bergen aufgeworfen, die einen natürlichen Deich bilden. Einen solchen Ort bezeichnet das Wort *dûn*, welches, ausgehend von Irland und Schottland, in ganz Europa gebraucht wird.

Auf diesen Dünen stehen in Gruppen dünnstämmige Rotkiefern. Es sind keine allzu alten Bäume.

Der auf das Meer blickende weißhaarige Mann sitzt in einem Zimmer des kleinen Hauses, das genau in eine in den Kiefernwald geschlagene Lücke hineingebaut ist.

Ehemals, als er noch mit der Welt verkehrte, hat es sich der Hausherr als eine Art Landhaus bauen lassen. So besteht es nur aus zwei Zimmern und einer Küche. Jetzt sitzt er in dem kleinen, nach Osten gerichteten Wohnzimmer, von dem aus man das weite Meer überblickt.

Da der Abhang der Düne, von den Wurzeln der Kiefern vielfach durchwirkt, fast senkrecht herabfällt und eine hier und da höhlenartig losgebrochene Wand bildet, sieht man von hier aus nur die endlosen Wellen. Zwischen diesem Hügel und dem Meer gibt es aber noch einen Flußlauf und eine Sandbank.

Da der Fluß in einem Bogen in das Meer mündet, vermischen sich unterhalb des Steilhangs Süßwasser und Salzwasser.

In der tiefer liegenden Gegend hinter den Dünen stehen vereinzelte Häuser, deren Bewohner nebeneinander Fischerei und Landwirtschaft betreiben. Auf den Dünen selbst gibt es nur dieses eine Haus.

Irgendwann einmal soll ein Fischerboot von einem Sturm emporgewirbelt worden und in den Zweigen der Kiefern hängen geblieben sein. Die Einheimischen fürchten deshalb die Dünen und bauen dort keine Häuser.

Der Fluß ist der Ishimigawa in der Provinz Kazusa. Das Meer ist der Pazifische Ozean.

Der Hausherr hat einen kleinen Spaziergang gemacht durch den Sand zwischen den Kiefern, in denen ein vom nahen Herbst kündender leichter Nebel hängt, hat das von seinem alten Diener Yasohachi zubereitete Frühstück gegessen und sitzt jetzt in seinem Wohnzimmer.

Ringsumher herrscht völlige Stille. Man hört keinen Menschen sprechen, keinen Hund bellen, nur das ruhige, dumpfe, schwere Geräusch der Wellen in der morgendlichen windstillen Bucht klingt wie der Pulsschlag des Universums herauf.

Die orangefarbene Sonnenscheibe, die aussieht, als habe sie nur einen Fuß Durchmesser, ist direkt gegenüber, dort wo Meer und Himmel zusammenstoßen, aufgetaucht. Weil man sie in ihrem Abstand zum Horizont sieht, scheint es so, als ob die Sonne besonders schnell und zügig aufsteige.

Dem Hausherrn kommt dabei der Gedanke an die Zeit und an das Leben und an den Tod.

»Der Tod ist der eigentliche inspirierende Genius, oder der *Musagetes* der Philosophie«, hat Schopenhauer gesagt. Während der Hausherr sich an diesen Satz erinnert, denkt er: So kann man es wohl ausdrücken. Aber an den Tod kann man nicht denken, ohne an das Leben zu denken. An den Tod denken, heißt an das Aufhören des Lebens denken.

Wenn man liest, was bisher hierüber geschrieben wurde, so sagen die meisten, mit dem Heranrücken des Alters werde der Gedanke an den Tod drängender. Wenn der Hausherr an seinen bisherigen Lebenslauf denkt, dann ist ihm, als ob es bei ihm doch etwas anders sei.

*

Ich war Mitte zwanzig und reagierte mit der Sensibilität eines jungen Mädchens auf die Ereignisse der Außenwelt, während ich in meinem Inneren über eine Kraft verfügte, die noch nie an ihre Grenzen gestoßen war. Ich befand mich in Berlin. Wilhelm I., der die Balance der Großmächte zerbrochen und dem barbarisch klingenden Wort Deutschland ein massives Gewicht verliehen hatte, war noch deutscher Kaiser. Anders als heute, da Kaiser Wilhelm II. mit *dämonischer* Macht die, die unten sind, niederdrückt, stöhnte damals die sozialdemokratische Partei unter einem sozusagen natürlichen Druck. Im Theater wurden die Dramen Ernst von Wildenbruchs über die Vorfahren des Hauses Hohenzollern gespielt und beherrschten die Herzen meiner jugendlichen Kommilitonen. Tagsüber arbeitete ich im Vorlesungssaal oder im *Laboratorium* zwischen den lebhaften jungen Leuten. Da ich die in allen Dingen ungeschickten und tölpelhaften Europäer ausstach, und mich flink und geschickt bei der Arbeit anstellte, bildete ich mir gelegentlich auch etwas darauf ein. Abends ging ich ins Theater oder in einen Tanzsaal, danach verbrachte ich einige Zeit in einem Café. Ich kehrte gemächlich heim, wenn die Straßenlaternen mit ihrem traurigen Licht den Weg erhellten und die Straßenkehrer auf ihren Pferdewagen die Straßen zu reinigen begannen. Manchmal kehrte ich auch nicht brav heim.

Und dann kam ich in meine Unterkunft. Unterkunft heißt hier: ein großes Haus mit mehreren Familien. Ich öffnete mit einem unförmig großen Schlüssel das Haupttor des Hauses, stieg dann hinauf zum dritten, dann zum vierten Stock, ständig neue Streichhölzer anzündend, und gelangte so schließlich vor die *chambre garnie*.

Ein Tisch, dazu zwei oder drei Stühle; Bett, Schrank, Toilettentisch: das war alles. Ich machte Licht, zog mich aus und legte mich, sobald ich die Lampe gelöscht hatte, ins Bett.

In solchen Momenten fühlte ich mich einsam. Wenn meine Nerven entspannt waren, gingen meine Gedanken einfach zum Elternhaus in der Heimat, und mit diesem Bild vor Augen schlief ich ein. Heimweh ist kein allzu tiefer Schmerz.

Aber gelegentlich konnte ich nicht einschlafen. Dann stand ich auf, machte Licht und versuchte zu arbeiten. Wenn ich richtig ins Arbeiten kam, dann passierte es mir auch wohl, daß ich die Nacht durchmachte. Gegen Morgen, wenn von draußen die ersten Geräusche hereindrangen, schlief ich etwas. In der Jugend vergeht Müdigkeit schnell wieder. Manchmal konnte ich mich auch nicht auf meine Arbeit konzentrieren. Dann fiel es mir schwer – obwohl meine Nerven extrem gespannt und mein Kopf völlig klar waren – mich vor ein Buch hinzusetzen und den Gedanken eines anderen Menschen zu folgen. Meine eigenen Gedanken begannen sich frei zu entwickeln. Obgleich ich mich mit Medizin beschäftigte, der naturwissenschaftlichsten aller Naturwissenschaften, und obwohl die *exakte* Wissenschaft mein Leben ausmachte, empfand ich irgendwie einen seelischen Mangel. Ich dachte über das Leben nach. Ich zweifelte, ob das, was ich tat, dem Leben Inhalt zu geben vermöchte.

Was hatte ich von meiner Geburt an bis heute getan? Ich hatte mich die ganze Zeit über, von irgend etwas vorangetrieben, in der sogenannten Wissenschaft abgearbeitet: Ich hatte geglaubt, daß ich mich so zu einem Menschen bilden könne, der eine bestimmte Arbeit zu tun in der Lage wäre. Dieses Ziel war vielleicht teilweise zu erreichen. Aber mir war, als ob ich mit dem, was ich tat, bloß wie ein Schauspieler auf der Bühne eine bestimmte Rolle spielte. Und mir war, als ob es hinter dieser von mir gespielten Rolle noch irgend etwas anderes geben müsse. Mir war, als ob ich vor lauter Angetriebenwerden keine Muße habe, mich dieses anderen bewußt zu werden. Aus einem fleißigen Kind wurde ein fleißiger Schüler, ein fleißiger Beamter, ein fleißiger Auslandsstipendiat – alles waren solche Rollen. Ich wünschte, mir irgendwann die bunte Schminke des Schauspielers vom Gesicht zu waschen, für eine Weile von der Bühne abzutreten und in Ruhe über mich selbst nachzudenken. Während ich mir immer wieder wünschte, zu sehen, was es mit diesem »anderen« hinter meiner Rolle auf sich habe, spielte ich, mit der Peitsche des Regisseurs im Rücken, eine Rolle nach der anderen. Ich konnte mir nicht vorstellen, daß diese Rollen das Leben seien; mir kam der Gedanke, ob nicht jenes gewisse andere, das hinter diesen Rollen war, das wirkliche Leben sei. Aber obgleich dieses andere immer wieder aufzuwachen versuchte, fiel es immer wieder in den Schlaf zurück. Das Heimweh, welches ich neuerdings von Zeit zu Zeit verspürte, war ein Gefühl wie die mit den Wellen schwankend in die Ferne fließenden Seepflanzen – aber das Schwanken teilte sich irgendwie der Wurzel mit; das war etwas anderes als die Rolle, die ich auf der Bühne spielte. Aber jedesmal, wenn sich in mir ein solches Gefühl zu regen begann, sofort zog es sich wieder zurück.

Nachts, wenn ich nicht schlafen konnte, ging mir ein anderer Gedanke durch den Kopf: Soll mein Leben etwa nur mit diesen Bühnenrollen enden? Und ich dachte daran, daß ich nicht wissen konnte, ob dieses Leben lang oder kurz sein würde. Gerade zu jener Zeit starb ein japanischer Bekannter von mir, der ebenfalls zum Studium nach Deutschland geschickt worden war, im Krankenhaus an Typhus. Wenn ich keine Vorlesung hatte, ging ich in die *Charité*, wo ich durch das Glasfenster des Isolierzimmers einen Blick auf den Kranken werfen durfte. Der Kranke hatte über 40 Grad Fieber und wurde deshalb täglich in ein Eiswasserbad gelegt. Mir selbst, als Studenten der Hygiene, schien ein Eiswasserbad für einen Japaner gefährlich. Ich besprach mich mit Außenstehenden, aber mir wurde gesagt, daß es unpassend wäre, sich bei einem Krankenhauspatienten von außen in die Behandlungsmethode einzumischen. Und auch wenn ich meine Meinung sagte, würde diese sicherlich nicht angenommen. Deshalb schaute ich zu, ohne etwas zu sagen. Als ich einige Zeit später wieder den Kranken besuchen ging, wurde mir gesagt, dieser sei in der Nacht zuvor gestorben. Als ich das Gesicht des Toten sah, verspürte ich eine heftige Gefühlsbewegung und ich dachte, daß ich auch irgendwann krank werden und auf solche Art sterben könnte. Danach stellte ich mir ab und zu vor, wie es wäre, wenn ich in Berlin stürbe.

In solchen Momenten stellte ich mir zunächst vor, wie sehr meine Eltern, die in der Heimat auf mich warteten, trauern würden. Dann dachte ich an alle möglichen mir nahen Menschen. Besonders an meinen kleinen Bruder mit den krausen

Haaren, der so sehr an mir hing, und der gerade zu laufen begonnen hatte, als ich die Heimat hinter mir ließ. Ich wußte aus Briefen, daß er täglich fragte: »Wann kommt mein Bruder heim?« Wie traurig würde dieser kleine Bruder sein, wenn man ihm sagte, sein großer Bruder werde nie mehr heimkehren.

Sodann erschien es mir unverzeihlich, als Stipendiat ins Ausland geschickt zu werden und zu sterben, ehe das Studienziel erreicht sei. Aber während ich mir dies abstrakt durch den Kopf gehen ließ, verspürte ich nur ein kaltes Pflichtgefühl. Wenn ich mir jedoch konkret die Menschen, denen ich bisher begegnet war, einzeln vorstellte, so weckten sie in mir wie nahe Verwandte einen aus *Neigung* resultierenden Schmerz, eine emotionale Bewegung. Die Gedanken an die weiteren und engeren *sozialen* Bindungen stiegen ohne Ordnung in mir auf und kamen schließlich beim *individuellen* Ich an. Dieses Ich, in dem Fäden aus allen möglichen Richtungen zusammenlaufen, verschwindet im Tode.

Seit meiner Kindheit liebte ich Erzählungen, und seit ich ausländische Sprachen lernte, las ich, wenn ich Muße hatte, ausländische Erzählungen. Alle stimmten darin überein, daß das Verschwinden des Ichs der größte und tiefste Schmerz ist. Das Verschwinden des Ichs allein würde mich nicht schmerzen; stürbe ich hingegen durch ein Schwert oder durch eine andere scharfe Waffe, so würde ich in dem Moment einen körperlichen Schmerz empfinden. Stürbe ich durch Krankheit oder durch ein medizinisches Mittel, so würde ich der jeweiligen Krankheit oder dem Charakter des Mittels entsprechend Qualen des Erstickens oder Krämpfe und Zuckungen erleiden. Das Verschwinden des Ichs ist nicht schmerzhaft.

Die Europäer sagen, es sei ein Charakterzug der Barbaren, den Tod nicht zu fürchten. Vielleicht bin ich selbst ein solcher Barbar. Da fällt mir ein, wie mir meine Eltern als Kind immer wieder eingeschärft haben, daß ich in eine Samurai-Familie geboren sei und deshalb bereit sein müsse, Seppuku zu vollziehen. Ich erinnere mich, wie ich mir den Schmerz dabei vorstellte und mir sagte, daß ich ihn aushalten müsse. Ja, vielleicht bin ich wirklich ein sogenannter Barbar. Aber trotzdem kann ich jener europäischen Auffasssung nicht zustimmen.

Nicht daß es mir gleichgültig wäre, daß das Ich verschwindet. Ehe ich auch nur – solange das Ich da ist – genauer darüber nachgedacht habe, was das eigentlich für ein Ding ist, ehe ich es kennengelernt habe, verschwindet es: das bedauere ich, das verdrießt mich. Ich finde es bedauerlich, daß wir, wie die Chinesen sagen, im Rausche leben, im Traume sterben: das bedauere ich, das verdrießt mich – und gleichzeitig empfinde ich schmerzhaft eine seelische Leere. Ich spüre eine unsägliche Einsamkeit.

Daraus wird Angst, daraus wird Schmerz.

Diesen Schmerz habe ich in schlaflosen Nächten als Berliner *garçon logis* viele Male durchgemacht. In solchen Momenten erschien mir, was ich seit meiner Geburt getan habe, als oberflächliche Spielerei. Der Gedanke, daß ich nur eine Rolle gespielt hatte, drängte sich mir auf. Bei solchen Gelegenheiten tauchten in mir ohne Ordnung einzelne fragmentarische Gedanken des Buddhismus oder des Christentums, die ich von Leuten gehört oder in Büchern gelesen hatte, auf und verschwanden gleich darauf wieder. Sie verschwanden, ohne irgendeinen Trost zu spenden. Und dann begann ich, alle Tatsachen und alle Vermutungen der Naturwissenschaft, die ich mir bisher angeeignet hatte, in meinem Kopf umherzuwenden, ob nicht irgendwo ein Trost zu finden sei. Aber auch das war vergebens.

Es war an einem solchen Abend. Ich bekam plötzlich Lust, ein philosophisches Buch zu lesen: Ich konnte kaum die Morgendämmerung erwarten und ging los, um mir Hartmanns »Philosophie des Unbewußten« zu kaufen. Das war das erste Mal, daß ich in die Philosophie hineinroch. Warum ich mit Hartmann anfing? Damals war die öffentliche Diskussion – teils ablehnend, teils zustimmend – über Hartmann als den Schöpfer des neuesten großen philosophischen Systems so lebhaft, daß man sogar sagte, das 19. Jahrhundert habe zwei Dinge hervorgebracht: die Eisenbahn und Hartmanns Philosophie.

Vor allem die »drei Stadien der Illusion« ließen mich Dankbarkeit der Philosophie gegenüber empfinden. Um zu beweisen, daß das Glück nicht Ziel des Menschenlebens sein könne, entwickelte Hartmann das Konzept der drei Stadien der Illusion. Im ersten Stadium versuche der Mensch, in der realen Welt das Glück zu erreichen. Hartmann zählt die Illusionen dieses Stadiums: Jugend, Gesundheit, Freundschaft, Liebe, Ehre auf und zerstört eine nach der anderen. Liebe etwa sei im wesentlichen Leiden. Glück bestehe eigentlich in der Ausrottung des Geschlechtstriebs. Durch Verzicht auf dieses Glück trage der Mensch allerdings zur Entwicklung der Welt bei. Im zweiten Stadium suche man das Glück nach dem Tode. Die Voraussetzung hierfür sei die Annahme der Unauslöschlichkeit des Individuums. Das Bewußtsein des Individuums verlösche jedoch mit dem Tode. Damit sei der Hauptnerv des Christentums durchschnitten. Im dritten Stadium suche man das Glück in der Zukunft des Weltprozesses. Das habe die Annahme einer evolutionären Entwicklung der Welt als Voraussetzung. Aber wie sehr die Entwicklung auch voranschreite, Alter, Krankheit, Not und Gefahr hörten nie auf. Man nehme sie sogar schärfer wahr, da die Nerven sensibler würden. Das Leid nehme mit der Evolution zu. Betrachte man jene drei Stadien, so erkenne man, daß das Glück ewig unerreichbar sei. Hartmanns Metaphysik zufolge ist diese Welt die beste aller möglichen Welten. Wenn man aber frage, was besser wäre, ihr sein oder ihr Nichtsein, so wäre es besser, sie existierte nicht. Den Urgrund ihres Seins nennt er das Unbewußte. Falls man jedoch deshalb das Leben verneine, so sei das nutzlos, da die Welt unverändert fortbestehe. Ja, selbst wenn die Menschheit ganz unterginge, so würde doch bei der nächsten Gelegenheit eine neue Menschheit entstehen, und das ganze begänne wieder von vorne. Eher solle der Mensch das Leben bejahen, sich selbst dem Weltprozeß hingeben und das Leid auf sich nehmen, um des Zieles, der allgemeinen Welterlösung willen.

Als ich diese Folgerung las, schüttelte ich den Kopf. Aber die Zerstörung »aller Illusionen« zog mich an. Ich empfand starke Sympathie mit Hartmanns *Disillusion*. Und, da er selbst bekennt, die drei Stadien der Illusion habe er nach der Lektüre von Stirner konzipiert, las ich Stirner. Und dann ging ich bis Schopenhauer zurück, da, wie es heißt, die ganze Philosophie des Unbewußten sich von ihm herleitet.

Als ich Stirner las, war mir, als ob er das, was Hartmann im Stile eines seriösen Herren sagt, im Tone eines Vagabunden sage. Er läßt, nachdem er alle Illusionen zerschlagen hat, das Ich übrig. In der ganzen Welt könne man sich auf nichts anderes als auf das Ich verlassen. Wenn man das zu Ende denkt, läuft es notwendigerweise auf den Anarchismus hinaus. Mir lief ein Schauder über den Rücken.

Ich las Schopenhauer. Das war Hartmann *minus* Evolutionstheorie. Nicht nur, daß die Welt besser nicht existierte: sie sei auch so schlecht wie möglich eingerichtet. Die Entstehung der Welt sei ein Fehler. Die Ruhe des Nichts sei irrtümlicherweise gestört worden – mehr nicht. Der Welt bleibe nichts, als mit Hilfe des Bewußtseins in die Ruhe des Nichts zurückzukehren. Jeder einzelne Mensch sei ein einzelner Fehler, und es wäre besser, er existiere nicht. Der Wunsch nach der Unsterblichkeit des Individuums sei der Versuch, den Fehler zu verewigen. Das Individuum vergehe, aber die Gattung Mensch bleibe. Dieses, was nicht vergehe und übrig bleibe, nennt er – im Gegensatz zur vergänglichen »Vorstellung« – in weitem Sinne den »Willen«. Da es den Willen gebe, sei das Nichts kein absolutes Nichts, sondern ein relatives. Der Wille sei Kants »Ding an sich«. Auf die Frage, ob man Selbstmord begehen solle, damit das Individuum ins Nichts zurückkehre, antwortet er: auch beim Selbstmord bleibe ja die Gattung erhalten; das Ding an sich bleibe erhalten; deshalb müsse man leben, bis man von selbst sterbe. Hartmanns »Unbewußtes« ist durch ein plötzliches Umschlagen aus diesem »Willen« entstanden.

Ich schüttelte meinen Kopf noch mehr.

Derweil gingen meine drei Jahre im Ausland vorbei. Während ich noch etwas Unbalanciertes, Schwankendes in meinem Inneren verspürte, mußte ich das Land der Kultur, wo man für alles und jedes leicht einen Lehrer findet, verlassen. Es ging nicht nur um die lebendigen Lehrer: Bücher, mit denen ich mich beraten konnte, fand ich gewöhnlich, ohne daß ich weit gehen mußte, in der Universitätsbibliothek. Und um Bücher zu kaufen, brauchte ich nicht monatelang auf eine Bestellung zu warten. Dieses bequeme Land mußte ich jetzt verlassen.

Ich sehnte mich nach der Heimat. Ich sehnte mich nach der Heimat als einem schönen, lieben Traumland. Aber es kam mich bitter an, in ein Land zurückzukehren, welchem noch alle möglichen Voraussetzungen abgingen, um in ihm der Wissenschaft, die zu studieren mir aufgetragen war, ernsthaft nachzugehen und dieser Wissenschaft neue Felder zu erschließen. Ich wage es »noch« zu sagen. Ein gewisser Deutscher, der lange in Japan gelebt hat und von dem gesagt wird, er kenne Japan durch und durch, hat verkündet, diese Voraussetzungen fehlten nicht nur jetzt, sie würden in der Welt Ostasiens auch ewig nicht zustandekommen. Er erklärt, in Ostasien existiere keine für die Entwicklung der Naturwissenschaften günstige Atmosphäre. Falls dem wirklich so wäre, dann wären sowohl die kaiserliche Universität als auch das Forschungsinstitut für Infektionskrankheiten auf ewig verdammt, nur eine Art Zwischenhändler für die Ergebnisse der europäischen Wissenschaft zu sein. Diese Meinung findet sich etwa auch in dem kurz nach dem russisch-japanischen Krieg in Europa sehr erfolgreichen Theaterstück »*Taifun*«. Aber ich halte die Japaner nicht für eine so unfähige Rasse, daß man derart verzweifeln müßte. Deshalb habe ich gewagt, »noch« zu sagen. Seit damals bin ich der Überzeugung, daß irgendwann einmal eine Zeit kommen wird, die in Japan geschaffenen Ergebnisse der Wissenschaften nach Europa zu exportieren.

Ich ließ jenes bequeme Land, in welchem es eine der Entwicklung der Naturwissenschaften günstige Atmosphäre gibt, hinter mir und brach auf zur Reise in die Heimat meiner Träume. Natürlich, ich mußte abfahren, aber ich fuhr nicht aus Pflichtgefühl. Und als ich bei der Waage meiner Wünsche in die eine Schale das bequeme Land, und in die andere die Heimat meiner Träume legte, da senkte sich die Waage deutlich zur Seite meiner Träume, obgleich eine weiße, zarte Hand ganz leicht an den Schnüren der Schale mit dem bequemen Land zog.

Die sibirische Eisenbahn war damals noch nicht fertig gestellt. Deshalb kehrte ich mit dem Schiff durch den Indischen Ozean heim. Wenn man einen Weg an einem Tag hin und zurück geht, so ist einem, als ob der Hinweg lang und der Rückweg kurz sei. Auch bei einer Reise von mehr als vierzig Tagen hat man ein solches Gefühl. Verglichen mit der Hinreise, als ich voller Hoffnung in eine unbekannte Welt fuhr, erschien mir diese Seefahrt einsam und dabei kurz. Ich lag auf einem Rattan-Liegestuhl und überlegte, welche Dinge ich wohl in meinem Gepäck mit heimbrachte.

Auf dem Gebiet der Naturwissenschaften brachte ich nicht nur Ergebnisse mit heim. Ich brachte, so glaubte ich, auch Knospen mit, die sich in Zukunft entwickeln würden. Aber in der Heimat, in die ich zurückkehrte, gab es noch keine für die Entwicklung dieser Knospen günstige Atmosphäre. Zumindest »noch« nicht. Ich machte mir Sorgen, ob diese Knospen nicht verdorren würden, ohne Früchte getragen zu haben. Und mich erfaßte eine *fatalistische*, dumpfe und düstere Stimmung.

Aber keine Philosophie, die diese Düsternis mit ihrem Lichtstrahl aufgehellt hätte, war in meinem Gepäck. Dort war die pessimistische Philosophie Schopenhauers und Hartmanns. Es war eine Philosophie, die sagte, daß die Welt der Erscheinung besser nicht existierte. Nicht, daß sie die Evolution negiert hätte, aber es war eine Evolution zur Erkenntnis des Nichts.

In Ceylon schwätzte mir ein Mann mit rotkariertem Tuch

um Kopf und Hüfte einen schönen Vogel mit blauen Flügeln auf. Als ich mit dem Käfig in der Hand aufs Schiff zurückkehrte, sagte ein französischer Matrose: *Il ne vivra pas*, und machte dabei eine merkwürdige Handbewegung. Tatsächlich starb der schöne, blaue Vogel noch bevor wir in Yokohama ankamen: ein vergängliches Souvenir.

*

Mir begegneten die Menschen der Heimat mit Enttäuschung. Das war ihnen auch nicht vorzuwerfen, denn einen solchen Europaheimkehrer wie mich hatte es bis dahin noch nicht gegeben. Bisher pflegten die aus dem Westen heimkehrenden mit hoffnungsstrahlenden Gesichtern aus ihren Koffern Geräte hervorzuholen und irgendwelche neuartigen Taschenspielereien vorzuführen. Ich tat genau das Gegenteil.

In Tōkyō war die Diskussion über die Reform der Stadtstruktur auf ihrem Höhepunkt. Die Modernisten wollten Häuser, wie es sie in der soundsovielten Straße in A oder B in Amerika gibt, – das was die Deutschen *Wolkenkratzer* nennen – hinstellen. Damals entgegnete ich: »Wenn auf engem Raum viele Menschen wohnen, sind die Todesfälle entsprechend häufig. Vor allem sterben viele Kinder. Statt die bisher nebeneinander stehenden Häuser aufeinander zu stellen, sollte man lieber die Wasserversorgung und die Abwasserkanäle verbessern.« Dann gab es eine Kommission, die den Bauten Beschränkungen auferlegen wollte und meinte, man solle die Höhe der Dächer in Tōkyō vereinheitlichen und dadurch einen geordneten, schönen Anblick schaffen. Ich sagte damals: »Solche wie Regimenter dastehende Häuserreihen sind nicht schön. Will man Tōkyō unbedingt nach westlichem Stil ausrichten, dann sollte man gerade umgekehrt nicht etwa nur die Häuser verschieden hoch, sondern alle Gebäude von Haus zu Haus stilistisch unterschiedlich gestalten lassen und so versuchen, eine Schönheit der Vielfalt und des Durcheinanders wie in Venedig zu schaffen.«

Es wurde auch über die Reform der Ernährung diskutiert.

Man meinte, man solle das Reisessen aufgeben und viel Fleisch verzehren. Damals sagte ich: »Reis und Fisch sind sehr leicht verdauliche Speisen. Deshalb sollte man die Ernährung der Japaner so lassen wie bisher. Natürlich steht es jedem frei, Viehzucht zu betreiben und Fleisch zu essen.«

Weiter wurde über die Reform der Silbenschrift diskutiert. Man meinte, man solle so schreiben, wie man spreche, etwa »Koi-su chō waga na wa ...« Ich wandte dagegen ein: »Nein! Eine *Orthographie* gibt es in jedem Land. Man soll es doch bei ›kohi-su tefu waga na ha ...‹ belassen«.

So vertrat ich in allen möglichen Dingen, die die Leute reformieren wollten, einen Standpunkt, der alles beim Alten beließ. Und ich wurde zu den Konservativen gerechnet. Später gab es häufiger Leute, die – aus anderen Motiven – als Konservative aus dem Westen heimkamen. Vielleicht war ich der erste von dieser Sorte.

Und wie stand es mit der Naturwissenschaft, die ich erlernt hatte? Nach meiner Rückkehr verkroch ich mich zunächst für ein oder zwei Jahre ins *Laboratorium* und arbeitete treu und brav, um meine Theorie des »alles beim Alten lassen« zu belegen. Ehrlich überprüft, ergab sich, daß die Japaner, die sich über Jahrtausende zufriedenstellend entwickelt haben, doch wohl kein so vernunftwidriges Leben geführt haben konnten. Das war natürlich von Anfang an klar.

Als ich dann einen Schritt weitergehen und auf der neuen Basis eine neue *Forschung* aufbauen wollte, da wurde ich durch eine Veränderung meiner beruflichen Stellung und meiner Verhältnisse aus meinem Arbeitsplatz geworfen. Das hieß: Wissenschaft ade!

Selbstverständlich hatte ich auf dem Gebiet der Naturwissenschaften eine ganze Reihe von Freunden, die tüchtiger als ich selbst waren. Sie blieben nach meinem Weggang zurück und setzten den Kampf fort, so daß mein Rauswurf keinerlei Verlust war, weder für den Staat noch für die Menschheit.

Mir taten nur die sich abmühenden Freunde leid. Sie befanden sich an einem Ort, der unverändert keine Atmosphäre für die Wissenschaft bot, und stöhnten wie Taucher unter dem hohen Druck, der auf ihnen lag. Daß diese Atmosphäre fehlte, sah man bereits daran, daß es im Japanischen kein Wort für *Forschung* gab. Die Gesellschaft fand es überhaupt nicht notwendig, diesen Begriff deutlich zu formulieren. Ich will nicht prahlen, aber die neuen japanischen Wörter wie »gyōseki« (Arbeit) und »gakumon no suiban« (Förderung der Wissenschaften) habe ich der naturwissenschaftlichen Welt hinterlassen, während es bisher in der japanischen Sprache noch kein einfaches, klares Wort für *Forschung* gibt. Das unscharfe Wort »kenkyū« hilft da praktisch nichts. Bezeichnet man nicht auch das Suchen in alten Schriften als »kenkyū«?

*

Trotz dieses meines Lebenslaufes jage ich immer noch den Phantomen der Zukunft nach und neige zur Vernachlässigung der gegenwärtigen Realität. Was für Schatten verfolge ich denn, wo doch mein Leben bereits seinen Höhepunkt überschritten hat?

»Wie kann man sich selbst kennen lernen? Durch Betrachten niemals, wohl aber durch Handeln. Versuche, deine Pflicht zu tun, und du weißt gleich, was an dir ist. Was aber ist deine Pflicht? Die Forderung des Tages.« Das hat Goethe gesagt.

Die Forderung des Tages als Pflicht ansehen und sie erfüllen: Das ist genau das Gegenteil von der Geringschätzung der gegenwärtigen Realität. Warum kann ich mich nicht mit einer solchen Definition begnügen?

Um mit der Erfüllung der Forderung des Tages zufrieden zu sein, muß man zunächst fähig sein, sich zu bescheiden. Sich bescheiden – das ist mir aber nicht möglich. Ich bin der ewig Unzufriedene. Mir ist einfach so, als ob ich an einem Ort sei, wo ich eigentlich nicht hingehöre. Ich vermag einfach nicht, einen grauen Vogel als einen blauen Vogel anzusehen.

Ich habe mich verirrt. Ich träume. Im Traume suche ich den blauen Vogel. Und wenn man fragt warum, so kann ich darauf nicht antworten. Es ist eine einfache Tatsache. Eine Tatsache meines Bewußtseins.

Ich habe den Höhepunkt meines Lebens überschritten. Und ich weiß, am Ende der vor mir liegenden abschüssigen Strecke liegt der Tod.

Aber ich habe keine Angst vor dem Tod. Ich kenne nicht »das Grauen vor dem Tod«, welches, wie die Leute sagen, mit zunehmendem Alter stärker wird.

In meiner Jugend hatte ich den dringenden Wunsch, vor Erreichen dieses Zieles Tod die vor mir liegenden Rätsel zu lösen. Dieser Wunsch ist langsam schwächer geworden. Nicht, daß ich die ungelöst vor mir liegenden Rätsel nicht sehen könnte. Nicht, daß ich der Meinung wäre, die sichtbaren Rätsel sollten nicht gelöst werden. Ich habe nur aufgehört, es mit der Lösung eilig zu haben.

Da hörte ich von Philipp Mainländer. Ich las seine »Philosophie der Erlösung«.

Er erkennt Hartmanns drei Stadien der Illusion an. Aber er sagt, es sei unsinnig, nach der Zerschlagung aller Illusionen die Bejahung des Lebens zu fordern. Er meint, man könne niemandem sagen: Alles ist Irrtum; aber auch der Tod bringt keine Lösung; also renne weiter den Irrtümern nach. Wenn der Mensch zum ersten Mal von ferne den Tod erblicke, wende er erschrocken sein Gesicht ab. Danach gehe er zitternd weiter, einen großen Kreis um den Tod beschreibend. Dieser Kreis werde immer kleiner, bis der Mensch schließlich, den müden Arm um den Hals des Todes legend, dem Tod ins Auge sehe. Und er erkenne im Auge des Todes den Frieden. So sagt es Mainländer.

Und dieser Mainländer hat mit fünfunddreißig Jahren sich das Leben genommen.

Ich empfinde keine Angst vor dem Tode und kenne gleichzeitig auch nicht Mainländers »Sehnsucht nach dem Tode«.

Ich gehe die abschüssige Strecke meines Lebensweges

hinab, ohne mich vor dem Tod zu fürchten, ohne mich nach dem Tod zu sehnen.

*

Nachdem ich begriff, daß ich die Rätsel nicht zu lösen in der Lage bin, habe ich aufgehört, es mit der Lösung eilig zu haben. Aber ich mag sie auch nicht auf sich beruhen lassen. Ich bin kein Freund von Geselligkeit und habe kein Hobby. Ich spiele weder Go noch Schach noch Billard. Seit ich meinen naturwissenschaftlichen Arbeitsplatz verlassen habe und keine Reagenzgläser mehr in die Hand nehme, bleibt mir als Vergnügen nur noch, gelegentlich Bilder oder Plastiken anzusehen oder Musik zu hören und darüber hinaus in den Pausen zwischen der Erfüllung jener mir von den Umständen aufgetragenen Forderung des Tages Bücher zu lesen.

Während er jederlei menschliches Glück als Illusion entlarvt, sagt Hartmann an einer Stelle etwa folgendes: Das, was die Menschen im allgemeinen als Glück ansähen, habe immer ein schmerzhaftes Nachspiel, so wie auf den Alkoholgenuß der Kater folge. Nur zwei Tätigkeiten, Kunst und Wissenschaft, hätten keine solchen üblen Nachwirkungen. Mir bleibt nichts mehr außer diesen beiden Beschäftigungen. Nicht, daß ich Vor- und Nachteile kalkuliert hätte und mich deshalb mit Dingen ohne üble Nachwirkung beschäftigte: Ich mag von Natur aus all jene Glücksgefühle nicht, denen eine üble Nachwirkung folgt.

Ich habe viel gelesen und die Art dieser Lektüre hat sich notwendigerweise, seit ich meinen Arbeitsplatz verlassen habe, völlig geändert.

Seit der Zeit, da ich in Europa studierte, habe ich fünfzehn oder sechzehn wissenschaftliche Fachzeitschriften mit Titeln wie »*Archiv*« oder »*Jahresberichte*« durchgehend abonniert. Als ich dann aber nicht mehr im Laboratorium arbeitete, gab es keine Notwendigkeit mehr, genaue Versuchsberichte u.ä. nachzulesen. Eigentlich werden solche Zeitschriften von Schulen und Bibliotheken, nicht von Privatleuten gehalten.

Da ich aber nicht glaubte, die Regierung werde viel Geld für Zeitschriften ausgeben, und auch nicht wußte, wo ich in Zukunft arbeiten würde, habe ich mit der Zeit mehrere tausend Bände gekauft, habe sie dann aber alle einer staatlichen Lehranstalt geschenkt und nur die zwei oder drei Jahresberichte für mich behalten, in denen ich die Entwicklung und die Fortschritte meines Fachgebietes am bequemsten nachlesen kann.

Statt dessen kaufte ich dann philosophische und literarische Bücher und las sie, soweit ich Zeit dafür fand.

Nur las ich diese Bücher nicht, so wie ich früher Hartmann gelesen hatte: hungrig die Nahrung in mich hineinschlingend. Was sagt wohl jener ehemals bekannte Schriftsteller, was sagt wohl dieser heute bekannte Schriftsteller – ich sah sie an, etwa so wie man, an einer Straßenkreuzung stehend, mit Distanz die Gesichter der Vorübergehenden betrachtet.

Ich betrachtete sie distanziert, aber ab und zu zog ich, an der Kreuzung stehend, meinen Hut. Unter den Menschen der Vergangenheit wie auch unter denen der Gegenwart fand ich viele, denen Achtung zu zollen war.

Ich zog den Hut, aber ich kam nicht auf den Gedanken, von der Kreuzung wegzugehen und einem dieser Menschen zu folgen. Ich begegnete vielen Lehrern, aber keinem einzigen Meister.

Mehrfach bin ich wegen dieses Hutziehens mißverstanden worden. Kurz nachdem ich vom Studium der Naturwissenschaft heimgekehrt war, kam eine Diskussion über die Ernährung auf. Ich widerlegte die Gegner, indem ich mich an die Ernährungsnorm von Voit, der damals als Autorität auf diesem Gebiet galt, hielt. Ein älterer Kollege fragte mich: »Glauben Sie an Voit?«, worauf ich antwortete: – »Nicht unbedingt. Ich kämpfe nur vorübergehend von der Festung Voit aus mit dem Feind.« Mein Gegenüber reagierte darauf äußerst reserviert. Ich hatte nur vor Voit als einer momentanen Autorität den Hut gezogen. Ähnlich verhielt ich mich, als ich mich zeitweilig an der kunstkritischen Diskussion beteiligte und dabei von Hartmanns Ästhetik ausging. Da sagte einer dieser jungen Helden: »Hartmanns Ästhetik folgt aus seiner Philosophie des Unbewußten. Um mit seiner Ästhetik argumentieren zu können, muß man erst einmal an seine Philosophie des Unbewußten glauben.« Tatsächlich verband Hartmann seine Ästhetik mit seiner Weltanschauung. Aber auch wenn man versuchsweise diesen Konnex durchtrennte, so war seine Ästhetik, die damals vollkommenste und außerdem reich an schöpferischen Einsichten. Auch hier hatte ich nichts weiter getan, als auf dem Gebiet der Ästhetik vor Hartmann als einer momentanen Autorität den Hut zu ziehen. Viel später wurde ein ausgezeichneter Beweis vorgelegt, daß Hartmanns Ästhetik unabhängig von seiner Weltanschauung existenzfähig ist. Welches nach Hartmann erschienene Buch zur Ästhetik man auch aufschlägt, in jedem Fall wird man die *Modifikation* des Schönen erörtert finden. Das ist ein von Hartmann geschaffener Begriff, den es vor Hartmann nicht gab. Jeder redet darüber, Hartmann wird dabei aber mit keinem Wort erwähnt. Man schweigt ihn tot.

Wie dem auch sei, ich habe, an der Straßenecke stehend, viele Lehrer getroffen, aber keinen einzigen Meister. Und ich habe begriffen, daß die raffinierteste Metaphysik genausoviel wert ist, wie ein einziges lyrisches Gedicht.

*

Als ich der Metaphysik, welche mit ihren Konstruktionen an die Melodik der niederländischen Kirchenmusik erinnert, müde geworden war, drang der unzusammenhängende Rhythmus der *Aphorismen* an mein Ohr.

Und dann wurde mein Bewußtsein, das sich Schopenhauers den Willen zum Leben verneinenden und ins Nichts führenden *Quietiv* nicht zu unterwerfen vermocht hatte, eines Tages plötzlich aus seinem trägen Schlaf aufgepeitscht.

Das geschah durch Nietzsches Philosophie des Übermenschen.

Sie war jedoch für mich keine nährende Speise, sondern ein berauschendes Getränk.

Mir gefiel, daß er die passive altruistische Moral der Vergangenheit als Herdentiermoral bezeichnete. Gleichzeitig fand ich es interessant, daß er das »Alle Menschen sind Brüder« der Sozialisten eine alle Privilegien verneinende Moral der tumben, blöden Herde nannte, und die Anarchisten als auf den Straßen Europas herumstreunende Hunde beschimpfte. Ich vermochte ihn aber nicht ernst zu nehmen, wenn er auf die Regeln der Vernunft verzichtete und den Willen zur Macht als Basis der Kultur bezeichnete, um schließlich Cesare Borgia, der nicht zögerte, im Interesse seiner Familie und seiner selbst Gift und Dolch einzusetzen, zum Ideal der Fürstenmoral zu erheben. Zudem hatte für ein Auge, das Hartmanns detaillierte Ethik gesehen hatte, selbst die sogenannte Umwertung aller Werte nicht so viel Neues.

Und was war mit dem Tod? Die »ewige Wiederkehr« bot keinen Trost. Ich empfand Mitleid mit dem Autor, dem es nicht möglich gewesen war, das Ende Zarathustras niederzuschreiben. Später dann nahm ich wahr, wie etwa Paulsen in Mode kam. Da ich aber für keinerlei Eklektizismus Interesse empfinde, kam ich in keine nähere Berührung mit solchen Ideen.

*

In diesem winzigen Häuschen, das er ehemals als eine Art Landhaus errichtet hat, gibt es alle Dinge jeweils nur einmal, wie die einhundertundein Gegenstände in der Klause eines buddhistischen Mönches.

Außerdem hat der hier wohnende alte Mann alle verfügbaren Wände mit Regalen vollgestellt und alle verfügbaren Regale mit Büchern gefüllt.

Zu diesem Hausherrn, der allen Verkehr mit der Welt abgebrochen zu haben scheint, kommen Bücherpäckchen aus Europa. Solange er lebt, geht der größte Teil der Zinsen des allerdings kleinen Vermögens, welches ein *Notar* für ihn verwaltet, an eine bestimmte Buchhandlung in Europa.

Trotz seines Alters besitzt er eine Sehkraft wie ein Angehöriger der schwarzen Rasse und er liest alte Bücher, so wie andere Leute alte liebe Bekannte aufsuchen. Er liest neue Bücher, so wie andere Leute auf den Markt gehen und neue, ihnen unbekannte Menschen ansehen.

Wenn er dessen müde ist, wandert er über die Dünen und betrachtet den Kiefernhain. Oder er steigt hinab zum Sandstrand und betrachtet das Wogen des Meeres.

Seinen Hunger stillt er mit dem Gemüse, welches der Hausdiener Yasohachi zubereitet.

Neben den Büchern hat er noch einen Zeitvertreib: Durch eine *Lupe* betrachtet er auf den Dünen gepflückte kleine wilde Blumen und ähnliches. Außerdem besitzt er ein Mikroskop von *Zeiss*. Damit beobachtet er die kleinen Tiere, die in einem Tropfen Meerwasser leben. Und er besitzt ein Fernrohr von *Merz*. In klaren Nächten beobachtet er damit die Sterne. Mit diesen gelegentlichen Vergnügungen ruft sich der Alte die Naturwissenschaft ins Gedächtnis zurück.

Auch nachdem er in dieses kleine Haus gezogen ist, vermag der alte Mann nicht jenes alte Jagen nach Phantomen aufzugeben. Und er denkt im Rückblick auf das Vergangene: das Recht, sich nicht mit der Forderung des Tages zu begnügen, besitzt vielleicht nur das Genie. Wäre ich in einer Position gewesen, in der Naturwissenschaft große Entdeckungen zu machen, oder in der Philosophie oder in der Kunst große Ideen, große Werke hervorzubringen, dann hätte vielleicht auch ich mich mit der Gegenwart zufrieden gegeben. Aber das war mir nicht möglich. Deshalb wohl vermag ich mich von dieser Gemütsverfassung nicht zu lösen.

Die Samen, die in der Jugend in die Seele gesenkt worden sind, kann man nicht leicht wieder herausreißen. Der alte Hausherr, der mit kühlem Blick die Bewegung von Philosophie und Literatur beobachtet, hat gleichzeitig ein Auge auf die Bemühungen der Wissenschaftler, die einen schweren Stein auf den anderen schichten.

Seit der Katholik Brunetière, Chefredakteur der *Revue des Deux Mondes*, den Bankrott der Naturwissenschaft verkündete, sind einige Jahre vergangen, aber die Naturwissenschaft geht gar nicht so leicht bankrott. Unter all den von Menschen geschaffenen vergänglichen Dingen gehört die Naturwissenschaft wohl zu denjenigen, die die größte Zukunft haben.

Angesichts dieser Situation denkt der alte Hausherr nun folgendes: Die für den Menschen die größten Gefahren darstellenden Krankheiten kann man heute mit der Kraft der Wissenschaft aufhalten oder heilen. Die Pocken wehrt man mit Impfungen ab. Mit künstlich gezüchteten Bazillen und dem Blutserum von Tieren, denen diese Krankheitskeime injiziert worden sind, kann man sich gegen Typhus schützen und Diphterie heilen. Selbst bei einer so schrecklichen Krankheit wie der *Pest* sind neuerdings gerade die auslösenden Viren entdeckt worden. Und es läßt sich absehen, daß man in baldiger Zukunft dagegen Vorsorge treffen kann. Auch bei der Lepra kennt man zumindest die Viren. Wenn auch bei der Schwindsucht das *Tuberculin* nicht die erwartete Wirkung gezeigt hat, so verfügt man doch über den Schlüssel zu ihrer Heilung. Bösartige Tumore, wie Krebs, hat man erfolgreich auf Tiere verpflanzt. Und man wird vielleicht früher oder später auch einen Weg zur Vorbeugung finden. Neuerdings wird Syphilis mit *Salvarsan* geheilt. Ich denke, es ist nicht ausgeschlossen, daß es vielleicht sogar gelingt, das menschliche Leben, so wie es die optimistische Philosophie des Elias Metschnikoff für die Zukunft erhofft, bedeutend zu verlängern.

So verbringt der alte Hausherr wie in einem nicht enden wollenden Traum den kürzer werdenden Rest seines Lebens, den Tod weder fürchtend noch herbeisehnend.

Ganz selten schweift die Erinnerung an die Vergangenheit wie über eine lange Kette in einem Moment über Jahrzehnte hin. In solchen Augenblicken sind seine scharfen Augen weit geöffnet, auf das ferne Meer und den fernen Himmel gerichtet.

Dies sind die in solchen Augenblicken achtlos hingeschriebenen Notizen des alten Hausherrn.

DER ZWISCHENFALL IN SAKAI
(1914)

Im Januar des Jahres 1868, dem ersten Jahr der Meiji-Ära, wurde die Armee des Shōgun Tokugawa Yoshinobu in Fushimi und Toba besiegt. Sie war nicht mehr in der Lage, die Burg Ōsaka zu halten und mußte über das Meer nach Edo ausweichen. Die Regierungsbeamten in Ōsaka, Hyōgo und Sakai verließen ihre Posten und verbargen sich, so daß diese Städte in einen Zustand der Anarchie verfielen. In dieser Situation erhielt das Fürstentum Satsuma den kaiserlichen Befehl, die Kontrolle über Ōsaka zu übernehmen, Chōshū erhielt einen ebensolchen Befehl für Hyōgo und Tosa für Sakai. Anfang Februar rückte zunächst die sechste Infanteriekompanie aus Tosa in Sakai ein, später auch die achte Infanteriekompanie. Als Kaserne benutzten sie die ehemaligen Polizeiquartiere im Viertel Itoya. Nach einiger Zeit wurde dem Fürstentum Tosa auch die Zivilverwaltung von Sakai übertragen. So zogen der Oberinspektor Sugi Kiheita und der Inspektor Ikoma Seiji in die Stadt ein und errichteten im ehemaligen Bürgeramt des Viertels Ōdori-Kushiya eine Ortskommandantur. Man spürte in den benachbarten Provinzen Kawachi und Yamato die sich dort versteckt haltenden ehemaligen Beamten des Bakufu auf und beauftragte sie, in der Ortskommandantur nach den bisherigen Regelungen die Verwaltungsarbeit zu erledigen. Die Ordnung war bald wieder hergestellt, und sogar das vorübergehend geschlossene Theater öffnete erneut seine Pforten.

Es geschah am 15. Februar. Die Bürgerältesten hatten in Erfahrung gebracht, daß französische Soldaten von Ōsaka nach Sakai unterwegs waren, und wandten sich an die Ortskommandantur um Hilfe: Sechzehn ausländische Kriegsschiffe, die vorher in Yokohama gelegen hatten, waren nach Westen gekommen und hatten dort, wo der Berg Tenpōsan ans Meer stößt, geankert. Es waren englische, amerikanische und eben auch französische Schiffe. Sugi rief die Kompanieführer der sechsten und achten Kompanie zu sich und trug ihnen auf, sich mit ihren Leuten an der Yamato-Brücke aufzustellen. Falls französische Soldaten die Brücke mit amtlicher Genehmigung überquerten, dann müßte eine Benachrichtigung des Beauftragten für Auslandsangelegenheiten, des ehemaligen Fürsten von Uwajima, Date Iyo no kami Muneki, vorliegen. Eine solche existiere aber nicht. Selbst angenommen, daß die Benachrichtigung zeitlich nicht rechtzeitig gekommen sei, so müßten sie doch einen Paß für Reisen im Inland haben. Falls sie einen solchen nicht vorweisen könnten, brauche man sie nicht durchzulassen. Sugi führte zusammen mit Ikoma die zwei Kompanien zur Yamato-Brücke und bezog dort Stellung. In dem Moment kamen französische Soldaten. Man fragte den von ihnen mitgeführten Dolmetscher, ob sie einen Paß hätten, aber sie führten keinen bei sich. Da es sich nur um eine kleine Gruppe handelte, zogen sie sich nach Ōsaka zurück, als ihnen der Weg von den Soldaten aus Tosa versperrt wurde.

Am selben Tag gegen Abend kamen Stadtbürger aufgeregt zur Kaserne der von der Yamato-Brücke zurückgekehrten Soldaten und berichteten, daß französische Matrosen im Hafen an Land gegangen seien. Ein französisches Kriegsschiff sei bis auf eine Meile an die Küste herangekommen und habe die Männer mit zwanzig Leichtern an Land gesetzt. Während die Führer der beiden Kompanien ihre Leute anwiesen, sich auf den Einsatz vorzubereiten, kam von der Ortskommandantur der Befehl zum Einsatz. Die beiden Kompanien rückten sofort aus und fanden, daß die Franzosen keine besonderen Gewalttaten verübten. Allerdings betraten sie ohne die übliche Zurückhaltung Shintō-Schreine und buddhistische Tempel oder gingen in die Häuser und belästigten Frauen und Mädchen mit allerlei Schabernack. Viele Einwohner Sakais, das nicht zu den für Ausländer geöffneten Häfen gehörte, und wo man deshalb nicht an die Ausländer gewöhnt war, liefen in Panik durch die Straßen, schlossen ihre Türen und verbargen sich in ihren Häusern. Die beiden Kompanieführer wollten die Matrosen bereden, zu ihren Schiffen zurückzukehren, aber es war kein Dolmetscher verfügbar. Man versuchte es ihnen mit Handbewegungen verständlich zu machen, aber keiner reagierte darauf. Somit befahlen die Kompanieführer, die Matrosen in die Kaserne abzuführen. Die Soldaten griffen sich die nächstbesten und versuchten, sie mit Stricken zu fesseln, worauf die Matrosen in Richtung Anlegestelle zu fliehen begannen. Einer der Matrosen nahm dabei die Kompaniefahne der Tosa-Soldaten mit, welche im Eingang eines Hauses angelehnt gestanden hatte, und rannte los.

Die beiden Kompanieführer nahmen mit ihren Leuten die Verfolgung auf. Sie konnten die langbeinigen, ans Wettlaufen gewöhnten Franzosen jedoch nur schwer einholen. Diese wollten gerade die Leichter besteigen. Damals waren den Kompanien aus Tosa Feuerwehrmänner zugeteilt, von denen jeweils einige auch bei den Streifengängen in der Stadt mitgingen. Das Tragen der Kompaniefahne etwa war Aufgabe dieser Feuerwehrmänner. Einer davon war der Fahnenträger Umekichi, ein Feuerwehrhauptmann. Wenn es in Edo brannte, dann blieb er nicht hinter einem schnellen Pferd zurück, so gut war er im Rennen. Dieser Umekichi setzte sich an die Spitze der die Franzosen verfolgenden Tosa-Soldaten und holte den, der die Fahne geraubt hatte, ein. Er schleuderte die Brandaxt, die er in der Hand hielt, durch die Luft und traf den Schädel des Franzosen. Dieser schrie auf und fiel nach vorne. Umekichi nahm ihm die Fahne ab.

Als die in den Leichtern wartenden Matrosen das sahen, feuerten sie plötzlich alle gleichzeitig ihre Pistolen ab.

Die beiden Kompanieführer entschieden sich auf der Stelle und gaben den Befehl »Feuer!«. Die Soldaten, die nur darauf gewartet hatten, stellten sich nebeneinander auf und richteten ihre mehr als siebzig Gewehrläufe auf die Boote, welche die Landgänger aufgenommen hatten, und feuerten. Sechs Matrosen sackten zusammen. Einige fielen verletzt ins Wasser. Auch die Nichtverletzten sprangen ins Wasser. Mit einer

Hand am Bootsrand versuchten sie, verzweifelt die Füße bewegend, die Boote voranzubringen. Bei jeder neuen Gewehrsalve tauchten sie unter. Dann kamen sie wieder hoch und spuckten das Meerwasser aus. Die Boote entfernten sich zusehends vom Strand. Insgesamt starben dreizehn Franzosen, darunter ein Unteroffizier.

Da kam Sugi herbeigeeilt. Er befahl den Truppen, das Feuer einzustellen und in ihre Kasernen zurückzukehren. Als die beiden Kompanien in den Kasernen waren, wurden die beiden Kompanieführer in die Ortskommandantur zitiert. Sugi fragte sie, warum sie nicht einen Befehl ihrer Vorgesetzten abgewartet hätten, und die beiden Kompanieführer verteidigten sich, indem sie sagten, daß sie in der Situation nicht auf einen Befehl hätten warten können. Natürlich waren die ersten Schüsse von den Booten her gefallen, und sie hatten nur das Feuer erwidert, aber die Samurai aus Tosa waren von Anfang an den Franzosen feindlich gesonnen. Denn sie hatten gehört, daß neulich, als Truppen aus Tosa für einen Feldzug gegen Matsuyama eine kaiserliche Brokatfahne verliehen bekommen hatten und diese feierlich in ihre Heimat geleiteten, sie in Kōbe von einer Abteilung Franzosen aufgehalten worden seien, welche versucht hätten, ihnen die Fahne wegzunehmen, mit der durch den Dolmetscher übermittelten Begründung, das geschehe, um zwischen Kaiserhof und Bakufu zu vermitteln.

Sugi sagte zu den beiden Kompanieführern: Auf jeden Fall sei die Sache nicht rückgängig zu machen. Vielleicht werde es eine Beschießung durch die Kriegsschiffe geben. Sie sollten deshalb Verteidigungsvorbereitungen treffen. Und er schickte Ikoma zur Berichterstattung zum Beauftragten für Auslandsangelegenheiten und einen stellvertretenden Inspektor zur Tosa-Residenz in Kyōto.

Die zwei Kompanieführer waren in großer Verlegenheit: Sie sahen sich kaum in der Lage, mit lediglich zwei Kompanien die feindlichen Kriegsschiffe abzuwehren. Sie schickten jedoch Späher an die Küste und jeweils mehrere Mann von beiden Kompanien abwechselnd zur Bemannung der Geschützstellungen. Da kamen mehrere dutzend Bakufu-Soldaten, die festgenommen worden waren, als die Tosa-Truppen Sakai übernahmen, und sagten: »Wenn die französischen Schiffe kommen sollten, dann setzt uns ein! In den Geschützstellungen stehen sechsunddreißig Kanonen, die während der Herrschaft der Tokugawa dort aufgestellt worden sind. Sie sind jetzt dem Fürsten von Kishiwada, Okabe Chikuzen no kami Nagashiro, unterstellt. Wir wehren die Franzosen mit den Kanonen ab. Falls jemand an Land geht, greift ihr sie an.«

Die beiden Kompanieführer schickten die Leute zu den Geschützen. Etwas später sandte man vom Fürstentum Kishiwada Truppen zu den Geschützstellungen, die mit Fernrohren die Richtung Hyōgo im Auge behielten.

Nachts wurde gemeldet, daß französische Boote zur Hafeneinfahrt gekommen seien. Es waren fünf oder sechs Leichter, die jedoch umkehrten, ohne zu landen. Sie waren wohl gekommen, um die Toten zu suchen. Andere berichteten, die Franzosen hätten mehrere Leichen geborgen.

*

Im Morgengrauen des sechzehnten erging eine Ordre des Beauftragten für Auslandsangelegenheiten, daß das Fürstentum Tosa von seinen Wachaufgaben entbunden sei und die Soldaten abziehen solle. Bei der Weitergabe dieser Ordre befahl die Militärkommandantur den beiden Kompanieführern, in das Speichergebäude des Fürstentums in Ōsaka zu kommen. Die beiden Kompanieführer machten sich sofort fertig und brachen auf. Sie nahmen den Weg über die Sumiyoshi-Landstraße und erreichten gegen zwei Uhr nachmittags das Haus des Bau- und Transportunternehmers des Fürstentums Tosa im sechsten Block der Miike-Straße in Ōsaka.

Der mündliche Bericht Ikoma Seijis, welcher sich von der Militärkommandantur in Sakai zum Amt für Auslandsangelegenheiten begeben hatte, wurde ohne Kommentar angehört. Dann gab das Amt für Auslandsangelegenheiten Ordre, daß ein Vertreter der Militärkommandantur und einer der beiden Kompanieführer nach Kyōto kommen solle. Sugi ging nach Kyōto. Ihm wurde der schriftliche Bericht über den Zwischenfall in Sakai, den Ishikawa Ishinosuke präsentiert hatte, zurückgegeben, und er wurde aufgefordert, einen ausführlicheren Bericht zu verfassen. Sugi zog sich zunächst zurück und präsentierte einen von beiden Kompanieführern unterzeichneten Bericht. Er fügte hinzu, er werde ihn, falls Rückfragen notwendig sein sollten, den Betreffenden persönlich schicken.

Am siebzehnten wurden auf Grund der Besprechung vom Vortage von der Residenz des Fürstentums Tosa in Kyōto der Hausälteste Yamanouchi Haito, der Oberinspektor Hayashi Kamekichi, der Inspektor Tani Tomō sowie mehrere Helfer, dazu eine Abteilung Soldaten unter dem Kommando von Nagao Tarobē nach Ōsaka geschickt. Als sie Ōsaka erreichten, war es bereits Nacht. Hayashi befahl sofort, Sugi und Ikoma sowie die beiden Kompanieführer in die Residenz des Fürstentums Tosa am Nagabori-Kanal zu verlegen.

Am achtzehnten wurde durch Nagao Tarobē die Anordnung übermittelt, daß die beiden Kompanieführer vom Dienst suspendiert seien, und ihren Untergebenen wurde der Ausgang verboten. Die beiden Kompanieführer wandten gegen Nagao ein, sie beide trügen die Verantwortung für den Zwischenfall und wünschten nicht, daß ihren Untergebenen, die auf ihren Befehl gehandelt hätten, daraus ein Schaden entstünde. Die Soldaten der beiden Kompanien erkundigten sich durch die Leutnants Ikegami Yasakichi und Ōishi Jinkichi nach dem Befinden der Kompanieführer. Die beiden Kompanieführer teilten ihren Untergebenen mit, was sie Nagao gegenüber vorgetragen hatten.

Währenddessen kamen aus Kyōto drei Abteilungen Fußsoldaten des Fürstentums Tosa, übernahmen die Wache der Residenz am Nagabori-Kanal und kontrollierten streng jeden, der ein- oder ausging.

Sodann kam der Hausälteste Fukao Kanae als Vertreter des

ehemaligen Fürsten von Tosa, Yamanouchi Tosa no kami Toyoshige, zusammen mit dem Oberinspektor, Kominami Goroemon. Das geschah, weil der Gesandte Léon Roches von dem vor Ōsaka ankernden französischen Kriegsschiff Vénus aus an Land gekommen war, um mit dem Amt für Auslandsangelegenheiten über eine Entschädigung zu verhandeln. Die Forderungen des Gesandten wurden von der Regierung sofort akzeptiert: Erstens sollte der Fürst von Tosa auf die Vénus kommen und sich entschuldigen; zweitens sollten die beiden Offiziere, die die Tosa-Truppen kommandiert hatten, sowie Soldaten aus der Kompanie, die die Franzosen getötet hatten, insgesamt zwanzig Mann, drei Tage nach Eintreffen des Verhandlungsprotokolls in Kyōto, an der Stelle, wo die besagten Tötungen stattgefunden hatten, hingerichtet werden; drittens sollte das Fürstentum Tosa als Unterstützung für die Familien der getöteten Franzosen einhundertfünfzigtausend Dollar zahlen. Zum Abschluß dieser Regelung sollte der Fürst von Tosa eigentlich persönlich nach Ōsaka kommen; dieser schickte wegen einer Krankheit aber den Hausältesten als Vertreter.

Der Hilfsinspektor, der mit Fukao gekommen war, rief alle dreiundsiebzig Soldaten der sechsten und achten Kompanie einzeln zu sich und fragte sie, ob sie in Sakai geschossen hätten oder nicht. Dieses Verhör war – das ließ sich nicht ändern – für die Soldaten praktisch eine Mutprüfung. Neunundzwanzig antworteten, sie hätten geschossen. In der sechsten Kompanie waren dies der Kompanieführer Minoura Inokichi, der Leutnant Ikegami Yasakichi, die Soldaten Sugimoto Hirogorō, Katsugase Sanroku, Yamamoto Tetsusuke, Morimoto Mokichi, Kitashiro Kensuke, Inada Kannojō, Yanase Tsuneshichi, Hashizume Aihei, Okazaki Eibē, Kawatani Gintarō, Okazaki Tashirō, Mizuno Mannosuke, Kishida Kanpei, Kadota Takatarō, Kususe Yasujirō, in der achten Kompanie der Kompanieführer Nishimura Saheiji, der Leutnant Ōishi Jinkichi, die Soldaten Takeuchi Tamigorō, Yokota Tatsugorō, Doi Tokutarō, Kanada Tokiji, Takenouchi Yasaburō, Sakaeda Jiemon, Nakashiro Jungorō, Yokota Seijirō, Tamaru Yūrokurō. Sie hätten nicht geschossen, gaben an von der sechsten Kompanie Hamada Yūtarō und neunzehn andere Soldaten, von der achten Kompanie Nagano Minekichi und zwanzig andere Soldaten, zusammen einundvierzig Mann.

Am neunzehnten wurden diejenigen, die geantwortet hatten, sie hätten nicht geschossen, in der Nacht in das Haus im sechsten Block der Miike-Straße verlegt, und es wurde ihnen gesagt, sie würden heimgeschickt, sobald die Vorbereitungen abgeschlossen sein würden. Auf der anderen Seite mußten diejenigen, die geantwortet hatten, sie hätten geschossen, ihre Gewehre und Munition abgeben und wurden unter »Arrest« gestellt: sie wurden der Aufsicht einer Artilleriekompanie überantwortet, welche zuvor nach Ōsaka geschickt worden war. Die sechste Kompanie wurde in ihre ursprünglichen Unterkünfte in der Residenz am Nagabori-Kanal, die achte Kompanie in die Westliche Residenz geschickt.

Am zwanzigsten bestiegen diejenigen, die geantwortet hatten, sie hätten nicht geschossen, ein Schiff vor der Residenz am Nagabori-Kanal. Sie kehrten später über Marugame und die Kitayama-Landstraße nach Tosa heim. Man wies sie an, mehrere Tage sich nicht weiter zu entfernen, dann wurde ihnen jedoch erlaubt, sich wie üblich zu verhalten. Zu denjenigen, die geantwortet hatten, sie hätten geschossen, kamen Soldaten der Artilleriekompanie in Begleitung eines Hilfsinspektors und nahm ihnen die Schwerter ab. Es war diesen Männern schon zu Ohren gekommen, daß sie zum Tode verurteilt werden würden, und einige von ihnen hatten gesagt, man solle, statt die Hände in den Schoß zu legen und auf den Tod durch das Schwert zu warten, lieber bei einem Angriff auf die französischen Schiffe sterben. Dieses Vorhaben wurde von Doi Hachinosuke von der achten Kompanie als unbesonnen bezeichnet und verhindert. Dann schlug jemand vor, alle sollten sich gleichzeitig gegenseitig töten. Gerade in dem Moment kam der Hilfsinspektor, um ihnen die Schwerter abzunehmen. Einige der Gefangenen sagten, wenn sie sich nicht jetzt das

Leben nähmen, wäre keine Gelegenheit mehr dazu, und machten Anstalten, sich zu töten. Hiervon hielt sie Takeuchi Tamigorō aus der achten Kompanie ab. Er sagte, er habe einen Plan, und man solle tun, was von ihnen verlangt wurde. Dabei schrieb er mit dem Finger auf die Fußbodenmatte: »In meinem Gepäck sind zwei Kurzschwerter.« Darauf gaben alle ihre Schwerter ab.

Am zweiundzwanzigsten kam der Oberinspektor Kominami und teilte den Soldaten der sechsten und achten Kompanie mit, sie sollten sofort in die große Halle kommen, da der abgedankte Fürst ihnen etwas zu sagen habe. »Abgedankter Fürst« war die Bezeichung für Yamanouchi Toyoshige, seit er die Herrschaft über das Haus an Toyonori, Fürst von Tosa, abgetreten und den Namen Yōdō angenommen hatte. Die fünfundzwanzig Mann der beiden Kompanien, d. h. alle mit Ausnahme der Kompanieführer und der Leutnants, saßen nebeneinander in der Halle. Dann kamen Kominami und die anderen Amtsträger herein und setzten sich. Die goldene Schiebetür direkt vor den Soldaten ging auf und herein kam Fukao. Alle verbeugten sich bis auf den Boden.

Fukao sagte folgendes:

»Eigentlich wollte der abgedankte Fürst persönlich zu euch sprechen, wegen einer Unpäßlichkeit ist ihm dies aber nicht möglich, und ich gebe als sein Vertreter seine Botschaft weiter. Im Zusammenhang mit dem Zwischenfall in Sakai hat der Fürst auf Grund des französischen Druckes auf unsere Regierung zugesagt, daß zwanzig von den Schuldigen bestraft werden. Dem abgedankten Fürst fällt dies überaus schwer. Er bittet, daß die Betreffenden freiwillig ihr Leben opfern mögen.« Dann stand Fukao auf und verließ den Raum.

Darauf übermittelte Kominami die Anordnung des Fürsten Toyonori: »Wir wissen nicht, wer zu diesen zwanzig zu zählen, wer auszuschließen ist. Deshalb sollen alle zum Inari-Schrein gehen, zu dem Gott beten und dann das Los entscheiden lassen. Wer weiße Lose zieht, wird ausgespart. Wer ein Urteilslos zieht, wird hingerichtet. Also geht zum Schrein.«

Die fünfundzwanzig verließen die Residenz und gingen zum Inari-Schrein. Unterhalb der großen Schelle in der Bethalle saß Kominami und hielt die Lose. Zu seiner Rechten saß ein Inspektor, unterhalb der Treppe dann die zwei Hilfsinspektoren mit dem Namensverzeichnis der Männer. Zwanzig oder dreißig Schritte vor dem Gebäude hatten sich die aus Kyōto gekommene Artilleriekompanie und die Infanteriekompanie aufgestellt. Auf ein Zeichen Kominamis hin schlugen die Hilfsinspektoren das Verzeichnis auf und lasen die Namen der fünfundzwanzig Männer einen nach dem anderen vor. Der Betreffende trat jeweils vor und zog ein Los, öffnete es und übergab es einem der Hilfsinspektoren. Der Hilfsinspektor überprüfte es. Die Leute, die gerade zufällig den Schrein besuchten, wunderten sich zunächst, was dort vor sich gehe. Als sie dann aber allmählich die Bedeutung des Losziehens erfuhren, waren sie alle sehr ergriffen. Einige weinten. Von der sechsten Kompanie zogen zehn Männer das Urteilslos: Sugimoto, Katsugase, Yamamoto, Morimoto, Kitashiro, Inada, Yanase, Hashizume, Okazaki Eibē, Kawatani. Von der achten Kompanie waren es sechs: Takenouchi, Yokota Tatsugorō, Doi, Kanada, Takeuchi. Zusammen waren es sechzehn. Dazu kamen die Kompanieführer und ihre Leutnants, was dann zusammen zwanzig ergab. Weiße Lose zogen in der sechsten Kompanie Okazaki Tashirō und vier andere, in der achten Kompanie Sakaeda Jiemon und drei andere.

Nachdem das Los-Ziehen beendet war, schrieben die vier Männer der achten Kompanie, die weiße Lose gezogen hatten, nämlich Sakaeda Jiemon, Nakashiro, Yokota Seijirō und Tamaru eine gemeinsame Petition. Sie seien durch die Lose in zwei Gruppen, in Leben und Tod, geteilt worden. Sie seien aber von Anfang an eines Sinnes; sie bäten deshalb darum, daß alle die gleiche Behandlung erfahren möchten, so als ob sie alle Urteilslose gezogen hätten. Die Petition wurde mit der Begründung, die erforderliche Zahl sei erreicht, umgehend zurückgewiesen.

Die sechzehn Männer mit den Urteilslosen wurden zusammen mit ihren Kompanieführern Minoura und Nishimura sowie die beiden Leutnants Ikegami und Ōishi in die Hauptresidenz des Fürstentums Tosa gebracht und dort festgesetzt. Diejenigen, die weiße Lose gezogen hatten, wurden sofort aus der Kompanie gestrichen, den Truppen aus Tosa übergeben und in einen gesonderten Raum gewiesen. Wenige Tage später kam die Anweisung, die Gruppe mit den weißen Losen aus Sakai mit einem Gefangenenschiff nach Hause zu schicken. Sie kehrten in Begleitung eines Hilfsinspektors heim und wurden ihren jeweiligen Verwandten übergeben. Wenig später wurde ihnen mitgeteilt, daß die Sache hiermit für sie abgeschlossen sei.

Am Abend des Tages schrieben alle Verurteilten Abschiedsbriefe an die Eltern, Geschwister und sonstigen Verwandten oder Bekannten in ihrer Heimat. Sie fügten ihren Briefen Haarlocken von ihrem Haupthaar bei und übergaben sie den Hilfsinspektoren.

Dann ließen die Offiziere der fünften Kompanie, welche Wache in der Residenz hatten, den Gefangenen Essen und Trinken bringen, und gingen zu ihnen, um sich von den Männern zu verabschieden. Die Kompanieführer, die Leutnants und die sechzehn Soldaten wurden gesondert bewirtet. Die sechzehn schliefen betrunken ein.

Nur Doi Hachinosuke von der achten Kompanie hatte maßgehalten beim Trinken. Als er sah, wie alle anderen zu schnarchen begannen, rief er mit lauter Stimme:

»He, morgen ist ein wichtiger Tag. Wieso wollt ihr euch zum Tode befördern lassen? Macht es euch nichts aus, einfach den Kopf abgeschlagen zu bekommen?«

Einer antwortete in ärgerlichem Ton:

»Halt's Maul! Eben weil morgen ein wichtiger Tag ist, schlafen wir.«

Und bevor er noch das letzte Wort zu Ende gesprochen hatte, schnarchte er schon wieder.

Doi packte Sugimoto von der sechsten Kompanie an der Schulter und rüttelte ihn wach.

»He, Sugimoto, wenigstens du wirst verstehen, worum es geht. Wie sollen wir morgen sterben? Macht es dir nichts aus, einfach den Kopf abgeschlagen zu bekommen?«

Sugimoto sprang auf.

»Stimmt. Gut, daß du daran denkst. Das ist wichtig. Komm, wir wecken die anderen auf!«

Die beiden weckten die ganze Gruppe auf. Wer auf den Ruf nicht reagierte, den rüttelten sie wach. Schließlich waren alle wach und hörten sich die Meinung der beiden an. Alle stimmten ihren Argumenten zu. Es mache ihnen nichts aus zu sterben. Dazu seien sie bereit, seit sie Soldaten geworden und aus ihrer Heimat aufgebrochen seien. Aber sie wollten nicht in Schande sterben. Deshalb wollten sie darauf drängen, Seppuku ausführen zu dürfen. Die Männer berieten sich und stimmten dem Vorschlag zu.

Die sechzehn Männer zogen sich ordentlich an und gingen zur Wachstube. Sie bäten in einer dringenden Angelegenheit um ein Treffen mit dem Kommissar.

Der Wachhabende verließ die Wachstube und schien sich im Inneren des Gebäudes mit jemandem zu beraten. Nach einiger Zeit kam er zurück und antwortete:

»Der Bitte kann leider nicht entsprochen werden. Ihr seid nicht frei, zu tun und zu lassen, was ihr wollt. Es geht nicht an, daß ihr mitten in der Nacht herkommt und den Kommissar zu sprechen verlangt.«

Die sechzehn wurden zornig: »Das ist eine Unverschämtheit. Was heißt nicht frei? Wir werden morgen unser Leben für Japan opfern. Wenn er unsere Bitte nicht weiterleiten will, dann soll er es bleiben lassen. Weg da, wir gehen direkt hinein!« Die Männer sprangen auf und machten Anstalten, in das Innere des Gebäudes einzudringen.

Aus dem Inneren kam eine Stimme: »Wartet dort! Ein Amtsträger wird mit euch reden.«

Die Schiebetür öffnete sich und heraus traten Kominami, Hayashi und mehrere Hilfsinspektoren. Die sechzehn Männer verbeugten sich. Dann sprach Takeuchi:

»Wir opfern unser Leben aus Respekt vor dem kaiserlichen Befehl. Was wir jedoch in Sakai getan haben, geschah auf Anordnung unserer Vorgesetzten. Das sehen wir nicht als Verbrechen an. Deshalb können wir uns mit der Todesstrafe nicht einverstanden erklären. Falls wir tatsächlich mit dem Tod bestraft werden sollen, möchten wir wissen, wessen wir angeklagt sind.«

Kominamis Stirn zog sich während dieser Worte in Falten. Er wartete, bis Takeuchi geendet hatte, und warf den Männern einen zornigen Blick zu:

»Schweig! Wieso sollte die Obrigkeit Unschuldige zum Tode verurteilen? Die Kompanieführer haben einen unrechten Befehl gegeben, und ihr habt eine unrechte Tat ausgeführt.«

Takeuchi gab nicht nach:

»Das sind nicht die Worte eines Oberinspektors. Wenn Soldaten auf Befehl eines Kompanieführers handeln, so gibt es kein Recht oder Unrecht. Da die Kompanieführer »Schießen!« befohlen haben, haben wir geschossen. Wenn die Untergebenen bei jedem Befehl erst Recht und Unrecht abwägen, kann man keinen Krieg führen.«

Andere rückten hinter Takeuchi ebenfalls nach vorne:

»Wir alle sind überzeugt, daß unser Handeln in Sakai verdienstvoll war und kein Verbrechen ist. Bitte erklärt uns etwas genauer, um welches Verbrechen es sich nach Eurer Meinung handelt.«

»Wir verstehen nicht, was wir verbrochen haben sollen!«

»Wir auch nicht.«

Die Gesichter der Männer zeugten von äußerster Erbitterung.

Kominami milderte seine Haltung:

»Ich habe vorhin unüberlegt gesprochen. Wartet noch etwas. Ich werde mit den maßgebenden Männern beraten und euch dann eine Antwort geben.«

Mit diesen Worten stand er auf und verschwand hinter der Schiebetür.

Alle starrten auf den Hinterraum, während sie da saßen und warteten, aber Kominami kam und kam nicht zurück. Im Zimmer wurde geflüstert:

»Was ist wohl los?«

»Nicht nachgeben!«

Nach einer geraumen Weile kam Kominami zurück. Und er sagte mit überaus ernster Miene folgendes:

»Ich habe das, was ihr gesagt habt, seiner Exzellenz, dem Vertreter unseres Fürsten mitgeteilt. Hört seine Stellungnahme hierzu. Zunächst einmal sind beide Exzellenzen über den Zwischenfall in Sakai sehr betrübt. Seine Exzellenz der Fürst von Tosa geruhte trotz seiner Unpäßlichkeit nach Ōsaka zu kommen und umgehend das französische Schiff zu besuchen, um dann direkt wieder nach Tosa zurückzukehren. Heißt es nicht: Wenn der Fürst beleidigt wird, stirbt der Untertan? Jeder von euch soll, nachdem er den Befehl seiner Exzellenz empfangen hat, gehorsam diesem Folge leisten. Der Befehl lautet folgendermaßen: Was den jüngsten Zwischenfall in Sakai betrifft, so wird dieser angesichts der umfassenden Erneuerung der Auslandsbeziehungen nach internationalem Recht behandelt. Deshalb wird euch befohlen, morgen in Sakai Seppuku auszuführen. Ihr habt dies für Japan zu tun und den Befehl ohne Murren entgegenzunehmen. Da zudem hohe Würdenträger und die ausländischen Konsule anwesend sein werden, seid bereit, den Samurai-Geist Japans unter Beweis zu stellen.«

So sprach Kominami, während er auf den schriftlichen Befehl blickte. »Seine Exzellenz, der Fürst« bezog sich auf Tosa no kami Toyonori.

Die sechzehn Männer blickten sich an und mußten lächeln. Takeuchi sprach für die anderen:

»Wir nehmen den gnädigen Befehl dankbar entgegen. Wir möchten in diesem Zusammenhang allerdings noch um eines bitten. Eigentlich sollten wir die Bitte auf dem Dienstweg über die Hilfsinspektoren äußern, da aber gerade hohe Amtsträger anwesend sind, bringen wir unsere letzte Bitte direkt vor. Dem uns eben mitgeteilten Erlaß entnehmen wir, daß auch seine Exzellenz unseren Herzenswunsch verstanden hat. Wir bitten deshalb, daß wir in Zukunft als zum Samurai-Stand gehörig behandelt werden. Dies ist so etwas wie unser Testament, weshalb wir dringend bitten, unserem Wunsche zu entsprechen.«

Kominami überlegte einen Moment lang.

»Insofern als euch aufgetragen wurde, Seppuku auszuführen, erscheint mir diese Bitte recht und billig. Ich kann diese Angelegenheit allerdings nicht alleine entscheiden. Also wartet noch einmal.«

Mit diesen Worten verließ er ein zweites Mal den Raum.

Nachdem wieder eine ganze Weile verstrichen war, ging die Tür auf, und diesmal erschien ein Hilfsinspektor.

»Aufgrund einer außerordentlichen Beratung wird den anwesenden Männern die Behandlung als Samurai zugestanden. Als Zeichen hierfür wird jedem ein ungefütterter seidener Kimono überreicht.«

Dabei überreichte er ihnen das entsprechende Dokument.

Die Männer nahmen das Dokument entgegen und verließen den Raum. Auf dem Rückweg suchten sie die Kompanieführer und Leutnants auf, um ihnen den Ablauf der nächtlichen Verhandlung mitzuteilen. Auch die Kompanieführer und Leutnants waren von den Offizieren des Wachbataillons bewirtet worden und waren angenehm berauscht eingeschlafen. Als ihre Untergebenen plötzlich in ihrer Unterkunft auftauchten, standen sie sofort auf und gingen zu ihnen.

Seit die sechzehn von den Kompanieführern und den Leutnants getrennt worden waren, hatten sie sich nicht mehr gesehen. Nun aber, dank der Unterredung mit dem Oberinspektor, war ihnen Seppuku zugestanden worden, und sie waren in den Samurai-Stand erhoben worden, so daß niemand ihnen in ihr Tun und Lassen hineinreden konnte. Deshalb war es ihnen möglich, ganz offen ihre Vorgesetzten aufzusuchen.

Als die Kompanieführer und die Leutnants den Bericht ihrer Untergebenen hörten, freuten sie sich und waren gleichzeitig traurig. Traurig, weil – während sie ihren eigenen Tod erwarteten – ihnen nicht gesagt worden war, daß der französische Gesandte den Tod von zwanzig Männern verlangt hatte. So erfuhren sie jetzt zum ersten Mal vom Schicksal der sechzehn. Froh waren sie, weil den sechzehn Männern Seppuku zugestanden worden war und weil sie in den Samurai-Stand erhoben worden waren. Die vier Offiziere und die sechzehn Untergebenen meinten, es sei noch einige Zeit, bis es Tag werden würde, man solle noch ein wenig Schlaf schöpfen und dann aufstehen. So trennten sie sich und gingen zu Bett.

*

Am dreiundzwanzigsten war blauer Himmel. Die Überführung der zwanzig Männer war dem Fürstentum Kumamoto unter Hosokawa Etchū no kami Yoshiyuki und dem Fürstentum Hiroshima unter Asano Aki no kami Shigenaga übertragen worden. So wurden dreihundert Infanteristen losgeschickt und trafen vor Sonnenaufgang vor dem Tor der Tosa-Residenz am Nagabori-Kanal ein. In der Residenz wurde den zwanzig Männern Sake und Zukost gereicht. Die Kompanieführer und die Leutnants hatten im wesentlichen neu angefertigte Kleider an. Die übrigen sechzehn trugen die ihnen kurz zuvor überreichten seidenen Kimonos. Die Schwerter wurden ihnen nicht in der Residenz übergeben; sie sollten sie am Orte des Seppuku erhalten.

Als die ganze Gruppe aus dem Tor der Residenz heraustrat – ihre Holzsandalen mit hohen Stegen machten einen gehörigen Lärm – warteten dort zwanzig von den Fürsten Hosokawa und Asano bereitgestellte Sänften. Die zwanzig Männer verbeugten sich zum Dank und setzten sich hinein. Der für die Zugformation Zuständige stellte den Zug zusammen: Zunächst kamen mehrere niedere Beamte der beiden Fürstentümer; dann mehrere Soldaten; dann der Vertreter des Fürsten Hosokawa, Baba Hikoemon, ein Kompanieführer desselben Fürstentums, Yamakawa Kametarō, sowie ein führender Würdenträger des Fürstentums Asano,

Watanabe Kisou. Die drei Männer saßen zu Pferde und trugen Feldhüte und Hakama, ihre Pferdeführer hielten Lanzen in den Händen; dann kamen mehrere Soldaten zu Fuß; dann Soldaten, welche zwei Kanonen mit sich führten; schließlich die zwanzig Sänften. Jeder Sänfte waren sechs Männer zugeordnet, welche Gewehre mit aufgepflanzten Bajonetten trugen. Vor und nach den zwanzig Sänften gingen hundertzwanzig Soldaten, welche ebenfalls Gewehre mit aufgepflanzten Bajonetten trugen. Dahinter kamen zwei Mann zu Pferde mit Gewehren. Dann kamen Männer mit Laternen an hohen Stangen, aus jedem der beiden Fürstentümer je zehn; den Abschluß bildeten Soldaten aus den beiden Fürstentümern, zusammen über hundert Mann. Hinter diesem Zug folgten mit etwas Abstand mehrere hundert Mann aus Tosa, angeführt von den wichtigen Männern des Fürstentums. Die Gesamtlänge des Zuges betrug über fünfhundert Meter.

Einige Zeit, nachdem der Zug von Nagabori losmarschiert war, begab sich Yamakawa Kametarō zu den Sänften und begrüßte jeden einzelnen. Als er zur Sänfte von Minoura kam, sagte er:

»Es ist Euch in der engen Sänfte sicherlich unbequem. Auf dem langen Weg ist es innen bei niedergelassenen Jalousien zweifellos schwül. Sollen die Jalousien hochgezogen werden?«

Minoura antwortete: »Ich danke Euch für Eure freundliche Aufmerksamkeit. Ja, falls es nicht unbillig ist, möchte ich darum bitten, die Jalousien hochzuziehen.«

Daraufhin wurden die Jalousien an allen Sänften hochgerollt.

Wieder eine Weile später begab sich Yamakawa zu jeder einzelnen Sänfte:

»Ich habe Süßigkeiten bereithalten lassen. Falls Ihr Appetit darauf habt, möchte ich Euch etwas davon bringen lassen!«

Die Behandlung der zwanzig Männer durch die Vertreter der beiden Fürstentümer war in allen Punkten von ausgesuchter Höflichkeit.

Als der Zug in die Gegend des Shinkei-Viertels in Sumiyoshi kam, warteten dort bereits an der Straße Leute, um Abschied zu nehmen. Die sechste und die achte Kompanie waren nämlich früher in dieser Gegend stationiert gewesen. Als der Zug dann in die Stadt Sakai einzog, drängten sich die Menschen zu beiden Seiten der Straße. Aus der Menge klang von Zeit zu Zeit ein Schluchzen auf. Gelegentlich lief auch jemand aus der Menge hervor zu den Sänften und wurde von den begleitenden Soldaten zurechtgewiesen.

Als Ort des Seppuku war der Tempel Myōkokuji bestimmt worden. Das Außentor war mit dem kaiserlichen Wappen dekoriert; im Tempelbezirk selbst waren überall Vorhänge mit den Wappen der Fürsten Hosokawa und Asano angebracht. Der Ort des Seppuku war durch Vorhänge mit den Wappen des Fürsten Yamanouchi abgetrennt. Außerdem war im Tempelgelände ein mit frischen Strohmatten ausgelegtes Zelt aufgestellt.

Als der Zug vor dem Tore des Myōkokuji anlangte, wurden die Sänften in das Zelt hineingetragen und auf den Strohmatten abgesetzt. Dann wurden die Sänften, begleitet von Samurai der beiden Fürstentümer, in den Innenhof des Tempels getragen und längs der Haupthalle aufgestellt.

Die zwanzig Männer stiegen aus den Sänften aus und setzten sich in einer Reihe in der Haupthalle nieder. Um sie herum saßen mehrere hundert Soldaten der beiden Fürstentümer. Wenn einer der zwanzig aufstand, um sich irgendwohin zu begeben, so begleiteten ihn vier Soldaten. Die zwanzig Männer unterhielten sich angeregt, als ob nichts Besonderes los sei, und warteten auf den Zeitpunkt des Seppuku.

Einer der Samurai aus den beiden Fürstentümern hatte Schreibzeug bereitgehalten und begab sich zu Minoura, der an der Spitze der Reihe saß: Er bitte um etwas Geschriebenes als Andenken.

Minoura Inokichi, ehemals Führer der sechsten Infanteriekompanie, vom Clan der Minamoto, hieß mit persönlichem Namen Genshō, mit Schriftstellernamen Senzan. Er wurde geboren am 11. November 1844 im Dorfe Ushioe, Kreis Tosa, Land Tosa, in eine Familie von Gefolgsmann-Rang mit 15 Koku Gehalt und Verpflegung für fünf Untergebene. Er war jetzt in seinem fünfundzwanzigsten Lebensjahr. Sein Großvater hieß Chūhei, sein Vater Manjirō; seine Mutter kam aus der Familie Yoda und hieß Ume. 1857 kam er nach Edo, um zu studieren, wurde 1860 Lehrer des Fürsten Yōdō, kehrte aber im gleichen Jahr nach Tosa zurück und wurde zum Hilfslehrer an der obersten Schule des Fürstentums, dem Bunkan, ernannt. Danach war er sieben oder acht Jahre lang Gefolgsmann des Fürsten Yōdō, bis er zum Leibwächter des Fürsten befördert wurde. Zum Kompanieführer war er im November 1867 ernannt worden, d. h. er hatte gerade drei Monate Dienst getan, als es zu dem Zwischenfall in Sakai kam. Wegen dieses Bildungshintergrundes hatte er Geschmack in der Dichtung und schrieb als Kalligraph eine sehr gute Kursivschrift.

Als das Schreibgerät vor ihn hingelegt wurde, entschuldigte sich Minoura mit den Worten: »Meine Schrift ist außerordentlich unbeholfen«, und schrieb dann den vorher im Kopfe ausgearbeiteten chinesischen Vierzeiler:

»Indem ich die Gespenster verjage
   danke ich meinem Lande.
Was soll ich mir Gedanken machen
   Über der Leute Worte?
Wenn ich nur die große Pflicht
   für tausend Jahre verkünde,
so ist ein einzelner Tod
   nicht der Rede wert.«

Das Hauptanliegen dieses Mannes war es noch, die Barbaren aus dem Land zu vertreiben.

Nachdem die zwanzig Männer eine Weile gewartet hatten, meldete ein Samurai des Fürstentums Hosokawa, daß es bis zum Zeitpunkt des Seppuku noch einiges dauern werde. Daraufhin beschloß man, den Tempel zu besichtigen. Als die Männer in den Hof traten, sahen sie, daß sich innerhalb wie außerhalb des Tempelgeländes viele Leute drängten. Zuschauer waren nicht nur aus Sakai, sondern auch aus Ōsaka, Sumiyoshi, Kawachi und anderen benachbarten Orten gekommen. Es war nicht möglich, sie aus dem Tempelgelände herauszuhalten. Auf dem Glockenturm standen mehrere Mönche des Tempels und blickten auf die Menge herab. Kakiuchi von der achten Kompanie sah sie und kletterte ebenfalls auf den Glockenturm. Er wandte sich an die Mönche:

»Meine Herren Mönche, macht bitte etwas Platz. Ich bin einer derjenigen, die heute durch Seppuku sterben werden. Einige meiner Gefährten schreiben Gedichte zum Abschied von der Welt, mir jedoch steht diese Kunst nicht zur Verfügung. Deshalb möchte ich als Abschiedsgruß an die Welt diese große Glocke schlagen. Platz da!« Und ohne auf eine Antwort zu warten, krempelte er die Ärmel hoch und nahm den großen Holzbalken, mit dem die Glocke geschlagen wird, zwischen die Hände. Erschrocken hielten ihn die Mönche an beiden Armen fest.

»Moment mal! Moment! Wer weiß, was für ein Durcheinander entsteht, wenn man in diesem Menschengewimmel die Glocke schlägt. Das laßt bitte sein!«

»Was denn! Es ist zur Erinnerung an einen Samurai, der sein Leben für sein Land hingibt. Laßt mich los!«

Es gab eine heftige Auseinandersetzung zwischen Kakiuchi und den Mönchen. Einige Gefährten Kakiuchis, die dies sahen, riefen ihm zu:

»Das ist doch etwas albern angesichts der ernsten Angelegenheit, die wir vor uns haben. Was bringt das: die Glocke schlagen und die Leute erschrecken? Überleg dir's gut!«

»Vielleicht habt ihr recht. Ich hab mich von einer Laune hinreißen lassen. Ja, ich laß es.« Damit gab Kakiuchi den Holzbalken frei. Einer der Gefährten, die Kakiuchi aufgehalten hatten, holte seine Börse hervor und gab den Mönchen das Geld: »Ich habe keinen Bedarf mehr dafür. Ich überlaß es euch, damit ihr für meine Seele betet.« Auch andere Gefährten waren, von dem Lärm der Auseinandersetzung zwischen Kakiuchi und den Mönchen angezogen, hinzugekommen.

»Hier noch was.«

»Und hier auch.«

Sie holten alles Geld, das sie bei sich hatten, hervor und legten es vor die Mönche hin. Einer fügte hinzu:

»Ich will allerdings nicht ins Paradies.«

Die Mönche nahmen das Geld und stiegen vom Glockenturm herab. Die Männer stiegen ebenfalls vom Glockenturm herab und meinten:

»Sollen wir nicht den Ort des Seppuku besichtigen?« Und sie traten in den mit Vorhängen abgetrennten Bezirk ein. Wachhabende Samurai des Fürstentums Hosokawa hielten sie zurück:

»Es ist besser, ihr geht nicht hinein.«

»Wieso? Keine Sorge. Wir machen euch keine Schwierigkeiten.« Damit ging die ganze Gruppe hinein.

Als Ort war der weite Platz vor der Haupthalle bestimmt. Ringsum waren Vorhänge mit dem Wappen des Hauses Yamanouchi aufgehängt. Und in der Mitte waren vier Bambusstangen aufgestellt, die eine Binsenmatte als Dach trugen. Auf dem Boden lagen zwei grobe Strohmatten, darauf zwei frische Tatami mit der Oberseite nach unten. Die Tatami waren mit weißem Baumwolltuch bedeckt, und darauf lag ein wollener Teppich. Daneben war ein Haufen solcher wollener Teppiche aufgestapelt, wohl um sie nach jedem Seppuku auszuwechseln. Neben dem Eingang stand ein niedriger Tisch, auf dem zahlreiche lange und kurze Schwerter aufgereiht waren. Als die Männer sich die Schwerter näher ansahen, erkannten sie ihre eigenen Schwerter, die ihnen in Nagabori abgenommen worden waren.

Sie traten wieder nach draußen. Jemand schlug vor, man solle bei der Gelegenheit doch auch die Gräber im Nebentempel Hōjuin besichtigen. So zogen sie alle zusammen dorthin. Es waren zwei Reihen Gräber ausgehoben. Vor jedem Grab stand ein großer Krug von sechs Fuß Höhe. An jedem war ein

Zettel mit einem Namen angebracht. Als sie die Zettel einzeln lasen, meinte Yokota zu Doi:

»Wir haben im Leben alles zusammen gemacht, und jetzt stehen auch unsere Krüge nebeneinander. Wir können uns also auch nach unserem Tode miteinander unterhalten.«

Doi sprang sofort in seinen Krug und rief:

»He, Yokota! Ich paß gut rein, was?«

Takeuchi meinte:

»Du hast es zu eilig. Du wirst noch früh genug von anderen hineingesteckt. Komm raus!«

Doi versuchte herauszukommen, aber das war schwerer als hineinzukommen. Der Rand war zu hoch und die Innenseite glatt. Yokota und Takeuchi kippten den Krug um und ließen Doi herauskriechen.

Die zwanzig Männer gingen zur Haupthalle zurück. Dort wurden von den Leuten der Fürstentümer Hosokawa und Asano Sake und Zukost bereitgehalten. Mehrere dutzend Leute, die aus der Stadt geholt worden waren, bedienten die Männer. Die Männer verbeugten sich und erhoben die Sake-Becher. Soldaten der beiden Fürstentümer kamen und baten um Gedichte. Sie waren neidisch auf den, der vorhin von Minoura ein chinesisches Gedicht bekommen hatte. Manche baten auch um irgendeinen persönlichen Gegenstand als Erinnerung. Einer nach dem anderen nahm den Pinsel in die Hand. Der eine oder andere schnitt sich, da er nichts besaß, was er zur Erinnerung hätte abgeben können, ein Stück Stoff vom Kragen oder vom Ärmel ab.

*

Der Beginn des Seppuku wurde schließlich auf Mittag zwölf Uhr festgelegt.

Zunächst betraten die Sekundanten das Zelt, in dem das Seppuku stattfinden sollte. Die Sekundanten waren am Abend vorher, als die Wachmannschaft die zwanzig Männer in der Residenz in Nagabori bewirtet hatte, jeweils durch persönliche Absprachen aus deren Kreis gewählt worden. Die

Namen der Sekundanten waren für die ehemals zur sechsten Kompanie gehörenden: für Minoura: Mabuchi Momotarō, für Ikegami: Kitagawa Reihei, für Sugimoto: Ike Shichirō, für Katsugase: Yoshimura Saikichi, für Yamamoto: Mori Tsunema, für Morimoto: Noguchi Kikuma, für Kitashiro: Takeichi Sukego, für Inada: Ebara Gennosuke, für Yanase: Kondō Shignosuke, für Hashizume: Yamada Yasunosuke, für Okazaki: Hijikata Yōgorō, für Kawatani: Takemoto Kennosuke, für die ehemals zur achten Kompanie gehörenden: für Nishimura: Kosaka Inui, für Ōishi: Ochiai Genroku, für Takeuchi: Kususe Ryūhei, für Yokota: Matsuda Hachiheiji, für Doi: Ike Shichirō, für Kakiuchi: Kumon Sahei, für Kanada: Tanigawa Shinji, für Takenouchi: Kitamori Kannosuke. Ike Shichirō war also als Sekundant für zwei Männer, für Sugimoto und Doi, vorgesehen. Alle Sekundanten hatten mit den Schnüren, die sonst die Schwertscheide am Gürtel halten, ihre Kimonoärmel hochgebunden. Sie saßen hinter dem Platz für das Seppuku.

Vor dem Zelt waren zwanzig Sänften aufgestellt. Damit sollten die Leichen zum Hōjuin geschafft werden. Die Leichen sollten aus den Sänften in die Krüge getan und so begraben werden.

Die offiziellen Beobachter waren der Präsident des Amtes für Auslandsangelegenheiten, Prinz Yamashina, die Beauftragten für Auslandsangelegenheiten, Generalmajor Date und Generalmajor Higashikuze, sodann die Würdenträger der Fürstenhäuser Hosokawa und Asano. Sie saßen auf Stühlen von Süden nach Norden blickend. Fukao vom Fürstentum Tosa saß auf der Nordseite und blickte nach Südosten. Der Oberinspektor Kominami und seine Untergebenen saßen im Nordwesten und blickten nach Osten. Der französische Gesandte saß mit mehr als zwanzig Soldaten, die Gewehre trugen, auf der dem Seppuku-Platz direkt gegenüberliegenden Westseite und blickten nach Osten. Außerdem waren Beamte aus Satsuma, Nagato, Inaba, Bizen und anderen Fürstentümern anwesend.

Samurai der Fürstentümer Hosokawa und Asano meldeten den zwanzig Männern, daß alles vorbereitet sei. Die zwanzig Männer bestiegen von der Veranda der Haupthalle aus die Sänften. Die Sänften wurden auf beiden Seiten von denselben Wachleuten begleitet wie bereits auf dem Weg von Ōsaka hierher. Die Sänften wurden vor dem abgesperrten Bezirk abgestellt. Ein Beamter entrollte das Namensverzeichnis und wollte gerade den ersten Namen aufrufen.

In diesem Moment bezog sich der Himmel und ein heftiger Regen begann zu fallen. Die Menschen, die innerhalb und außerhalb des Tempelgeländes versammelt waren, liefen lärmend unter die Bäume und Dachtraufen. Es war ein außerordentliches Durcheinander.

Das Seppuku wurde zunächst einmal aufgeschoben. Der Präsident des Amtes für Auslandsangelegenheiten und die anderen Offiziellen begaben sich in die Gebäude, um das Ende des Regens abzuwarten. Um zwei Uhr hörte es auf zu regnen. Um vier Uhr waren die Vorbereitungen ein zweites Mal so weit gediehen, daß man anfangen konnte.

Der Beamte mit der Namensrolle rief: »Minoura Inokichi!« Totenstille lag über dem Tempelgelände. Minoura ging zu dem Seppuku-Platz. Er trug einen Mantel aus schwarzem Taft und eine einfache Hakama. Sein Sekundant Baba stellte sich drei Fuß hinter ihm auf. Minoura verbeugte sich gegenüber Prinz Yamashina und den anderen Beamten, dann zog er den von einem Gehilfen herbeigebrachten Untersatz aus unbemaltem Holz zu sich heran und nahm das darauf liegende Kurzschwert in seine rechte Hand. Und dann dröhnte seine Stimme wie ein Donner:

»Franzosen, hört zu! Ich sterbe nicht für euch. Ich sterbe für Japan. Seht euch genau an, wie ein Japaner Seppuku vollzieht!« Minoura lockerte seinen Kimono, nahm das Kurzschwert in die rechte Hand und stieß es tief in die linke Bauchhälfte. Dann drückte er das Schwert drei Zoll nach unten, zog es nach rechts und dann wieder drei Zoll nach oben. Die Schneide drang tief ein, so daß die Wunde weit auseinanderklaffte. Minoura warf das Kurzschwert zur Seite, dann griff er mit der rechten Hand in die Wunde und zog die Gedärme hervor, wobei er die Franzosen wütend anstarrte.

Baba zog das Schwert und schlug auf seinen Nacken, kam aber nicht tief. Minoura schrie: »Baba, was ist? Ganz ruhig!«

Babas zweiter Hieb traf die Wirbelsäule, und es gab einen harten Ton. Minoura schrie wieder:

»Ich bin noch nicht tot. Tiefer! Schlag tiefer! Schlag tiefer!« Seine Stimme war noch lauter als vorher, sie war dreihundert Meter weit zu hören.

Den französischen Gesandten, der Minouras Verhalten von Anfang an aufmerksam verfolgt hatte, erfaßte zusehends Schrecken und Angst. Er vermochte sowieso kaum mehr ruhig dazusitzen; als nun in diesem so unerwarteten Augenblick diese so unerwartet laute Stimme ertönte, erhob er sich schließlich und stand hilflos da.

Mit Babas drittem Streich fiel der Kopf zu Boden.

Der als nächster aufgerufene Nishimura war ein ruhiger Mann, zum Minamoto-Clan gehörend, mit persönlichem Namen Ujiatsu. Sein Wohnsitz war das Dorf Enokuchi im Kreis Tosa. Er war Leibwächter des Fürsten mit vierzig Koku Einkommen. Geboren im Juli 1845, war er jetzt vierundzwanzig. Im August 1867 war er Kompanieführer geworden. Nishimura begab sich in Uniform zum Seppuku-Platz. Sorgfältig öffnete er die einzelnen Knöpfe. Dann nahm er das Kurzschwert, stieß es in seine linke Seite und zog es etwas nach rechts. Es war ihm offenbar nicht tief genug, deshalb stieß er es noch einmal tiefer hinein und zog es ruhig nach rechts. Der Sekundant war etwas nervös und wartete nicht, bis Nishimura ganz nach rechts gezogen hatte. Der Kopf flog sechs Meter weit.

Der nächste war Ikegami. Sein Sekundant war Kitagawa. Der nächste war Ōishi, ein auffällig großer Mann. Er strich sich zunächst mit beiden Händen mehrmals über den Bauch. Dann nahm er das Schwert, stieß es mit der rechten Hand in die linke Bauchseite, drückte die Schwertklinge dann mit der linken Hand nach unten und zog das Schwert schließlich mit beiden Händen nach rechts. Als er auf der rechten Seite angekommen war, zog er mit der linken Hand wieder die Schwertschneide nach oben. Dann legte er das Schwert rechts neben den Sitz, stützte sich auf beide Arme und rief: »Sekundant, ich bitte!« Der Sekundant Ochiai schlug daneben, und erst beim siebten Streich fiel der Kopf. Bei Ōishi schnitt das Schwert am besten, ohne zu stocken. Es war das vollkommene Seppuku.

Dann kamen Sugimoto, Katsugase, Yamamoto, Morimoto, Kitashiro, Inada und Yanase. Da Yanase das von links nach rechts gezogene Schwert noch einmal von rechts nach links zog, quollen die Gedärme aus der Wunde heraus. Der nächste war Hashizume, der zwölfte. Als Hashizume sich auf den Seppuku-Platz begab, war es ringsum schon dämmrig. In der Haupthalle des Tempels hatte man Laternen angezündet.

Der französische Gesandte hatte bis hierher extreme Unruhe gezeigt, war aufgestanden und hatte sich wieder hingesetzt. Diese Unruhe sprang zunehmend auf die mit Gewehren hinter ihm stehenden Soldaten über. Sie gaben die korrekte Haltung auf und flüsterten heftig gestikulierend miteinander. Gerade als Hashizume sich hingesetzt hatte, sagte der Gesandte irgend etwas, die Soldaten umringten ihn und die ganze Gruppe entfernte sich von den Beobachtersitzen. Ohne sich bei dem Prinzen und den Würdenträgern zu verabschieden, begaben sie sich eilig und ungeordnet aus dem abgesperrten Bezirk. Die Soldaten, die den Gesandten schützend in ihre Mitte genommen hatten, schritten über den Innenhof und wechselten, sobald sie vor dem Tempeltor waren, in Laufschritt über und rannten Richtung Hafen.

*

Hashizume hatte bereits seine Kleidung gelockert und das Kurzschwert in die Hand genommen. Da lief ein Beamter hinzu und rief: »Halt!« Hashizume hielt erschrocken inne, und der Beamte berichtete ihm, was auf den französischen

Beobachtersitzen geschehen war: er möge auf jeden Fall erst einmal warten. Hashizume begab sich zu den übriggebliebenen acht Männern und berichtete ihnen die Einzelheiten.

Wenn schon sterben, dann sofort – das war das Gefühl, das die neun Männer beherrschte. Die Verzögerung war ihnen unerträglich, und gleichzeitig wollten sie direkt mit denen reden, die sie jetzt aufhielten. Sie wollten die Begründung hören. Die neun Männer gingen zu Kominamis Platz und Hashizume sprach für die anderen:

»Warum haltet Ihr das Seppuku auf, welches wir auf kaiserlichen Befehl vollziehen? Wir sind gekommen, den Grund zu hören.«

Kominami antwortete:

»Eure Frage ist verständlich. Das Seppuku sollte im Beisein der Franzosen vollzogen werden. Da sich die Franzosen zurückgezogen haben, mußten wir das Seppuku abbrechen. Momentan sind die Hausältesten der Fürstentümer Satsuma, Nagato, Tosa, Inaba, Bizen, Higo und Aki auf dem Weg zu dem französischen Kriegsschiff. Bitte wartet auf euren Plätzen auf eine definitive Nachricht.«

Den neun blieb nichts anderes übrig, als sich zur Tempelhalle zu begeben. Die Samurai der Fürstentümer Hosokawa und Asano brachten das Abendessen und überredeten die Männer, welche behaupteten, nicht in Stimmung zum Essen zu sein, doch die Stäbchen in die Hand zu nehmen. Dann breiteten sie das Bettzeug aus und brachten sie dazu, sich hinzulegen. Gegen Mitternacht kamen Samurai der beiden Fürstentümer und meldeten den neun Männern das Kommen der Hausältesten der genannten sieben Fürstentümer. Die neun sprangen auf und begrüßten die Hausältesten. Von den sieben Hausältesten sprachen drei für die anderen: Was die neun Männer aus dem, was die drei Hausältesten nacheinander berichteten, entnahmen, war folgendes: Sie seien zu dem französischen Kriegsschiff gegangen und hätten nach dem Grund für den Auszug der Franzosen gefragt, worauf der französische Gesandte geantwortet habe, er habe mit Hochachtung gesehen, wie die Männer aus Tosa das eigene Leben gering geachtet und dem öffentlichen Wohl geopfert hätten. Da er aber diese grausame Szene nicht länger habe mit ansehen können, bitte er die japanische Regierung, den übriggebliebenen Männern das Leben zu schenken. Am nächsten Morgen werde man durch Generalmajor Date die Meinung der kaiserlichen Regierung erkunden. Sie möchten bitte keine Unruhe erregen und auf alle Fälle auf eine neue Anordnung warten. Die neun Männer nahmen diese Nachricht ehrerbietigst entgegen.

Zwei Tage später, am fünfundzwanzigsten, kamen Samurai der beiden Fürstentümer und berichteten den neun Männern, daß sie nach Ōsaka gebracht werden würden und daß Hashizume, Okazaki und Kawatani von der sechsten Kompanie dem Fürstentum Aki und Takeuchi, Yokota, Doi, Kakiuchi, Kanada und Takenouchi dem Fürstentum Higo übergeben werden sollten. In den großen Innenhof des Tempels wurden neun Sänften gebracht. Als die Gruppe in die Sänften steigen wollte, biß sich Hashizume in die Zunge, so daß ihm aus den Mundwinkeln Blut floß und er bewußtlos umfiel. Er konnte es nicht verwinden, daß seine Kameraden würdevoll gestorben waren, bei ihm aber dann die Sache ins Stocken geraten war. Glücklicherweise war die Wunde nicht lebensgefährlich. Die Leute des Hauses Asano schafften Hashizume und die zwei anderen in ihre Sänften, um sie, ehe es zu einem weiteren Zwischenfall käme, in größter Eile nach Ōsaka zu bringen. Die Leute des Hauses Hosokawa riefen ihnen zu, daß sie das Tempo verlangsamen möchten, aber die Leute des Hauses Asano wollten nicht hören. Schließlich verfielen die Träger des Hauses Hosokawa ebenfalls in Laufschritt.

Als sie in Ōsaka ankamen, wurden die neun Sänften zunächst einmal vor der Residenz in Nagabori abgesetzt. Kominami trat vor das Tor und redete auf Hashizume ein. Dann trennten sich die Leute der beiden Fürstentümer, und jede Gruppe nahm die ihnen übergebenen Männer mit. Hashizume wurde ein Arzt zugeteilt, von der Tosa-Residenz aus wurde ihm zudem ein Krankenpfleger mitgegeben.

*

Die neun Männer wurden von den beiden Häusern Hosokawa und Asano überaus zuvorkommend behandelt. Besonders beim Haus Hosokawa zeigte man außerordentliche Höflichkeit: nachdem ihnen 1703 die siebenundvierzig Rōnin aus Akō und 1860 die Rōnin aus Mito, die Ii Naosuke getötet hatten, zur Bewachung übergeben worden seien, sei dies nun das dritte Mal, daß sie mit einem so ehrenvollen Regierungsauftrag betraut worden seien. Man übergab den Männern eigens angefertigte gefütterte Kimonos aus gestreiftem Stoff als Nachtgewänder. Fußsoldaten machten ihnen die Betten mit dreifachen Matratzen. Jeden zweiten Tag wurde ihnen ein Bad bereitet. Man gab ihnen Handtücher und feine Papiertaschentücher. Zu allen drei Mahlzeiten erhielten sie gebratenen Fisch, den der Kompanieführer vorher auf seine Unbedenklichkeit hin vorprüfte. Nachmittags gab es Tee mit Süßigkeiten, mehrmals am Tag wurde Obst gereicht. Wenn jemand zur Toilette mußte, wachten zwei oder drei niedere Samurai auf dem Gang, und ein anderer niederer Samurai hielt einen kleinen Bottich mit Wasser zum Händewaschen bereit. Nachts war eine Wache bei ihnen. Wer sie besuchen kam, begrüßte sie, indem er die Stirn bis auf den Boden senkte. Sie bekamen Bücher zu lesen. Wenn einer krank war, kam ein Arzt, der die Medizin vor ihren Augen zubereitete. In allen Dingen wurden sie in dieser Weise mit größter Sorgfalt und Zuvorkommenheit behandelt.

Am 2. März kam eine Anweisung, daß ihnen die Todesstrafe erlassen werde und sie in ihre Heimat zurückgebracht würden. Am 3. kam ein Kompanieführer des Fürstentums Tosa mit Soldaten und holte die neun Männer, die den Häusern Hosokawa und Asano anvertraut worden waren. Die beiden Häuser bereiteten den Männern zum Abschied ein großzügiges Festessen. Am 14. schifften sich die neun in Begleitung eines Hilfsinspektors und zweier Aufsichtsbeamter an der Mündung des Kizugawa ein; am 15. segelten sie von Senbonmatsu ab und erreichten am 16. spät in der Nacht den Hafen von Urado in Tosa. Als sie am 17. Richtung Süd-Kontor zogen, standen von Matsugahana nach Westen bis Obiyamachi die Leute dicht an dicht, um die Männer von Sakai zu sehen. Im Süd-Kontor übergab der Hilfsinspektor die neun Männer den Aufsehern, die Aufseher übernahmen sie und übergaben sie den jeweiligen Verwandten. Jetzt erst sahen die Männer ihre Angehörigen wieder, denen sie ehemals Abschiedsbriefe und als Andenken ihre Haarlocken geschickt hatten.

Am 20. Mai wurden die neun Männer ins Süd-Kontor beordert. Die Männer selbst sollten sich dort um zehn Uhr morgens, ihre Väter oder Söhne, soweit vorhanden, um elf Uhr melden. Im Süd-Kontor trat ein Inspektor vor sie hin, und ein Hilfsinspektor las einen Erlaß vor, der aus drei Paragraphen bestand: Erstens, das Reisgehalt werde ihnen aberkannt und sie würden in die Gegend westlich des Flusses Watarikawa verbannt; es werde ihnen allerdings erlaubt, sich in Hakama und mit Schwertern dorthin zu begeben. Zweitens, wer einen Sohn habe, dessen Sohn werde als Soldat eingeschrieben und erhalte Verpflegung für zwei Personen und dazu vier Koku Reis. Drittens, wer keinen Sohn habe, bekomme als Unterstützung in der Verbannung Verpflegung für zwei Personen, die ihm aus dem Speicher von Nakamura, Kreis Hata, auszuzahlen sei. Die neun Männer berieten sich miteinander und ließen dann Hashizume für sie sprechen: Sie seien bereit gewesen, auf die Forderung der Franzosen hin für ihr Land zu sterben; ihnen sei Seppuku erlaubt worden, und sie seien als Samurai behandelt worden; dann sei ihnen auf die Fürsprache der Franzosen hin der Tod erlassen worden; sie seien also schuldlos und hätten Anspruch auf Behandlung als Samurai. Wieso würden sie dann verbannt? Solange ihnen der Grund hierfür nicht mitgeteilt werde, könnten sie sich nicht mit der Verbannung einverstanden erklären. Der Inspektor antwortete reichlich verlegen: Es sei verständlich, daß sie sich wunderten. Aber mit der Verbannung solle ihnen wohl etwas auferlegt werden, was den Schmerzen der elf Männer, die sich das Leben genommen hätten, vergleichbar sei. Sie möchten bitte die Verfügung, auch wenn es ihnen schwer falle, annehmen. Die neun Männer verzogen die Gesichter zu einem bitteren Lächeln: Der Tod der Elf bekümmere sie Tag und Nacht. Wenn die Verbannung so gemeint sei, daß sie etwas dem Schmerz jener Elf Entsprechendes auf sich nehmen sollten, so hätten sie keinerlei Einwände. Sie nähmen die Verfügung an.

Die neun Männer brachen in für Verbannte völlig ungewöhnlicher Aufmachung auf: Sie waren in Hakama gekleidet und trugen Schwerter. Durch den langen Arrest geschwächt, klagten sie nach kurzem Fußmarsch bereits im Dorf Asakura, Kreis Tosa, über Fußschmerzen und setzten die Reise in Sänften fort. Der Verbannungsort war das Dorf Nyūta im Kreise Hata. Der Dorfschulze Uga Sukenoshin organisierte die Unterbringung der neun Männer getrennt bei neun verschiedenen Bauern. Nach einigen Tagen jedoch wurden acht Männer in einem leeren Haus untergebracht, und nur Yokota kam woanders unter: Der Priester des zur Lotos-Sekte gehörenden Tempels Shinseiji im drei Meilen westlich gelegenen Dorf Arioka war ein Verwandter von ihm und nahm ihn deshalb bei sich auf.

Die neun Männer hielten im Tempel Shinseiji eine Seelenmesse für ihre elf toten Kameraden ab. Vom nächsten Tag an widmeten sie sich der Ausbildung der Dorfbewohner in zivilen und militärischen Künsten. Takeuchi lehrte die konfuzianischen Klassiker, Doi und Takenouchi unterrichteten Schwertkampf, die anderen jeweils andere Künste, die ihnen lagen.

In Nyūta brachen in jedem Jahr vom Sommer bis Anfang Herbst ansteckende Krankheiten aus. Im August des Jahres bekamen Kawatani, Yokota und Doi Fieber. Dois Frau kam aus ihrer Heimat, um ihn zu pflegen. Sie kam zu Fuß, Tag und Nacht in einem durchgehend. Der Sohn Yokotas, Tsunejirō, ein Junge von bloß neun Jahren, kam statt seiner kranken

Mutter den ganzen dreißig Meilen langen Weg alleine gewandert und kümmerte sich um seinen Vater. Diese beiden Kranken erholten sich langsam, Kawatani jedoch starb am 4. September mit sechsundzwanzig Jahren.

Am 17. November wurden die Neun vor den Inspektor zitiert. Die Überlebenden acht nahmen Abschied von dem Grab Kawatanis und verließen das Dorf Nyūta, um am 27. in Kōchi anzukommen. Sie begaben sich sofort ins Inspektoramt und erhielten dort jeder ein Schreiben: »Anläßlich der Thronbesteigung seiner Majestät des Kaisers wird dem N.N. die Heimkehr in seinen Wohnort gestattet. Des weiteren wird er als Vater des Soldaten XY registriert, und die bisherigen Dienstjahre werden angerechnet.« D.h. die acht Männer waren anläßlich der Thronbesteigung des Kaisers Meiji im August amnestiert worden. »Soldaten« bedeutete gemeine Soldaten. Die Behandlung als Samurai wurde also schließlich wieder aufgehoben.

*

Für die elf Männer, die im Myōkokuji gestorben waren, errichtete das Fürstentum Tosa im Hōjuin elf Grabsteine. Die Steine stehen in einer Reihe von Minowa bis Yanase. Unter der hinteren Veranda der Haupthalle des Hōjuin stehen die neun Krüge umgekehrt auf groben Steinblöcken. Sie erinnern an die neun Männer, deren Leichen eigentlich darin begraben werden sollten. In Sakai nennt man die elf Grabsteine »die Bedauernswerten«, die neun Krüge »die Davongekommenen«, und noch immer pilgern Besucher zu dieser Stätte. Von den elf Männern hatte Minoura keinen männlichen Nachkommen, weshalb die Familienlinie vorübergehend abbrach. Am 8. März 1870 wurde jedoch einem entfernten Verwandten, dem zweiten Sohn des Minoura Kōzō, Kusukichi, die Fortführung der Familie übertragen. Er wurde dem unteren dritten Rang zugeordnet mit einem Gehalt von 7,3 Koku. Weiter wurde auf Antrag Kōzōs dem Kusukichi die Tocher des Inokichi zur Frau gegeben.

Der Vater des Nishimura, Seizaemon, war früh gestorben. Da der Großvater Katsuhei noch lebte, wurde er zum Hausvorstand bestimmt, später wurde ein Adoptivsohn aus der verwandten Familie Kakehi angenommen.

Die Söhne der Leutnants und der Soldaten wurden, obgleich sie noch klein waren, zum größten Teil als einfache Soldaten registriert und dienten später in der Armee.

DAS LETZTE WORT
(1915)

Es geschah am 23. November des Jahres 1738. In Ōsaka wurde eine Holztafel mit einer öffentlichen Bekanntmachung aufgestellt, die besagte, daß der Schiffer Katsuraya Tarobē verurteilt sei, öffentlich zur Schau gestellt und anschließend geköpft zu werden. Während man überall in der Stadt von Tarobē redete, lebte Tarobēs Familie, welche diesen Vorgang am schmerzlichsten empfinden mußte, in ihrem Haus an der Horie-Brücke im Stadtbezirk Minamigumi seit nunmehr zwei Jahren nahezu ohne jeden Verkehr mit der Umwelt.

Überbracht wurde diese Nachricht, welche zu erwarten gewesen war, dem Hause Katsuraya durch die in der Nähe, im Viertel Hiranomachi, wohnende Mutter der Ehefrau Tarobēs. Diese weißhaarige alte Frau wurde im Hause Katsuraya die »Oma in Hiranomachi« genannt. »Oma« riefen die fünf Kinder des Hauses Katsuraya ihre Großmutter, die ihnen immer etwas Gutes als Geschenk mitbrachte. Schließlich nannte sie auch der Hausherr und dann auch seine Ehefrau so.

Das Haus Katsuraya hatte fünf Kinder, welche sehnsüchtig auf die Oma warteten, es genossen, von der Oma verwöhnt zu werden, und ständig an ihrem Schürzenzipfel hingen. Vier davon waren während der sechzehn Jahre geboren worden, seit die Tochter der »Oma« als Braut in das Haus Katsuraya gekommen war. Die älteste Tochter Ichi war sechzehn Jahre alt, die zweite Tochter Matsu vierzehn. Als nächstes kam der zwölfjährige Chōtarō, welchen Tarobē als Kleinkind von Verwandten seiner Frau adoptiert hatte, mit der Absicht, ihn mit einer seiner Töchter zu verheiraten. Als nächstes war wieder eine Tochter geboren worden, Toku, welche jetzt acht war. Schließlich kam der erste Sohn Tarobēs, Hatsugorō. Er war sechs Jahre alt.

Die Familie seiner Frau in Hiranomachi war wohlhabend. So fielen die Geschenke, die die Großmutter ihren Enkeln mitbrachte, immer zu deren Zufriedenheit aus. Seit Tarobē im vorletzten Jahr ins Gefängnis geworfen worden war, waren die Kinder jedoch immer häufiger von den Geschenken enttäuscht. Denn die Großmutter brachte nun hauptsächlich Dinge von alltäglichem Nutzen mit, während Spielzeug und Süßigkeiten immer seltener wurden.

Aber die Kinder, deren Leben ja gerade erst begann, waren voller Energie und Lebensfreude. Sie gewöhnten sich nach einiger Zeit nicht nur daran, daß die Geschenke der Großmutter spärlicher wurden, sondern auch daran, daß ihre Mutter immer übelgelaunt war. Die Kinder machten keinen besonders niedergedrückten Eindruck und lebten unverändert ihr Leben, voller ständig wechselnder kleiner Streitereien und Versöhnungen. Und statt auf ihren Vater zu warten, der, wie ihnen gesagt worden war, »weit, weit fortgegangen« sei »und nicht mehr heimkehren« würde, freuten sie sich auf die Besuche der Großmutter.

Ganz anders Tarobēs Frau: Von dem Moment an, da das Unglück über die Familie gekommen war, gab sie sich ganz ihren ständig gleichen Gewissensbissen und ihrem Schmerz hin und vermochte an nichts anderes mehr zu denken. Selbst ihrer Mutter gegenüber, die sie großzügig unterstützte und mitfühlend tröstete, zeigte sie kaum Dankbarkeit. Jedesmal, wenn die Mutter kam, wiederholte sie die ganze Zeit über die gleichen nutzlosen Klagen.

In der ersten Zeit, nachdem das Unglück über sie gekommen war, starrte sie nur geistesabwesend vor sich hin. Die Mahlzeiten bereitete sie mechanisch für die Kinder vor, aß selbst jedoch fast gar nichts. Sie klagte ständig über Durst und trank dann jedesmal etwas heißes Wasser. Abends fiel sie vor Erschöpfung in tiefen Schlaf, wachte dann aber gleich wieder auf und seufzte vor sich ihn. Manchmal stand sie dann auf und nähte oder beschäftigte sich mit etwas Ähnlichem. Der vierjährige Hatsugorō bemerkte in solchen Fällen als erster, daß seine Mutter nicht neben ihm lag. Danach wachte die sechsjährige Toku auf. Die Mutter legte sich dann, von ihren Kindern gerufen, wieder hin. Wenn die Kinder beruhigt einschliefen, lag sie wieder da, mit weit geöffneten Augen und tief aufseufzend. Nach einigen Tagen war sie endlich in der Lage, ihrer Mutter gegenüber zu jammern und zu weinen. Zwei ganze Jahre waren seitdem vergangen, in denen Tarobēs Frau nur mechanisch ihre Arbeit verrichtet und dabei in immer derselben Art geklagt und geweint hatte.

An dem Tag, an dem die Tafel mit der öffentlichen Bekanntmachung aufgestellt worden war, kam ihre Mutter kurz nach Mittag und erzählte ihr, daß Tarobēs Schicksal entschieden sei. Aber Tarobēs Frau erschrak nicht so heftig, wie ihre Mutter gefürchtet hatte. Sie hörte sich die Nachricht an und wiederholte dann ihre üblichen Klagen und weinte. Die Mutter war sogar etwas enttäuscht über ihre schwache Reaktion. Währenddessen stand die älteste Tochter Ichi hinter einer Schiebetür und hörte, was die Großmutter berichtete.

*

Folgendes Unglück hatte nämlich das Haus Katsuraya befallen: Der Hausherr Tarobē war Schiffer, fuhr aber nicht selbst zur See. Er besaß ein regelmäßig nach Norden fahrendes Schiff und betrieb ein Transportunternehmen, indem er das Schiff einem Mann namens Shinshichi anvertraute. In Ōsaka nannte man einen Mann wie Tarobē einen »Heimatkapitän«. Der »Heimatkapitän« Tarobē beschäftigte den »Seekapitän« Shinshichi.

Im Herbst des Jahres 1736 segelte das Schiff Shinshichis mit einer Ladung Reis von Akita in der Provinz Dewa los. Unglücklicherweise kam das Schiff unterwegs in einen Sturm und drohte unterzugehen, wobei mehr als die Hälfte der Ladung über Bord ging. Shinshichi verkaufte den restlichen Reis und brachte das Geld heim nach Ōsaka.

Shinshichi sagte Tarobē: In allen Häfen sei bekannt, daß ihr Schiff in Seenot geraten sei. Es sei deshalb nicht nötig, das Geld, das er für den restlichen Reis bekommen habe, dem Besitzer der Ladung zurückzuzahlen. Man könnte es doch für die Ausrüstung eines neuen Schiffes verwenden. Tarobē hatte sein Geschäft bisher ehrlich betrieben. Als er aber nun, kurz nach einem großen geschäftlichen Verlust, Bargeld vor sich sah, trübte sich plötzlich der Spiegel seines Gewissens, und er nahm das Geld an sich.

Der Eigentümer der Reisladung in Akita erhielt die Nachricht von dem Schiffbruch, hörte danach aber über Dritte, daß es eine Restladung gegeben habe, und daß jemand diese gekauft habe. Er schickte also jemanden los, um der Sache nachzugehen, und er erfuhr sogar die genaue Summe, die Shinshichi Tarobē übergeben hatte.

Der Eigentümer ging nach Ōsaka und strengte die Klage an. Shinshichi tauchte unter. Tarobē wurde ins Gefängnis geworfen und schließlich zum Tode verurteilt.

*

Es geschah in der Nacht, nachdem die Oma aus Hiranomachi mit der schrecklichen Nachricht gekommen und von der ältesten Tochter Ichi belauscht worden war. Die Mutter schlief fest, nachdem sie wie üblich vor sich hin gejammert und geweint hatte und wie üblich erschöpft eingeschlafen war. Rechts und links von der Mutter schliefen Hatsugorō und Toku. Neben Hatsugorō schlief Chōtarō; neben Toku schlief Matsu, daneben Ichi.

Sie schliefen bereits eine Weile, da schien Ichi in ihrem Bett mit sich selbst zu reden. Es hörte sich an wie: »Ja, so geht's bestimmt.«

Matsu bemerkte dies und sagte: »Schwester, schläfst du noch nicht?«

»Nicht so laut! Ich habe eine gute Idee.« Nachdem Ichi ihre jüngere Schwester ermahnt hatte, leise zu sein, sagte sie ihr flüsternd folgendes: Vater solle übermorgen getötet werden. Sie glaube, das verhindern zu können, und zwar indem sie eine Bittschrift an den Herrn Gouverneur schreibe. Es würde aber nicht genügen, einfach nur zu bitten, Vater nicht zu töten. Sie wolle bitten, ihn zu verschonen und stattdessen sie, die Kinder, zu töten. Hauptsache sei, daß der Herr Gouverneur ihre Bitte erhöre und Vater verschone. Ob die Kinder wirklich alle getötet würden, oder nur Ichi selbst, den Kleinen jedoch das Leben geschenkt werde, das wisse sie nicht. In der Bittschrift werde sie nur schreiben, daß Chōtarō nicht mit ihnen zusammen getötet werden möge. Chōtarō sei kein wirklicher Sohn ihres Vaters, und er brauche nicht zu sterben. Außerdem habe Vater gesagt, daß er Erbe des Hauses werden solle. Das war alles, was Ichi ihrer jüngeren Schwester sagte.

»Aber ich habe Angst«, meinte Matsu.

»Willst du denn nicht, daß Vater gerettet wird?«

»Natürlich will ich, daß er gerettet wird.«

»Eben! du brauchst mir nur zu folgen und alles genauso zu machen wie ich. Ich schreibe in dieser Nacht die Bittschrift und morgen früh bringen wir sie hin, ja?«

Ichi stand auf und schrieb die Bittschrift in Hiragana-Zeichen auf das Papier, das sie sonst für die Reinschrift ihrer Kalligraphieübungen gebrauchte. Es ging nur darum, zu bitten, daß ihr Vater verschont werde und stattdessen sie selbst und ihre kleineren Schwestern Matsu und Toku, dazu der kleine Bruder Hatsugorō hingerichtet würden. Allein dem adoptierten Bruder Chōtarō möge bitte das Leben geschenkt werden. Da sie aber nicht wußte, wie sie dies am besten formulieren sollte, begann sie immer wieder von neuem und warf das Geschriebene weg, so daß nur noch wenig von dem guten Papier übrig blieb, welches sie für ihre Kalligraphieaufgaben bekommen hatte. Aber schließlich, als der erste Hahn krähte, war die Bittschrift fertig.

Während Ichi die Bittschrift schrieb, war Matsu wieder eingeschlafen. Ichi weckte sie leise, und half ihr, ihren Kimono anzuziehen, welcher neben dem Bett zusammengelegt war. Dann machte sie sich selbst fertig.

Die Mutter und Hatsugorō schliefen, ohne etwas zu bemerken. Chōtarō wachte auf und sagte: »Schwester, ist schon Morgen?«

Ichi hockte sich neben Chōtarōs Bett und flüsterte: »Es ist

noch früh. Schlaf noch etwas. Wir gehen derweil ganz leise in einer für Vater wichtigen Angelegenheit wohin.«

»Dann geh ich auch«, sagte Chōtarō und richtete sich abrupt auf.

»Na gut, dann steh auf. Ich helf dir beim Anziehen. Du bist zwar klein, aber doch ein Junge. Es ist besser, wenn du mitgehst.«

Die Mutter nahm die Bewegung um sie herum wie im Traume wahr und drehte sich unruhig im Bett herum, wachte aber nicht auf.

Als die drei Kinder sich heimlich aus dem Hause schlichen, krähte gerade der zweite Hahn. Draußen war Reif gefallen. Sie begegneten einem Nachtwächter mit einer Laterne, der die Holzklapper schlug, und Ichi fragte ihn nach dem Weg zum Amtssitz des Gouverneurs. Der Alte war ein freundlicher, verständiger Mann und hörte sich die Geschichte der Kinder aufmerksam an. Er erklärte ihnen sorgfältig den Weg zum westlichen Gouverneursamt, welches in diesem Monat die Verwaltung von Ōsaka leitete. Die damaligen Stadtgouverneure waren im Ostamt Inagaki Awaji no kami Tanenobu, im Westamt Sasa Matashirō Narimune. Im November übte Sasa, der Gouverneur im Westamt, das Amt aus.

*

Noch während der alte Mann den Weg erklärte, sagte Chōtarō: »Dann weiß ich, wo's ist!« So gingen die Kinder mit Chōtarō an der Spitze los.

Als sie endlich beim Westamt ankamen, war das Tor noch geschlossen. Sie traten unter das Fenster der Pförtnerwohnung, und Ichi rief mehrmals: »Hallo!«

Nach einer ganzen Weile öffnete sich das Fenster und ein Mann, welcher wohl vierzig sein mochte, blickte heraus: »Was macht ihr für einen Lärm? Was ist los?«

»Wir haben eine Bitte an den Herrn Gouverneur.« Ichi machte bei diesen Worten eine tiefe Verbeugung.

»So, so« – Der Mann begriff offensichtlich nicht, was Ichi sagte.

Ichi wiederholte ihr Anliegen.

Endlich schien er zu verstehen: »Kinder können nicht mit dem Gouverneur reden. Eure Eltern sollen kommen.«

»Das geht nicht. Unser Vater soll morgen hingerichtet werden. Deswegen haben wir eine Bitte.«

»Was? Morgen hingerichtet? Dann seid ihr die Kinder des Katsuraya Tarobē?«

»Ja«, antwortete Ichi.

»Hm« – der Mann überlegte etwas, dann sagte er: »Verdammt nochmal. Nicht mal die Kinder haben Respekt vor der Obrigkeit. Der Gouverneur empfängt euch nicht. Geht heim. Los, los!« Damit schloß er das Fenster.

Matsu sagte zu ihrer älteren Schwester: »Komm wir gehen heim. Er schimpft so.«

Ichi sagte: »Sei still. Wir gehen nicht heim, egal wie wir geschimpft werden. Tut genau das gleiche wie ich.« Ichi hockte sich vor das Tor. Matsu und Chōtarō hockten sich hinter ihr hin.

Die Kinder mußten ziemlich lange warten, bis das Tor aufging. Endlich hörte man, wie der Torriegel zurückgeschoben wurde, und das Tor öffnete sich. Geöffnet wurde das Tor von dem Mann, der vorhin aus dem Fenster geschaut hatte.

Ichi stand als erste auf und ging durch das Tor. Matsu und Chōtarō gingen direkt hinter ihr hinein.

Da Ichi ruhig und wie selbstverständlich hineinging, machte der Pförtner nicht sofort Anstalten, sie aufzuhalten. Er blickte einen Moment lang hinter den Kindern her, welche in Richtung auf den Eingang des Amtsgebäudes gingen, bis er schließlich wieder zu sich kam und ihnen zurief: »Heda!«

»Was ist?« sagte Ichi, blieb stehen und drehte sich um.

»Was macht ihr da? Hab ich euch nicht vorhin gesagt, ihr sollt heimgehen?«

»Ja, das habt Ihr gesagt. Aber wir werden auf keinen Fall heimgehen, ehe man nicht unsere Bitte angehört hat.«

»Was? Was für eine Unverschämtheit! Auf jeden Fall könnt ihr da nicht rein. Kommt hierher!«

Die Kinder wandten sich um und gingen zur Pförtnerloge. Gleichzeitig kamen aus einem Raum neben dem Tor einige Wachhabende und umringten die Kinder: »Was ist? Was ist los?« Ichi schien geradezu darauf gewartet zu haben. Sie hockte sich sofort auf den Boden, holte das Schriftstück hervor und hielt es dem ihr zunächst stehenden Wachsoldaten hin. Matsu und Chōtarō hockten sich ebenfalls hin und verbeugten sich bis auf die Erde.

Der Wachsoldat, dem das Schriftstück hingehalten wurde, schien zu schwanken, ob er es annehmen sollte oder nicht, und blickte schweigend auf Ichis Gesicht herab.

»Ich bitte Euch!«, sagte Ichi.

Der Pförtner erklärte: »Das sind die Kinder des Katsuraya Tarobē, der an der Mündung des Kizugawa zur Schau gestellt wird. Sie sagen, sie wollten um das Leben ihres Vaters bitten.«

Der Wachsoldat sah seine Kollegen an: »Ich denke, wir nehmen auf jeden Fall mal das Schriftstück in Verwahrung und fragen im Amt nach.«

Damit nahm er Ichi die Bittschrift ab und ging ins Amtsgebäude.

*

Von den beiden Gouverneuren war der Gouverneur des Westamtes, Sasa, ein Neuling im Amt. Er war noch kein Jahr in Ōsaka und erledigte alle Amtsgeschäfte, indem er sich mit seinem Mitgouverneur Inagaki beriet und beim Burgvogt von Ōsaka nachfragte. So hatte ihm die Gerichtsverhandlung gegen Katsuraya Tarobē, seit er die Angelegenheit von seinem Vorgänger übernommen hatte, schwer auf der Seele gelegen. Als die der Hinrichtung vorausgehenden Formalitäten endlich abgeschlossen waren, war ihm, als ob eine schwere Last von seinen Schultern genommen sei.

Als jetzt der Wachsoldat kam und berichtete, daß jemand um das Leben des Verurteilten bitte, da empfand Sasa dies als äußerst unwillkommene Störung einer kurz vor dem Abschluß stehenden Angelegenheit.

»Wer ist denn gekommen?«, fragte Sasa unwillig.

»Zwei Töchter des Tarobē und sein ältester Sohn. Die ältere Tochter will eine Bittschrift einreichen. Ich habe das Schreiben hier mitgebracht. Wollt Ihr es sehen?«

»Die Regierung hat ja öffentliche Beschwerdekästen eingerichtet. Ich werde das Schreiben in Empfang nehmen, wenn es ordnungsgemäß eingereicht wird. Er soll der Tochter sagen, daß es bestimmte Formalitäten gibt, die einzuhalten sind. Da er das Schreiben aber bei sich hat, will ich's einmal inoffiziell in Augenschein nehmen.«

Der Wachsoldat legte die Bittschrift vor Sasa hin. Sasa öffnete das Schreiben und las. Er machte dabei ein mißtrauisches Gesicht. »Ichi ist wohl die ältere Tochter? Wie alt?«

»Ich habe nicht gefragt. Aber sie sieht aus wie vierzehn oder fünfzehn.«

»Hm –« Sasa betrachtete eine Weile lang das Schriftstück. Es war in ungelenken Hiragana-Zeichen geschrieben, aber es war klar und logisch angelegt. Auch für einen Erwachsenen würde es nicht leicht sein, eine solche Angelegenheit in einem so kurzen Text darzustellen. In Sasa keimte der Verdacht auf, daß ein Erwachsener den Text diktiert habe. Und er überlegte, ob die Sache nicht vielleicht von jemandem ausgehe, der die Obrigkeit zu betrügen versuche.

Dann dachte er nach, was zunächst zu tun wäre. Tarobē sollte bis zum Abend des nächsten Tages öffentlich zur Schau gestellt bleiben. Bis zur Hinrichtung war also noch Zeit. Bis dahin konnte er sich noch mit seinem Kollegen bereden und bei seinem Vorgesetzten anfragen, ob die Bittschrift anzunehmen sei oder nicht. Und falls Betrug im Spiele wäre, könnte man das, während man die Bittschrift den normalen Gang gehen lasse, herausfinden. Auf jeden Fall waren die Kinder nach Hause zu schicken. Das waren Sasas Überlegungen.

Darauf sagte er dem Wachsoldaten: Er habe inoffiziell einen

Blick in die Bittschrift geworfen. Da sie aber nicht an den Gouverneur zu richten sei, sollten die Bittsteller sie wieder mitnehmen und bei dem Stadtältesten abgeben.

Der Wachsoldat berichtete Sasa, wie der Pförtner versucht habe, die Kinder heimzuschicken, und wie diese sich geweigert hätten, nach Hause zu gehen. Dann solle man, meinte Sasa, den Kindern Süßigkeiten geben und sie so überreden heimzugehen. Falls das auch nichts nütze, befahl er, sie mit Gewalt nach Hause zu bringen.

Nachdem der Wachsoldat gegangen war, kam der Burgvogt Ōta Bichū no kami Sukeharu. Es war kein offizieller Besuch; er kam in einer privaten Angelegenheit. Als Ōtas Anliegen erledigt war, berichtete ihm Sasa, daß es eben ein so und so gelagertes Gesuch gegeben habe, und daß er selbst so und so darüber denke. Gleichzeitig bat er um Anweisung.

Ōta hatte auch keinen konkreten Vorschlag. Er stimmte Sasa bei und entschied, daß nach Mittag im Beisein von Inagaki, dem Gouverneur vom Ostamt, die fünf Bürgerältesten die Kinder des Katsuraya Tarobē vorführen sollten. Sasas Verdacht, daß Betrug im Spiele sei, halte er für wohlbegründet. Deshalb solle man an der Vernehmungsstätte Folterwerkzeuge aufstellen. Damit sollten die Kinder eingeschüchtert und zum Bekennen der Wahrheit gebracht werden.

Gerade als sie soweit gekommen waren, kam der Wachsoldat von vorhin und wartete im Türeingang darauf, daß er gefragt werde.

Sasa wandte sich ihm zu: »Wie ging's? Sind die Kinder heimgegangen?«

»Es war, wie Ihr vermutet habt. Wir haben versucht, die Kinder mit Süßigkeiten zu beruhigen und heimzuschicken. Aber die Tochter namens Ichi wollte nicht hören. Schließlich haben wir ihr die Bittschrift vorne in den Kimono gestopft und die Kinder nach Hause abgeführt. Die kleine Schwester hat auf dem Heimweg die ganze Zeit geweint, aber Ichi nicht.«

»Scheint ja ein ziemlich hartnäckiges Mädchen zu sein«, meinte Itagaki und wandte sich dabei zu Sasa herüber.

*

Es war am 24. November gegen drei Uhr nachmittags. Die Vernehmungsstätte des Gouverneurs bot einen feierlichen Anblick. Im Inneren des Amtsgebäudes saßen die beiden Gouverneure nebeneinander. Etwas tiefer im Raum war seitwärts ein besonderer Sitz aufgestellt, auf dem der Burgvogt saß und die Vernehmung unauffällig verfolgte. Auf der Veranda vor dem Raum saß der Wachsoldat, dem die Vernehmung übertragen war, zusammen mit einem Sekretär.

In dem von grimmig dreinblickenden Hilfspolizisten mit Lanzen und Hellebarden abgesperrten Hof waren alle möglichen Foltergeräte aufgestellt. Dorthin kamen die fünf Bürgerältesten mit der Frau des Katsuraya Tarobē und seinen fünf Kindern.

Das Verhör begann bei der Frau des Tarobē. Die Fragen nach Name und Alter beantwortete sie noch, auf alles andere antwortete sie nur mit »Ich weiß von nichts« und »Ich bitte um Entschuldigung«. Sonst sagte sie nichts.

Als nächste wurde die älteste Tochter Ichi verhört. Für eine Sechzehnjährige sah sie etwas zu jung aus: ein schmales, kleines Mädchen. Sie zeigte aber keinerlei Angst und machte eine klare, zusammenhängende Aussage: wie sie heimlich die von der Großmutter überbrachte Nachricht gehört habe; wie sie nachts im Bett auf die Idee mit der Bittschrift gekommen sei; wie sie ihre jüngere Schwester Matsu eingeweiht und ermuntert habe; wie sie die Bittschrift geschrieben habe; und wie Chōtarō aufgewacht sei, und wie sie ihm deshalb erlaubt habe mitzugehen; wie sie sich nach der Adresse des Gouverneursamts erkundigt hätten und wie sie die Wachsoldaten gebeten hätten, die Bittschrift weiterzuleiten, und sie mit Gewalt wieder zurückgeschickt worden seien. Auf alle Fragen gab sie klar Antwort und berichtete, was sich seit dem Vortage zugetragen hatte.

»Dann hast du also außer mit Matsu mit niemandem darüber gesprochen?« fragte der vernehmende Wachsoldat.

»Ich habe mit niemandem darüber gesprochen. Auch Chōtarō habe ich nicht in die Einzelheiten eingeweiht. Ich habe ihm nur gesagt, daß wir um Vaters Leben bitten wollten. Als wir vom Amt heimkamen und zu den Bürgerältesten gingen, um dort vorzubringen, daß wir vier unser Leben hingeben wollten und bäten, daß dafür Vater das Leben geschenkt werde, da sagte Chōtarō, dann wolle auch er sein Leben hingeben, und schließlich brachte er mich dazu, für ihn allein eine gesonderte Bittschrift zu verfassen, welche er mitgebracht hat.«

Als Ichi dies vortrug, holte Chōtarō das Schreiben hervor und hielt es vor sich hin.

Auf ein Zeichen des Vernehmenden hin nahm einer der Hilfspolizisten das Schreiben aus der Hand Chōtarōs und gab es zur Veranda hinüber.

Der Vernehmende öffnete es und verglich es mit dem Schreiben von Ichi. Die Bittschrift Ichis hatte man vor der Vernehmung von den Bürgerältesten abliefern lassen.

In Chōtarōs Bittschrift stand, in der gleichen Handschrift wie die der ersten Bittschrift, er wolle zusammen mit seinen Geschwistern an Stelle seines Vaters sterben.

Der Vernehmende rief: »Matsu!« Aber Matsu bemerkte nicht, daß sie angesprochen war. Erst als Ichi ihr sagte: »Du bist aufgerufen worden«, hob Matsu ihr ängstlich gesenktes Gesicht und sah zu der Veranda auf.

Der Vernehmende fragte: »Du willst also mit deiner Schwester zusammen sterben?«

Matsu antwortete »Ja« und nickte.

Als nächsten rief der Vernehmende: »Chōtarō!«

Chōtarō antwortete sofort: »Hier!«

»Du willst, wie hier steht, mit deinen Geschwistern sterben?«

»Wenn alle sterben, will ich nicht allein leben bleiben.« Chōtarō sprach klar und deutlich.

»Toku!« rief der Vernehmende. Da die Geschwister nach dem Alter aufgerufen wurden, merkte Toku sofort, daß sie dran war. Sie starrte mit weit aufgerissenen Augen den vernehmenden Beamten an.

»Und du magst auch sterben?«

Toku schwieg und blickte dem Beamten ins Gesicht. Währenddessen wich das Blut aus ihren Lippen und ihre Augen füllten sich mit Tränen.

»Hatsugorō!« rief der Vernehmende. Nach einer Pause blickte der jüngste, gerade erst sechs Jahre alte Sohn schweigend zu dem Beamten auf. »Und wie steht's mit dir? Willst du sterben?« Auf diese Frage hin schüttelte Hatsugorō heftig den Kopf. Die Leute im Amtsraum mußten unwillkürlich lächeln.

Da trat Sasa bis zur Veranda vor und rief: »Ichi!«

»Hier!«

»Du scheinst die Wahrheit gesprochen zu haben. Falls in dem, was du gesagt hast, aber auch nur der kleinste Fehler ist, falls jemand dich angestiftet hat oder falls du dich mit jemandem beraten hast, dann sag es jetzt sofort. Wenn du etwas verbirgst, dann werde ich mit den dort aufgestellten Werkzeugen dich foltern lassen, bis du die Wahrheit sagst.« Dabei wies Sasa auf die Folterwerkzeuge.

Ichi blickte kurz in die Richtung, in die Sasa gewiesen hatte, und sagte dann: »Nein, was ich gesagt habe, ist die Wahrheit.« Ihr Blick war dabei kühl und sie sprach ganz ruhig.

»Gut – dann will ich dich noch etwas fragen: Wenn eure Bitte erfüllt wird, an die Stelle eures Vaters zu treten, dann werdet ihr sofort getötet. Ihr könnt dann euren Vater vorher nicht noch einmal sehen. Bist du auch damit einverstanden?«

»Ja, damit bin ich einverstanden.« Sie antwortete in dem gleichen kühlen Ton und fügte dann, nach einer Pause, als sei ihr noch etwas eingefallen, hinzu: »Denn die Obrigkeit macht keine Fehler.«

In Sasas Gesicht zeigte sich der Ausdruck heftigen Erschreckens, wie bei jemandem, der plötzlich angegriffen wird, verschwand aber sofort wieder. Sein Blick, der nun strenger war, war auf Ichis Gesicht gerichtet. Vielleicht sollte man sagen: In seinen Augen stand mit Widerwillen gemischtes Erschrecken geschrieben. Sasa sagte jedoch nichts.

Er flüsterte etwas zu dem Vernehmenden, der sich kurz darauf an die Bürgerältesten wandte: »Ihr werdet nicht mehr gebraucht. Entfernt euch!«

Während er den Kindern nachblickte, welche sich über den weißen Kies der Vernehmungsstätte zurückzogen, meinte Sasa zu Ōta und Inagaki: »Was aus denen nochmal werden wird! Es sieht schlimm aus.« In seinem Herzen war nicht mehr das Bild der bemitleidenswerten, sich für ihren Vater einsetzenden Tochter und auch nicht mehr das Bild der durch fremde Leute verführten Kinder. Nur das eiskalte, messerscharfe letzte Wort Ichis zitterte in ihm nach. Ein Beamter des Hauses Tokugawa um diese Zeit kannte selbstverständlich nicht das europäische Wort *Martyrium*, und in einem damaligen Lexikon gab es auch nicht die japanische Übersetzung »kenshin«. Deshalb wußte Sasa nichts von diesem Moment, welches in der Seele des Menschen, ob alt oder jung, ob Mann oder Frau, existiert und eben hier in der Tochter des Verurteilten Tarobē wirksam war. Allerdings: die im Opfer verborgene Speerspitze der Rebellion traf nicht nur Sasa, der mit Ichi gesprochen hatte, sondern alle Beamten, die beim Verhör anwesend gewesen waren.

*

Der Burgvogt und die beiden Gouverneure sahen Ichi als ein »seltsames Mädchen« an, wobei sich unter dies Gefühl auch noch die abergläubische Vorstellung mischte, daß sie irgendwie besessen sei. So empfanden sie dieser so vorbildlich pietätvollen Tochter gegenüber nur wenig Mitleid. Aber die damaligen primitiven Institutionen der Verwaltung und Rechtsprechung funktionierten auf ihre natürliche Weise, und Ichis Bitte wurde unerwarteterweise erfüllt. Die Bestrafung des Katsuraya Tarobē wurde »wegen Rückfrage in Edo aufgeschoben«. Dies teilte man am Tage nach der Untersuchung den Bürgerältesten mit. Danach wurde am 2. März des nächsten Jahres, »dieweil die Frist nach dem Großen Erntefest in Kyōto noch nicht abgelaufen, dem Tarobē die Todesstrafe erlassen, dieser statt dessen zu Verbannung außerhalb der drei Stadtbezirke Ōsaka-Kitagumi, Minamigumi und Tenmangumi verurteilt.« Die Familie Katsuraya wurde noch einmal zum Westamt zitiert und konnte dort vom Vater Abschied nehmen. Die Zeremonie des »Großen Erntefestes« war seit der Thronbesteigung des Kaisers Higashiyama im Jahre 1687 nicht mehr abgehalten worden, bis sie kurz vor dem 23. November 1735, dem Tag, an dem die Verurteilung des Katsuraya Tarobē öffentlich bekanntgemacht wurde, und zwar am 19. des gleichen Monats von dem Kaiser Sakuramachi durchgeführt wurde.

HANSHAN UND SHIDE
(1916)

Das Folgende hat sich zur Zeit der Tang-Dynastie, in der Ära Zhenguan, zugetragen, nach westlichem Kalender zu Beginn des siebten Jahrhunderts (in Japan begann man gerade erst, die Jahre in chinesischer Weise zu zählen). Damals soll ein Beamter namens Lü Qiuyin gelebt haben. Das heißt, manche Leute sagen auch, ein Mann dieses Namens habe wahrscheinlich gar nicht existiert. Denn obgleich Lü Registrar des Bezirks Taizhou gewesen sein soll, findet sich seine Biographie weder in den alten noch in den neuen Annalen der Tang-Dynastie verzeichnet. Registrar entsprach im Rang dem Gouverneur oder Kommandeur. Ganz China wurde damals in Provinzen eingeteilt, die Provinzen in Zivil- beziehungsweise Militärbezirke, diese wiederum in Präfekturen. Unterhalb der Präfekturen gab es die Subpräfekturen, und unterhalb der Subpräfekturen die Gemeinden. Was der Gouverneur im zivilen Bezirk war, war der Kommandant im Militärbezirk. Yoshida Tōgo und andere Geographen haben übrigens kritisiert, daß in Japan die Verwaltungseinheit, die kleiner als die Präfektur ist, als Bezirk bezeichnet wird. Falls Lü tatsächlich Registrar von Taizhou war, dann stand er etwa so hoch wie der Präfekt einer Präfektur in Japan. Deshalb meinen manche Leute, seine Biographie müßte eigentlich in den Annalen der Tang-Dynastie stehen. Aber für meine Geschichte brauche ich Lü. Deshalb will ich einmal annehmen, daß er gelebt hat.

Es war der dritte Tag nach Lüs Dienstantritt in Taizhou. Es ging ihm ausgezeichnet: Bisher war er in der Hauptstadt Chang'an vom Staub Nordchinas eingehüllt worden und hatte das dortige trübe Wasser getrunken. Nun stand er auf dem fruchtbaren Boden Zentralchinas und trank das hiesige klare Wasser. Zudem waren während dieser drei Tage zahlreiche untergeordnete Beamte zur Audienz gekommen, und jeder hatte einen förmlichen Bericht über die ihm übertragenen Aufgaben abgegeben. All diese Geschäftigkeit hatte ihm einen Geschmack gegeben von der großen Macht eines leitenden Provinzbeamten, so daß er in bester Stimmung war.

Am Tag zuvor hatte Lü den untergeordneten Beamten gesagt, daß er am nächsten Morgen in aller Frühe aufstehen und zum Kloster Guoqingsi in den Bergen der Präfektur Tiantai aufbrechen werde. Bereits in Chang'an hatte er sich vorgenommen, gleich nach seiner Ankunft in Taizhou dorthin zu gehen.

Wozu er das Kloster Guoqingsi besuchen wollte? Das hat eine Vorgeschichte. Als Lü in Chang'an die Ernennung zum Registrar erhielt und sich gerade auf die Reise zu seinem neuen Dienstort vorbereitete, bekam er unglücklicherweise nahezu unerträgliches Kopfweh. Es waren simple rheumatische Kopfschmerzen. Da Lü jedoch etwas nervös veranlagt war, wollten sie nicht zurückgehen, auch nicht, nachdem er die von seinem Hausarzt verabreichte Medizin eingenommen hatte. Als er sich gerade mit seiner Frau beriet, ob er nicht die Abreise verschieben müsse, kam eine Dienerin und sagte: »Eben ist ein Bettelmönch an Euer Tor gekommen und sagt, er möchte Euch sprechen. Soll ich ihn reinlassen?«

»Hm, ein Mönch?« Lü dachte eine Weile nach. »Ich will ihn auf jeden Fall mal kennenlernen. Bring ihn her.« Und er hieß seine Frau, sich in die inneren Gemächer zurückzuziehen.

Lü hatte ehemals zur Vorbereitung auf die Beamtenprüfung die konfuzianischen Klassiker studiert und gelernt, Gedichte in strenger Form zu verfassen. Er hatte jedoch weder buddhistische Schriften gelesen noch Laozi studiert. Aber er empfand buddhistischen Mönchen und daoistischen Priestern gegenüber eine unbestimmte Hochachtung. Vielleicht könnte man von einer blinden Hochachtung sprechen gegenüber dem, was er selbst nicht zu begreifen in der Lage war. Deshalb beschloß er, den Mönch, der ihm angekündigt worden war, vorzulassen.

Gleich darauf trat dieser ein. Es war ein hochgewachsener Mönch in einer verschmutzten, zerrissenen Kutte. Seine langen Haare trug er in der Höhe der Augenbrauen abgeschnitten. Er schien sie sich selbst überlassen zu haben, bis sie seine Augen bedeckt und seine Sicht behindert hatten. In der Hand trug er eine eiserne Bettelschale.

Der Mönch stand da, ohne etwas zu sagen. Lü fragte ihn: »Du hast mich sprechen wollen. Was führt dich her?«

Der Mönch antwortete: »Es heißt, Ihr geht in den Bezirk Taizhou. Und Ihr leidet, wie ich höre, unter Kopfschmerzen. Ich bin gekommen, um Euch von den Kopfschmerzen zu befreien.«

»Ja, es ist genau so, wie du sagst. Ich überlege, ob ich nicht wegen der Kopfschmerzen den Abreisetag verschieben sollte. Aber wie willst du meine Kopfschmerzen beheben? Kennst du etwa eine Medizin dagegen?«

»Die Krankheiten, welche den aus vier Elementen bestehenden Körper quälen, sind Einbildungen. Ich brauche nur reines Quellwasser in dieses Gefäß gefüllt. Ich heile Euch mit Hilfe einer magischen Handlung«.

»So, du vollführst also eine magische Handlung?« Lü dachte etwas nach. Dann sagte er: »Es gibt nichts, was dagegen spräche. Also versuch's mit Magie.« Lü pflegte nicht tiefer über die Heilkunst nachzudenken und hatte deshalb keine feste Ansicht darüber, welcher Behandlung er sich unterziehen würde und welcher nicht. Er verließ sich einfach auf seinen Alltagsverstand und entschied von Fall zu Fall. Natürlich hatte er auch seinen Hausarzt nicht aufgrund sorgfältiger Überlegungen ausgewählt. Er hatte nicht nach einem Arzt gesucht, der etwa die klassischen Schriften der Medizin studiert hatte, sondern hatte sich einfach einen genommen, der in der Nähe wohnte und den man ohne Probleme rufen konnte. Er hatte deshalb keine vernünftige Medizin verschrieben bekommen. Daß er jetzt dem Bettelmönch die Behandlung anvertraute, geschah, erstens weil ihm die irgendwie imponierende Haltung des Mönches Vertrauen einflößte, und zweitens, weil er meinte, eine magische Behandlung, die mit einer Schale bloßen Wassers verbunden sei, könne, auch wenn sie schiefgehe, kaum gefährlich sein. Aus eben diesen Gründen nehmen hohe Beamte in Tōkyō Quacksalber und Hypnotiseure in Anspruch.

Lü rief eine Dienerin und befahl ihr, frisches Wasser in die Schale des Mönchs zu füllen. Das Wasser wurde gebracht. Der Mönch nahm die Schale, hielt sie in Brusthöhe und blickte Lü starr an. Es war eigentlich egal, ob es frisches Wasser oder schmutziges Wasser war. Heißes Wasser oder Tee hätten es auch getan. Es war ein unerwartetes Glück für Lü, daß es kein schmutziges Wasser war. Während der Mönch ihn eine Weile lang starr anblickte, konzentrierte Lü seine Aufmerksamkeit unwillkürlich auf das Wasser in der Schale, die der Mönch hochhielt.

Da nahm der Mönch einen Schluck von dem Wasser in der Eisenschale und spie es urplötzlich Lü ins Gesicht.

Lü zuckte zusammen. Kalter Schweiß stand ihm auf dem Rücken.

»Was ist mit den Kopfschmerzen?« fragte der Mönch. »Die? Die sind weg.« Tatsächlich hatte Lü bisher ständig an seine Kopfschmerzen gedacht. Durch das Wasser hatte ihn der Mönch abgelenkt, und die unheilbaren Schmerzen waren einfach vergessen.

Der Mönch goß das übrige Wasser langsam auf den Boden aus und sagte: »Dann will ich mich verabschieden.« Kaum gesagt, wandte er Lü bereits den Rücken zu und ging Richtung Tür.

»He, Moment mal«, rief ihm Lü zu.

Der Mönch drehte sich um: »Kann ich irgend etwas für Euch tun?«

»Ich würde Euch gerne ein kleines Zeichen des Dankes geben.«

»Danke, aber ich lebe als Bettelmönch, um den zahllosen Lebewesen zu dienen und um meinen Hochmut zu überwinden. Ein Honorar nehme ich nicht an.«

»Gut, ich will es Euch nicht aufdrängen. Ich würde aber gerne wissen, woher Ihr kommt.«

»Ihr meint, wo ich mich bisher aufgehalten habe? Das ist das Kloster Guoqingsi im Tiantai-Gebirge.«

»So, Ihr kommt vom Tiantai? Wie heißt ihr?«

»Ich heiße Fengkan.«

»Fengkan aus dem Kloster Guoqingsi im Tiantai.« Lü zog die Augenbrauen zusammen, so als wolle er sich diesen Namen fest ins Gedächtnis einprägen. »Ich werde ja bald nach Taizhou gehen. Deshalb ist es mir besonders angenehm, daß Ihr vom Tiantai kommt. Bei dieser Gelegenheit würde ich gerne etwas fragen: Gibt es in Taizhou irgend einen großen Mann, den es lohnte aufzusuchen?«

»Ja, da gibt es Shide im Kloster Guoqingsi. In Wirklichkeit ist er der Bodhisattva Samantabhadra. Sodann ist da westlich vom Kloster eine Höhle mit Namen Kalter Fels. Dort lebt ein Mann namens Hanshan. In Wirklichkeit ist er der Bodhisattva Mañjuśri. Jetzt will ich aber gehen.« Mit diesen Worten ging er nach draußen.

Das war der Grund, weshalb sich Lü auf den Weg zum Kloster Guoqingsi auf dem Tiantai machte.

*

Allgemein gibt es dreierlei Haltungen, die die Menschen gegenüber dem »Weg« oder der »Religion« einnehmen. Menschen, die völlig in ihrem Beruf aufgehen und inmitten emsiger Geschäftigkeit ihre Zeit verbringen, denken nicht nach über so etwas wie den »Weg«. Das ist auch bei Gelehrten so. Natürlich wird ein Gelehrter, der bei seinen Studien tief nachdenkt, notwendigerweise bei einem »Weg« angelangen. Aber er kann auch, ohne so weit zu gehen, seine alltäglichen Pflichten erfüllen. Das ist die erste Gruppe: die völlig Indifferenten.

Die zweite Gruppe sind die, die bewußt einen »Weg« suchen. Sie konzentrieren sich ganz auf die Suche nach dem »Weg«, wobei manche alles andere zur Seite tun, manche aber auch ihrer alltäglichen Aufgabe nachgehen, dabei jedoch ständig auf der Suche nach dem »Weg« sind. Es ist das gleiche, ob sie sich nun dem Konfuzianismus anschließen, oder dem Daoismus, oder dem Buddhismus, oder dem Christentum. Wenn ein solcher Mensch tief in den jeweiligen »Weg« eindringt, dann verwandelt sich seine alltägliche Arbeit, so wie sie ist, in den »Weg«. Letzten Endes sind sie alle Menschen, die den »Weg« suchen.

Zwischen den »Indifferenten« und den »Menschen, die den Weg suchen«, gibt es diejenigen, die objektiv die Existenz von so etwas wie dem »Weg« anerkennen, die diesen Dingen auch nicht völlig uninteressiert gegenüberstehen, die aber nicht aktiv den »Weg« suchen, die resigniert feststellen, daß sie dem »Weg« fernstehen, dabei glauben, daß es Menschen gibt, die dem »Weg« nahe sind, und diese deshalb hochachten. Hochachtung gibt es bei allen möglichen Menschen. Wenn etwa verschiedene Menschen den gleichen Gegenstand hochachten, etwa gleicherweise den »Weg« suchen, dann achten diejenigen, die weiter zurück sind in der Suche, jene die weiter vorne sind, hoch. Die eben genannten »mittleren Menschen« achten etwas hoch, was sie selbst nicht verstehen, was sie selbst nicht erreichen können. Dort entsteht dann blinde Hochachtung. Blinde Hochachtung, mag sie auch zufällig auf das Richtige gerichtet sein, ist nutzlos.

*

Lü zog sich korrekt an, stieg in die Sänfte und verließ so seine Residenz in Taizhou. Seine Begleitung bestand aus einigen dutzend Leuten.

Es war Anfang Winter, und es lag Reif auf den Gräsern. Die Reisegesellschaft zog auf der linken Seite des engen, gewundenen Tales des Shifengxi, eines Nebenflusses des Jiaojiang, nach Norden. Der zunächst bedeckte Himmel hellte sich langsam auf, und die weißliche Sonne schien auf das rote Ahornlaub am Flußufer. Alt und jung, denen sie unterwegs auf dem Wege begegneten, machten respektvoll Platz und knieten nieder. In der Sänfte saß Lü und war in ausgesprochen guter Stimmung. Daß er als ein mit der Regierung des Volkes betrauter Beamter einem weisen Mann seinen Respekt zu bezeugen ging, das erschien ihm als eine großartige Handlung und erfüllte ihn mit Zufriedenheit.

Von Taizhou bis zur Präfektur Tiantai sind es sechzig chinesische Meilen oder sechseinhalb japanische Meilen. Da Lü die Sänfte gemächlich tragen ließ, traf man die vom Präfekturamt entgegengekommenen Beamten erst nach Mittag. Die Reisegesellschaft rastete in der Residenz des Präfekten und wurde dort bewirtet. Man erhielt die Auskunft, daß es bis zum Kloster Guoqingsi noch einmal sechzig Meilen steil bergan gehe. Bis zu ihrer Ankunft dort würde es Nacht werden. Deshalb beschloß Lü, die Nacht in der Residenz des Präfekten zu verbringen.

Am nächsten Morgen brach Lü auf, ein Stück des Weges vom Präfekten begleitet. Das Wetter war genauso wie am Tage zuvor. Jemand soll die Höhe des Tiantai mit 180000 Fuß gemessen haben, aber das erscheint einfach zu hoch. Aber auf jeden Fall leben in diesem Gebirge Tiger. Die Reisegesellschaft kam nur langsam voran, ganz anders als am Tag zuvor. Unterwegs aß man zu Mittag, und als die Sonne schon tief am westlichen Himmel stand, gelangte man zum dreifachen Tor des Klosters Guoqingsi. Dieses Kloster wurde zur Zeit der Sui-Dynastie nach dem Tode des großen Lehrers Zhiyi von Kaiser Yangdi errichtet.

Ein Besuch des Registrars war für das Kloster keine geringfügige Angelegenheit. Ein Mönch namens Daoqiao kam Lü entgegen und geleitete ihn in einen Gästeraum. Nachdem leichte Erfrischungen gereicht worden waren, fragte Lü: »Lebt in diesem Kloster ein Mönch namens Fengkan?«

Daoqiao antwortete: »Fengkan? Er wohnte bis vor kurzem im Wohntrakt für Mönche hinter der Tempelhalle. Dann ist er aber auf eine Pilgerfahrt gegangen und nicht mehr zurückgekommen.«

»Was für eine Aufgabe hatte er in diesem Kloster?«

»Er war für das Enthülsen des Reises zuständig, den die Mönche essen.«

»Hm. Und war nichts an ihm zu beobachten, das ihn von den anderen Mönchen unterschied?«

»Ja, da war etwas. Anfangs dachten wir, er sei nur ein fleißiger, freundlicher Mitbewohner, dann aber haben wir ihn als etwas Besonderes zu behandeln gelernt. Und eines Tages ist er plötzlich losgegangen und nicht wiedergekommen.«

»Was war denn passiert?«

»Das war etwas sehr Seltsames. Eines Tages kam er auf einem Tiger reitend vom Berg heim. Und er ritt auf dem Tiger in den Korridor und rezitierte dabei Gedichte. Er liebte es sowieso, Gedichte zu rezitieren. Auch in der Klause hinter der Tempelhalle rezitierte er des Nachts Gedichte.«

»Hm, er ist also ein lebender Arhat. Und was ist jetzt mit seiner Klause?«

»Im Moment steht sie leer. Manchmal kommt nachts ein Tiger und heult dort.«

»Darf ich Euch dann bitten, mich dorthin zu führen?« Damit erhob Lü sich von seinem Sitz.

Daoqiao ging voran, mit der Hand die Spinnweben wegwischend, und führte Lü zu der verlassenen Wohnstätte Fengkans. Die Sonne ging bereits unter. Lü überblickte den großen dämmrigen Raum. Er war völlig leer. Daoqiao bückte sich und wies auf die Tigerspuren auf dem Steinfußboden. In dem Moment wehte der Bergwind am Fenster vorbei und wirbelte das hoch aufgeschichtete trockene Laub im Hofe empor. Das Rascheln unterbrach die Stille und ließ Lü einen Schauer über den Rücken laufen, so daß er am ganzen Leib Gänsehaut bekam.

Lü verließ eilig das unbewohnte Gemach und wandte sich an den hinter ihm gehenden Daoqiao. »Weilt der Mönch Shide noch im Kloster?«

Daoqiao blickte Lü etwas verwirrt an: »Ihr wißt aber gut

Bescheid! Gerade eben war er in der Küche drüben zusammen mit einem gewissen Hanshan und wärmte sich am Feuer. Falls Ihr ihn sprechen wollt, kann ich ihn rufen.«

»So? Hanshan ist auch da? Damit hatte ich gar nicht gerechnet. Könntet Ihr mich vielleicht zur Küche begleiten?«

»Sehr wohl.« Daoqiao ging längs der Haupthalle nach Westen. Lü, der ihm folgte, fragte: »Seit wann ist Herr Shide in diesem Kloster?«

»Schon recht lange. Er ist ein Findelkind, das Fengkan im Kiefernwald aufgelesen hat.«

»Hm. Und was macht er hier?«

»Etwa drei Jahre, nachdem Fengkan ihn mitgebracht hatte, soll er damit betraut worden sein, vor dem heiligen Bild im Eßsaal Weihrauch darzubringen, die Lichter anzuzünden und Opfergaben aufzustellen. Eines Tages jedoch wurde er, so wird erzählt, dabei ertappt, wie er, nachdem er dem heiligen Bilde Speisen dargebracht hatte, direkt davor saß und Aug in Auge mit dem heiligen Bild seine eigene Mahlzeit verzehrte. Er schien sich nicht bewußt zu sein, wie verehrungswürdig das Bild des Pindola-bharadvaja ist. Jetzt lassen wir ihn in der Küche das Geschirr der Mönche spülen.«

»Hm« sagte Lü und ging weiter. Nach einigen Schritten fragte er: »Und was für ein Herr ist Hanshan, den Ihr eben erwähntet?«

»Hanshan? Der lebt in einer Höhle namens Kalter Fels, westlich von diesem Kloster. Shide sammelt beim Geschirrspülen den übriggebliebenen Reis und das Gemüse in ein Bambusgefäß und Hanshan kommt und holt sich das.«

»So, so«. Lü folgte schweigend Daoqiao und dachte bei sich: Wenn Hanshan und Shide, die in dieser Art leben, Mañjuśri und Samantabhadra sind, wer ist dann der auf einem Tiger reitende Fengkan? Ihm war wie einem Mann aus der Provinz in einem hauptstädtischen Theater, der sich den Kopf zerbricht über die Schauspieler und ihre Rollen.

*

»Es ist hier ziemlich schmutzig«, sagte Daoqiao, während er Lü in die Küche führte.

Dampfschwaden erfüllten den ganzen Raum, so daß die Eingetretenen im ersten Moment nichts deutlich erkennen konnten. Im grauen Nebel standen drei große Herde, in denen leuchtend rot die letzten Holzscheite brannten. Nach einer Weile sah man, daß längs der Wände lange Tische angebracht waren, an denen zahlreiche Mönche Reis und Gemüse und Suppe aus Kesseln in Schüsseln füllten.

Daoqiao ging tiefer in die Küche hinein und rief: »He Shide!«

Lü blickte in die Richtung, in die Daoqiao gerufen hatte, und sah vor dem am tiefsten im Raum stehenden Herd zwei Mönche hocken und sich wärmen.

Der eine war barhäuptig und trug die Haare auf dem ursprünglich geschorenen Schädel mehrere Zoll lang. An den Füßen hatte er Strohsandalen. Der andere hatte einen aus Baumrinde geflochtenen Hut auf dem Kopf und Holzpantinen an den Füßen. Beide waren klein und mager und sahen schäbig aus, ganz anders als der hochgewachsene Fengkan.

Auf Daoqiaos Ruf hin wandte sich der Barhäuptige her und grinste, antwortete aber nicht. Das schien Shide zu sein. Der mit dem Hut rührte sich überhaupt nicht. Das war wohl Hanshan.

Nachdem sich Lü über die Identität der beiden klar geworden war, näherte er sich ihnen. Er verschränkte die Arme zum Gruß und verbeugte sich ehrfürchtig: »Ich bin Lü Qiuyin, Beamter des fünften Ranges, Generalgouverneur, Registrar von Taizhou, Staatsstütze und Träger des Karmesinfarbenen Gewandes mit Fischbeutel.«

Die beiden warfen gleichzeitig einen kurzen Blick auf Lü. Dann sahen sie sich gegenseitig an und lachten aus vollem Halse. Im selben Moment standen sie auf und rannten aus der Küche hinaus. Man hörte noch, wie Hanshan im Laufen sagte: »Fengkan hat geschwätzt.«

Völlig überrascht blickte Lü ihnen nach, während sich die

Mönche, die bisher Reis und Gemüse und Suppe in die Schüsseln gefüllt hatten, um ihn versammelten. Daoqiao stand kreidebleich da.

* * *

Postscriptum: Zur Entstehung von »Hanshan und Shide«

In den »Betrachtungen aus Mußestunden« erzählt der Autor, wie er als kleiner Junge seinen Vater fragte, wie der erste Buddha entstanden sei, und wie sein Vater keine Antwort gewußt habe. Ich bin häufig um eine Antwort verlegen, wenn ich von meinen Kindern etwas gefragt werde. Darunter sind auch Fragen zu religiösen Dingen. Eine Antwort abzulehnen hieße praktisch behaupten, die Religion lüge. Die Kiitsu kyōkai etwa macht sich neuerdings Sorgen, daß dies für die Kinder schädlich sei.

In der letzten Zeit sind »Hanshans Gedichte« mehrfach neu gedruckt worden. Meine Kinder, die Buchreklamen davon gesehen haben, baten mich, ihnen das Buch zu kaufen.

»Das ist ein Buch mit lauter chinesischen Schriftzeichen. Das könnt ihr noch nicht lesen.« Daraufhin fragten sie mich: »Was steht denn darin geschrieben?« In der Reklame hatte wahrscheinlich gestanden, das Buch solle man zur Hebung seiner Bildung lesen. Deshalb wollten die Kinder wohl so dringend wissen, was drinstehe.

Ich habe zunächst einmal so geantwortet: Ihr erinnert euch doch an das Bild, das bis vor kurzem an der Wand dort hing? Darauf waren doch zwei lachende chinesisch gekleidete Kinder dargestellt. Das sind Hanshan und Shide. »Hanshans Gedichte« sind von dem Hanshan auf dem Bild geschrieben. Und sie sind ziemlich schwierig zu lesen.

Die Kinder schienen einigermaßen begriffen zu haben und meinten: »Die Gedichte verstehen wir vielleicht nicht, aber was sind das für Leute, der Hanshan und der Shide, der bei ihm ist?« Mir blieb nichts anderes übrig, als ihnen die Geschichte von Hanshan und Shide zu erzählen.

Gerade um diese Zeit wurde ich gebeten, eine Geschichte zu schreiben. Ich schrieb deshalb das, was ich den Kindern erzählt hatte, nahezu unverändert nieder. Anders als sonst, schrieb ich die Geschichte, ohne ein einziges Buch zu konsultieren.

Ich habe sie noch an keinen Verlag gegeben. Wahrscheinlich wird sie in der Zeitschrift »Shin shōsetsu« erscheinen.

Die Kinder waren mit meiner Erzählung nicht zufrieden. Erwachsene Leser werden wohl noch weniger zufrieden sein. Nachdem ich zu Ende erzählt hatte, wurde ich von den Kindern alles mögliche gefragt, und ich mußte wohl oder übel alles mögliche erklären. Das kann ich nicht alles aufschreiben. Am meisten kam ich in Bedrängnis, als die Kinder nach Mañjuśri und Samantabhadra fragten – weil ich gesagt hatte, daß Hanshan Mañjuśri und Shide Samantabhadra sei. Auf meine Erklärung hin meinten die Kinder, sie verstünden nicht, was das heiße, Mañjuśri sei Hanshan und Samantabhadra sei Shide. Schließlich erzählte ich ihnen von Miyazaki Toranosuke. Miyazaki behauptet von sich, er sei der Messias, und es gibt auch Leute, die diesen Messias verehren. Ich dachte, ein solches aus der Gegenwart genommenes Beispiel mache die Sache verständlicher.

Aber diese Erklärung half auch nicht. Genausowenig wie sie verstanden hatten, daß ehemals Hanshan Mañjuśri war, verstanden sie, daß heute Miyazaki der Messias sein solle. Ich war von einer schwierigen Situation in die andere geraten. Schließlich sagte ich: »Tatsächlich ist auch euer Papa Mañjuśri, aber bisher hat ihm noch niemand seine Verehrung bezeugt.«

Zur Schreibweise:

Die bei Mori Ōgai recht zahlreichen europäischen Wörter (meist deutsche, seltener französische Wörter), die unverändert im japanischen Text gebraucht werden, sind (mit Ausnahme von Namen und fest eingebürgerten Fremdwörtern) in der Übersetzung kursiv gesetzt. Hierbei konnte allerdings nicht differenziert werden zwischen den verschiedenen Gebrauchsweisen: Zitat in lateinischer Schrift, Umsetzung in japanische Schrift (Katakana), Übersetzung ins Japanische (chinesische Schrift) plus Originalwort etc. Die deutsche Grammatik erzwang manchmal auch eine Flektierung des betreffenden Wortes, die sich im Original nicht findet. Gelegentlich benutzt Ōgai, der Gewohnheit seiner Studienzeit entsprechend, deutsche Wörter französischer Herkunft in französischer Schreibung, wo heute dem Deutschen angepaßte Schreibungen üblich sind: Ōgai gebraucht »salade« und »loupe«, wo in der Übersetzung »Salat« und »Lupe« steht.

Die Anmerkungen beschränken sich auf die notwendigsten bibliographischen Angaben zu den Texten und auf die Erläuterung der in den Texten vorkommenden, den Lesern möglicherweise unbekannten Realien. Übersetzungsvorlage war in allen Fällen der Text der neuesten Ausgabe der »Sämtlichen Werke«: *Ōgai zenshū*, 38 Bde., Tōkyō: Iwanami shoten 1971-1975. Bei der Erklärung der Realien wurden die Anmerkungen von Miyoshi Yukio in *Nihon kindai bungaku taikei* Bd. 11 (Tōkyō: Kadokawa shoten 1974) sowie die kommentierenden Nachworte von Kobori Keiichirō in *Ōgai senshū*, 20 Bde., (Tōkyō: Iwanami shoten 1978-1980) dankbar zu Rate gezogen.

Originaltitel: *Maihime*; Erstveröffentlichung Januar 1890 in der Zeitschrift *Kokumin no tomo*; später überarbeitet in Ōgais erster Werksammlung *Minawa-shū*. Es existiert außerdem noch das Manuskript Ōgais. Textkritische Ausgabe mit Reproduktion sämtlicher Texte: Kabe Yoshitaka Hrsg.: *Mori Ōgai ›Maihime‹ shohon kenkyū to kōhon*, Tōkyō: Ōfūsha 1988. Die Novelle verarbeitet Erfahrungen und Beobachtungen des Autors während seines Studiums in Berlin, April 1887 – Juli 1888.

Saigon: Die Fahrt von Japan nach Europa und zurück erfolgte damals immer mit dem Schiff, und zwar von Yokohama über Hongkong, Saigon, Singapur, Colombo, Aden, Suez bis Brindisi oder Marseille.

nil admirari: »Nichts bewundern«, d. h. eine abgeklärte, unerschütterliche Haltung einnehmen. Dieser auch im Originaltext lateinische (und damit nahezu allen japanischen Lesern unverständliche) Ausdruck geht auf Horaz zurück (Episteln, 1. Buch, 6. Epistel).

Unter den Linden: Der Baum, unter dem Buddha die Erleuchtung erlangte, wird in Japan mit dem aus China eingeführten Baum Tilia miqueliar Maxim. identifiziert, welcher deshalb in Japanisch »bodaiju« d. h. Baum der Erleuchtung genannt wird. Dieser Name wird auch als Übersetzung für das deutsche Wort »Linde« gebraucht.

Klosterstraße: Ōgai wohnte während seines Berliner Aufenthaltes für kurze Zeit in der Klosterstr. Nr. 97. In dieser Straße befand sich die (heute zerstörte) älteste Kirche Berlins, die Marienkirche (13. Jh.).

Elise: Die japanische Transkription würde auch die deutsche Schreibung »Elis« erlauben. Die in dieser Übersetzung gewählte Schreibung geht davon aus, daß Namen französischer Herkunft damals auch französisch ausgesprochen wurden. Außerdem hieß Ōgais Freundin in der Realität Elise Wiegert.

Hackländer: Friedrich Wilhelm von Hackländer (1816-

1877). Ōgai bezieht sich hier wohl auf den Roman »Europäisches Sklavenleben« dieses damals recht bekannten Autors. Ōgai selbst übersetzte nach seiner Rückkehr zwei Erzählungen Hackländers ins Japanische.

Aizawa Kenkichi: Hinter der Figur des Aizawa hat man Ōgais lebenslangen Freund Kako Tsurudo (1855-1931), vermutet, der den Autor von der Studienzeit bis zum Tode (als einziger Freund, vor dem er kein Geheimnis gehabt habe, wie Ōgai in seinem Testament sagt) begleitete.

Wilhelm I., Friedrich III.: Kaiser Wilhelm I. starb im März 1888, sein Sohn Friedrich III. drei Monate später, worauf dessen Sohn als Wilhelm II. den Thron bestieg. Ōgai befand sich um diese Zeit in Berlin.

Graf Amakata: Hinter Amakata hat man den Militär und Politiker (und Förderer Ōgais) Yamagata Aritomo (1838-1922) vermutet.

Kaiserhof: damals eines der größten Hotels in Berlin (an der Ecke Wilhelmstraße/Vossische Straße).

Gothaer Almanach: Genealogische Handbücher des europäischen Adels.

Wellenschaum

Originaltitel: *Utakata no ki*; Erstveröffentlichung August 1890 in der Zeitschrift *Shigarami sōshi*; später in die erste Werksammlung *Minawa-shū* aufgenommen. Diese Novelle verarbeitet Erfahrungen und Beobachtungen des Autors während seines Studiums in München, März 1886 bis April 1887. Die wichtigsten Passagen von Ōgais Münchener Tagebuch übersetzt in: Mori Ōgai – Vom Münchener Medizinstudenten zum klassischen Autor der modernen japanischen Literatur. München 1987 (Bayerische Staatsbibliothek, Ausstellungs-Katalog 41).

Kunstakademie: Der Bau der Münchener Kunstakademie wurde 1886 vollendet. Er war damals also eines der »modernsten« Gebäude Münchens.

Piloty: Der Historienmaler Karl von Piloty (1826-1886) war von 1874 bis 1885 Direktor der Akademie. Zu seinen Schülern gehörten Makart, Defregger, Lenbach und Gabriel Max. Letzteren kannte Ōgai persönlich.

Café Minerva: Das Café Minerva befand sich in der Akademiestraße 9, direkt gegenüber dem Akademieeingang (das Haus wurde im Krieg zerstört).

Exter: Der Maler Julius Exter (1863-1939) studierte 1881 bis 1887 an der Münchener Akademie, wo er 1903 auch Professor wurde. Ōgai kannte ihn durch seinen Freund Harada (s. unten) persönlich.

Kose: Den ungewöhnlichen Namen Kose hat der Autor von Kose Kanaoka, einem Maler des 9. Jahrhunderts, der als Begründer der Malerei im japanischen Stil (Yamato-e) betrachtet wird, entlehnt. Die Figur Kose trägt Züge des Malers Harada Naojirō (1863-1899), welcher von 1884 bis 1886 als erster Japaner an der Münchener Akademie studierte. Ōgai lernte ihn in München kennen und pflegte zeit seines Lebens freundschaftlichen Verkehr mit Harada. Exter malte damals ein Porträt Haradas, welches heute im Exter-Haus in Feldwies (Übersee am Chiemsee) aufbewahrt wird, während Harada seinerseits ein Porträt Exters malte (heute im Besitz der Staatlichen Kunstakademie Tōkyō). Das Harada-Porträt Exters ist heute – vor allem wegen des Zusammenhangs mit der vorliegenden Erzählung – eine Attraktion für japanische Touristen.

Karneval: Ōgai selbst kam am Rosenmontag, dem 8. März 1886, nach München. Wie aus dem Folgenden hervorgeht, verlegt der Autor den »letzten Tag des Karnevalsfestes« reichlich kalenderwidrig in den Januar, wohl wegen des Stimmungswertes des Winterwetters und der mitleiderregenden Wirkung der Kälte.

Café l'Orient: Das Café befand sich am Stachus (Karlsplatz) in der Sonnenstraße 26.

Colosseum; *Victoria*: Das Colosseum befand sich in der Müllerstr. 42, das Victoria in der Maximilianstr. 170.

Schillermonument: Wohl das Schillerdenkmal auf dem Maximiliansplatz.

Wintergarten: Der Wintergarten war ein überdachter exotischer Garten, den sich Ludwig II. auf dem Dach der Residenz hatte anlegen lassen. Er wurde nach dem Tod des Königs wegen der baulichen Belastung wieder abgeschafft. Ōgais Beschreibung folgt hier wie auch in allen folgenden auf Ludwig II. bezogenen Passagen im wesentlichen Georg Morin: König Ludwig II., von Bayern. München 1886.

Humboldt: Wohl ein Versehen Ōgais. Gemeint ist sicherlich Hufelands »Die Kunst, das menschliche Leben zu verlängern« (1798).

Königs populäre Literaturgeschichte: Robert Königs »Deutsche Literaturgeschichte« (1878; viele weitere Auflagen).

Taines Kunstabhandlung: Wohl Hyppolite Taines »La philosophie de l'art« (1865-1869)

Bayerischer Hof: Ōgai wohnte im September 1886 zwei Tage in dem heute noch existierenden Hotel, wechselte dann aber, da ihn die nahe Eisenbahn störte, nach Leoni in das später erwähnte Gasthaus über.

Rottmannshöhe: Der Gedenkstein für den Landschaftsmaler Karl Rottmann steht auch heute noch auf der Höhe. Die von Ōgai so knapp zusammengefaßte wortreiche Inschrift lautet: »Diesen Denkstein errichteten die Künstler Münchens, dem berühmten Landschaftsmaler Karl Rottmann, geb. den 11. Januar 1798 in Handschusheim bei Heidelberg, gest. den 6. Juli 1850 in München, welcher diese Höhe so gerne besuchte und sie wegen ihrer Naturschönheit und prachtvollen Aussicht, als sehenswertesten Punkt am Starnbergersee bezeichnete.«

Leoni: Der Hofopernsänger Leoni eröffnete das Gasthaus 1824. Danach wurde dieses Gasthaus ein Treffpunkt Münchener Künstler, und in der Umgebung erbauten wohlhabende Leute ihre Villen. Der Ort (ursprünglich Assenbuch) erhielt schließlich den Namen Leoni.

Gudden: Bernhard Aloys von Gudden (1824-1886); Arzt und Psychiater, seit 1873 Professor in München.

Appell: Am Morgen des 14. Juni 1886 wurden die Soldaten

zusammengerufen, um den Fahneneid auf den neuen König Otto zu leisten.

Der Bote

Originaltitel: *Fumizukai*; Erstveröffentlichung Januar 1891 als selbständiges Bändchen einer Serie mit Werken junger Schriftsteller; später in die Sammlung *Minawa-shū* aufgenommen. Die Novelle verarbeitet Beobachtungen und Erfahrungen Ōgais während seiner Teilnahme an den Herbstmanövern des sächsischen Heeres im August und September 1885 sowie während seines Studiums in Dresden, Oktober 1885 bis März 1886. Alle wichtigen Passagen des »sächsischen Teils« von Ōgais Deutschlandtagebuch wurden von K. Brazell ins Englische übersetzt: Mori Ōgai in Germany, in: Monumenta Nipponica XXVI (1971).

Ragewitz: Dorf östlich von Grimma, dieses (ebenso wie die im folgenden erwähnten Orte Döben und Mützchen) südöstlich von Leipzig.

Melheim: Ōgai erwähnt in seinem Tagebuch einen »Oberleutnant Meerheimb«, den er während des Manövers getroffen habe. Die japanische Transkription erlaubt auch Schreibungen wie Meerheim, Mehlhaim etc.

Von Bülow: Ōgai war am 5. September 1885 zu Gast im Schloß Döben. In seinem Tagebuch vermerkt Ōgai dabei den Namen des Schloßherrn als »von Bülow«. Tatsächlich hieß der Schloßherr Otto von Böhlau (1820-1893).

Ida: Otto von Böhlau hatte acht Töchter, deren jüngste Ida hieß (1862 geb.). Ōgai traf sie wieder am 10. Februar 1886 auf einem Ball in der königlichen Residenz in Dresden. Ida von Böhlau war um diese Zeit unverheiratet und heiratete später einen Rittmeister von Meding.

Pyramide: Die hier beschriebene Pyramide befindet sich nicht im Garten des Schlosses Döben, sondern im Park von Machern. Es handelt sich um das 1772 errichtete Grabmal der Familie von Lindenau.

Fabrice: Graf Alfred von Fabrice (1818-1891), sächsischer Militär und Politiker.

König: Der damalige sächsische König war Albert (1828-1902, reg. 1873-1902). Ōgai wurde dem König am 6. September im Schützenhaus von Grimma vorgestellt, traf ihn dann aber noch mehrere Male in Dresden (Neujahrsempfang etc.).

Becher

Originaltitel: *Sakazuki*; Erstveröffentlichung Januar 1910 in der Zeitschrift *Chūō kōron*.

Mon verre etc.: Der Satz stammt aus Mussets »La Coupe et les Lévres«, er wird von Ōgai allerdings wohl nach Peter Altenberg zitiert, der dieses Zitat als Motto über sein erstes Buch »Wie ich es sehe« (1896) setzte. Im selben Monat wie *Sakazuki* veröffentlichte Ōgai in einer anderen Zeitschrift die Übersetzung einer kleinen Skizze aus eben diesem Buch Altenbergs: »See-Ufer; Zwölf«.

Die Landungsbrücke

Originaltitel: *Sanbashi*; Erstveröffentlichung Mai 1910 in der Zeitschrift *Mita bungaku* (dem ersten Heft dieser von Nagai Kafū herausgegebenen Zeitschrift). Äußerer Anlaß für die Niederschrift dieser kleinen Skizze (von Ōgai selbst als *shasei shōhin* d. h. »kleine Skizze nach der Natur« bezeichnet) war die Abfahrt von Graf Kamei Shigetsune, dem Enkel des letzten Fürsten von Tsuwano, nach Europa am 5. März 1910. Ōgai war bei der Verabschiedung in Yokohama zugegen und schrieb den Text in einem Zug am 8. März nieder.

Ōgai pflegte Zeit seines Lebens engen Kontakt mit der Familie des ehemaligen Feudalherrn (die Familie Mori stellte den Fürsten Kamei seit dem 17. Jahrhundert Ärzte). Zudem hatte der Vater Kamei Shigetsunes zur gleichen Zeit wie Ōgai in Berlin studiert.

Originaltitel: *Fushinchū*; Erstveröffentlichung Juni 1910 in der Zeitschrift *Mita bungaku*.

Kabukiza: 1889 eröffnetes repräsentatives Kabuki-Theater in Tōkyō. Der umliegende, damals noch von Kanälen durchzogene Kobiki-Distrikt ist heute Teil des Ginza-Viertels im Zentrum Tōkyōs.

Seiyōken: Berühmtes Hotel (mit Restaurant) westlichen Stils. Auch Ōgais Freundin, die ihm 1888 nachreiste, wohnte hier.

Urashima Tarō: Bekannte Sagengestalt. Urashima Tarō soll von einer Schildkröte zum Palast des Drachenkönigs auf dem Meeresgrund geführt worden sein und dort mehrere Jahre verbracht haben.

Schriftzeichen aus dem Götterzeitalter: Von nationalistischen Gelehrten der späten Feudalzeit als echt propagierte Schriftzeichen. Mit dieser Fälschung wurde die Existenz eines eigenen japanischen Schriftsystems *vor* der Einführung der chinesischen Schrift bewiesen. Daß der Autor hier eine solche Kalligraphie an die Wand hängt, kann als ironischer Kommantar zum Obskurantismus der Herrschenden gelesen werden; gleichzeitig kennzeichnet die Ausstattung des Raumes insgesamt das kulturelle Chaos dieser Zeit.

Atagoyama: Hügelige Gegend am Südrand des alten Tōkyō. Hier befand sich damals ein bekanntes Hotel.

Zentraltheater: Der Erstdruck hat hier »Gärtnerplatztheater«. Ōgai verwechselt also Dresden und München. Im nächsten Heft der Zeitschrift ließ er eine »Korrektur« einrücken: »In ›Im Umbau‹ im letzten Heft muß statt ›Gärtnerplatztheater‹ richtig ›Zentraltheater‹ stehen. Die Erinnerung an Europa wird langsam immer schwächer. – Ōgai«.

Originaltitel: *Hanako*; Erstveröffentlichung Juli 1910 in der Zeitschrift *Mita bungaku.*

Hanako war eine damals in Europa bekannte japanische Tänzerin, die Rodin zwischen 1907 und 1911 mehrfach Modell saß. Die erwähnten Skizzen wie auch bildhauerische Porträts von Hanako sind in großer Zahl erhalten. Vgl. hierzu den Katalog »Rodin et l'Extrême Orient«, Paris: Musée Rodin 1979. Fast alle Äußerungen Rodins in Ōgais Text lassen sich »belegen«, und zwar in den von Paul Gsell aufgezeichneten Gesprächen Rodins (Paris 1911), welche Ōgai aus einem Vorabdruck im »Berliner Tageblatt« kannte. Nur in einigen Einzelheiten irrt Ōgai: Rodin war kein Raucher und Hanako war kein junges Mädchen, sondern etwa vierzig Jahre alt.

Die Veröffentlichung von Ōgais Text fällt in eine Periode intensiver japanischer Rodin-Rezeption: Ogiwara Morie, der bedeutendste Bildhauer der japanischen Rodin-Nachfolge, kam 1908 nach Japan zurück; im November 1910 brachte die Zeitschrift »Shirakaba« eine umfangreiche Rodin-Sondernummer heraus.

Kambodschanischer Häuptling: Es handelt sich um den kambodschanischen König Sisowath, der 1906 Paris besuchte. Im Gefolge des Königs befand sich eine Gruppe von Tänzerinnen, deren Kunst Rodin mehrmals sehen konnte. Dieses außerordentliche ästhetische Erlebnis fand seinen Niederschlag in einer Serie von Skizzen, die einen Höhepunkt von Rodins zeichnerischem Spätwerk darstellen.

Baudelaire: Gemeint ist der Essay »Morale du Joujou«, welchen Ōgai offenbar in der deutschen Übersetzung von Max Bruns (Charles Baudelaires Werke, 3. Bd., Minden o.J.) gelesen hat.

Originaltitel: *Mōsō*; Erstveröffentlichung Januar 1911 in *Mita bungaku*. Dieser Text ist halbautobiographisch, vor allem was das Studium in Europa betrifft. Hierbei färben jedoch sicherlich Gedanken und Gefühle der Gegenwart die Erinnerung an die ein Vierteljahrhundert zurückliegende Vergangenheit. In Einzelheiten geht der Autor auch sehr frei mit der Erinnerung um (vgl. die untenstehenden Anmerkungen). Zudem lebte der Autor zur Zeit der Niederschrift nicht als zurückgezogener Privatgelehrter, sondern stand als Generalarzt der Armee auf dem Höhepunkt seiner Karriere.

Bei der Annotation wurden neben den außerordentlich detaillierten Anmerkungen von Miyoshi (s. oben) auch die – vor allem die philosophischen Aspekte kommentierenden – Anmerkungen von P. Pörtner (in der Zeitschrift »Kagami«/Hamburg 1984, Heft 1) zu Rate gezogen.

Ishimigawa: Fluß (auch: Isumigawa) im Ostteil der Präfektur Chiba (früher Provinz Kazusa), ca. 80 km östlich von Tōkyō. Ōgai besaß dort seit 1907 tatsächlich ein – allerdings kaum genutztes – Landhäuschen, in das er sich nach der Pensionierung zurückziehen wollte.

Schopenhauer: Das Zitat stammt aus »Die Welt als Wille und Vorstellung«, 2. Bd., Ergänzungen zum 4. Buch, Kap.41.

Ernst von Wildenbruch: Wildenbruch (1845-1909), der »Klassiker des verpreußten Deutschland« (Franz Mehring), schuf eine große Zahl damals außerordentlich erfolgreicher historischer Dramen, darunter einige mit »märkischen« Themen, die einen Hohenzollern-Zyklus ergeben sollten: Der Generalfeldoberst (1886/89); Die Quitzows (1886/88); Der neue Herr (1886).

Typhus: Tatsächlich starb ein japanischer Mitstudent 1887 während Ōgais Berlinaufenthalt, allerdings an einer anderen Krankheit. Andererseits starb gerade während der Niederschrift des vorliegenden Textes ein junger japanischer Student, den Ōgai gefördert hatte, und der zeitweise in Ōgais

Haus gewohnt hatte, in Paris an Typhus, und zwar nach der erwähnten Behandlung im Eisbad.

Hartmann: Eduard von Hartmanns Hauptwerk »Die Philosophie des Unbewußten«, 3 Bde. 1869. Ōgai hat dieses Werk allerdings wohl erst nach seiner Rückkehr nach Japan gelesen, wenngleich er den Namen Hartmann bereits während seines Deutschlandaufenthaltes kennengelernt hatte.

Ausrottung des Geschlechtstriebes: Dieser etwas unklaren Passage liegt wohl folgende Stelle bei Hartmann zugrunde: »Das Resultat für die Liebe ist also dasselbe, wie für den Hunger, dass sie *an sich* und *für das Individuum* ein *Übel* ist, und ihre Berechtigung nur daraus herleiten kann, dass sie auf die in Cap. BII nachgewiesene Art zum Fortschritt der Entwicklung beiträgt.« (Philosophie des Unbewußten, Cap. CXIII, S. 320).

Hauptnerv des Christentums: Die Übersetzung folgt der Fassung des Erstdrucks. Die späteren Drucke haben: »... das Bewußtsein des Individuums verlösche mit dem Tode und der Hauptnerv werde durchschnitten.« Die frühere Fassung erscheint sinnvoller, zumal sie sich auf folgende Stelle bei Hartmann stützt:

»So erweist sich denn auch die Hoffnung auf eine individuelle Fortdauer der Seele als eine Illusion, und damit ist der Hauptnerv der christlichen Verheißung durchschnitten, ist die christliche Idee überwunden.« (Philosophie des Unbewußten, Bd. 2, S. 367).

Stirner: Gemeint ist Max Stirners »Der Einzige und sein Eigentum«, Leipzig 1845.

ein gewisser Deutscher: Gemeint ist wohl der Mediziner Erwin Bälz (1849-1927), der von 1876 bis 1902 in Japan lehrte (Ōgai lernte als junger Student bei ihm) und in seiner Abschiedsrede 1902 auf die Notwendigkeit hinwies, nicht nur die Ergebnisse europäischer Wissenschaft einzuführen, sondern eine »Atmosphäre«, die solche Ergebnisse ermögliche, zu schaffen. Bälz setzte sich kritisch mit der japanischen Gegenwart auseinander, äußerte sich aber nicht so kritisch über die Zukunft.

Taifun: Drama des ungarischen Autors Melchior Lengyel (uraufgeführt in Berlin; Ōgai berichtete bereits im März 1910 hierüber), In dem Drama geht ein japanischer Student in Paris einem geheimen Auftrag nach, wird aber durch die Liebe zu einer Frau tragisch verstrickt. Hintergrund ist die Diskussion über die »gelbe Gefahr«.

eine weiße, zarte Hand: wohl ein versteckter Bezug auf Ōgais deutsche Freundin (vgl. Nachwort).

Reform der Stadtstruktur etc.: Die angeführten Diskussionen fanden tatsächlich um 1890 (unter aktiver Beteiligung Ōgais) statt.

Koi-su chō waga na wa: Anfang eines Gedichtes von Mibu no Tadamine (Mitte 10. Jh.), welches in die populäre Gedichtsammlung »Hyakunin isshu« aufgenommen ist. Diese erste Version der Schreibung gibt die moderne Aussprache wieder, die zweite die bis 1945 gültige historische Orthographie. Das Gedicht lautet in der Übersetzung von Jürgen Berndt: »Daß ich verliebt bin / reden mir die Leute nach / nun schon an allen Orten / Und es begann die Liebe / doch heimlich erst zu keimen«. (Als wär's des Mondes letztes Licht am frühen Morgen. Hundert Gedichte von hundert Dichtern aus Japan. Berlin 1986/Frankfurt a.M. 1987, S. 100).

Veränderung meiner beruflichen Stellung: Hier bezieht sich Ōgai auf seine Versetzung nach Westjapan (1899), welche er als Strafversetzung empfand. Auch als Chefarzt der 12. Division in Kokura stand Ōgai kein Laboratorium zur Verfügung.

Arbeit: Das japanische Wort *gyōseki* bedeutet heute »wissenschaftliche Leistung«. Ōgai wollte es als »produktive wissenschaftliche Arbeit« (im Unterschied zu bloß rezeptiver Vermittlungstätigkeit) verstanden haben. *Gakumon no suiban* ist heute nicht mehr im Gebrauch.

Wie kann man sich selbst kennen lernen? etc.: Goethe, Maximen und Reflexionen (Aus: Wilhelm Meisters Wanderjahre), Goethes Werke, Weimar 1907, 1. Abt. Bd. 42, S. 167.

einen grauen Vogel etc.: Ōgai bezieht sich hier auf Maurice Maeterlincks »L'Oiseau bleu« (französische Erstausgabe

1909; die erste japanische Übersetzung 1913). In dem Märchenstück suchen zwei Kinder auf einer langen Wanderung durch verschiedene Lebensbereiche den »blauen Vogel«, das Symbol des Glücks, bis sie plötzlich entdecken, daß der graue Vogel, den sie zu Hause in einem Käfig halten, blau ist. Ōgai gehörte zu den frühesten japanischen Lesern und Übersetzern Maeterlincks: Bereits 1903 veröffentlichte er einen Aufsatz über »Monna Vanna«, und 1909 übersetzte er »Le miracle de St. Antoine«.

Philipp Mainländer: Mainländer (1841-1876) entwickelte unter dem Einfluß Schopenhauers eine eigene pessimistische Philosophie (Hauptwerk: »Philosophie der Erlösung«, 2 Bde., Berlin 1879/Frankfurt 1886).

Voit: Karl von Voit (1831-1903), Professor für Physiologie an der Universität München. Eine der frühesten medizinischen Arbeiten Ōgais in deutscher Sprache »Über die Kost der niponischen (japanischen) Soldaten« (1886) geht von der Voitschen Ernährungsnorm aus und versucht die Zweckmäßigkeit der traditionellen Reisernährung nachzuweisen.

Hartmanns Ästhetik: Ōgai studierte nach seiner Heimfahrt intensiv Hartmanns »Ästhetik« (2 Bde., 1887) und stützte sich hierauf in den literaturtheoretischen Diskussionen um 1890. Er veröffentlichte außerdem 1899 eine zweibändige Darstellung von Hartmanns Ästhetik (zusammen mit Ōmura Seigai).

Quietiv: Beruhigungsmittel (im Original die französische Schreibung »Quietive«).

Nietzsche: Die »Philosophie des Übermenschen« findet sich vor allem in »Also sprach Zarathustra« ausgeführt. Nietzsche wurde in Japan seit etwa 1900 lebhaft diskutiert. Der erste größere, in Japanisch zugängliche Text war der »Zarathustra« (übersetzt von Ikuta Chōkō, 1911).

Paulsen: Friedrich Paulsen (1846-1908), neukantianischer Philosoph. Hauptwerk: System der Ethik, 2 Bde. 1889. Ōgai veröffentlichte 1900 eine Zusammenfassung von Paulsens Ethik.

Einhundertundein Gegenstände: Nach dieser Regel, die ein anspruchsloses Leben garantieren sollte, gab es in der Klause eines buddhistischen Mönches alles (Kleider, Geräte) nur jeweils einmal.

Brunetière: Ferdinand Brunetière (1849-1905), französischer Literaturkritiker; kritisierte nach seiner Konversion zum Katholizismus den Wissenschaftsglauben seiner Zeit.

Elias Metschnikoff: Il ja Ilič Mečnikov (1845-1916), russischer Biologe; Professor am Institut Pasteur in Paris; 1906 Nobel-Preis. Mečnikov wies u. a. auf die langes Leben fördernde Wirkung des Yoghurts hin.

Der Zwischenfall in Sakai

Originaltitel: *Sakai jiken*; Erstveröffentlichung: Februar 1914 in der Zeitschrift *Shin shōsetsu*.

Die Erzählung rekonstruiert ein historisches Ereignis, welches mit einem Zusammenstoß zwischen japanischen und französischen Truppen am 8. März 1868 (nach japanischem Kalender am 15. Februar des Jahres 1 der Meiji-Ära) begann. Der historische Hintergrund wird am Anfang der Erzählung für japanische Leser hinreichend genau bezeichnet. Für deutsche Leser sind allerdings einige Ergänzungen notwendig: Nach der durch die Amerikaner erzwungenen Öffnung des Landes (zunächst nur Öffnung einiger abgelegener Häfen) entwickelte sich im Lande eine heftige Diskussion über das Für und Wider dieser Öffnung des Landes bzw. einer »Vertreibung der Barbaren«. Die Forderung »Vertreibt die Barbaren!« verband sich mit dem Gedanken, den Kaiser wieder in seine angeblich ursprüngliche Machtposition einzusetzen (»Verehrt den Kaiser!«) und richtete sich gegen die den Ausländern gegenüber (notgedrungen) nachgiebige Regierung des Shōgun (»Bakufu«). Zentren der Agitation für diese Forderung waren die mächtigen Fürstentümer Westjapans, Satsuma, Tosa, Hizen und Chōshū (Nagato), sowie der Kaiserhof in Kyōto. Diese Diskussion führte in den sechziger Jahren zu bürgerkriegsähnlichen Zuständen, die mit dem Zusammenbruch des Bakufu und dem Sieg der »kaisertreuen« Kräfte im Jahre 1867 ihren Abschluß fanden. Die Lage war zu Beginn des Jahres 1868 zunächst noch sehr verwirrend: Nachdem der Shōgun im November 1867 (nach japanischem Kalender Oktober Keiō 3) sein Rücktrittsgesuch an den Kaiser gerichtet hatte, beschlossen im Januar 1868 (Dezember Keiō 3) die in Kyōto versammelten Fürsten der »kaisertreuen« Fraktion die »Rückkehr zur Monarchie«. Am 27. Januar (3. Januar) 1868 wurden die Truppen des Bakufu bei Toba und Fushimi (in der Nähe Kyōtos) entscheidend geschlagen. Aber noch am 12. Februar (19. Januar) 1868 versuchte der französische Gesandte den letzten Shōgun – vergeblich – zum Kampf gegen die kaiserlichen Truppen zu bewegen. Im Mai 1869 fanden die letzten Kämpfe zwischen Truppen der neuen Regierung und auf eigene Faust weiterkämpfenden ehemaligen Bakufu-Truppen statt. Die Stellung der neuen Regierung war somit 1868 noch keineswegs konsolidiert: Die erste fremde Regierung, von der sie anerkannt wurde, war die englische im Mai 1868. Für Verwirrung sorgte auch die Tatsache, daß die neue Regierung von Kräften beherrscht schien, die ursprünglich die »Vertreibung der Barbaren« auf ihre Fahnen geschrieben hatten. Tatsächlich hatten die führenden Männer der neuen Regierung bereits vor ihrem Sieg eine leise Änderung ihrer Politik eingeleitet: Während ihre Anhänger noch an die »Vertreibung der Barbaren« glaubten, bereiteten sich die Führer auf eine realistischere Politik vor, die schließlich Japan noch radikaler dem Ausland öffnen sollte, als es der Bakufu (den sie deswegen bekämpften) getan hatte. Am 8. Februar (15. Januar) wurden die ausländischen Gesandten in Kyōto vom Beauftragten für Auslandsangelegenheiten, Higashikuze, empfangen, und es wurde ihnen versichert, daß die neue Regierung freundliche Beziehungen mit dem Ausland anstrebe. Gerade in diesem Moment kam es zu dem »Zwischenfall von Sakai«, wobei einfache Samurai von der neuen Regierung der Staatsraison geopfert wurden.

In der Erzählung »Der Zwischenfall von Sakai« schildert

Ōgai das Geschehen in enger Anlehnung (teilweise wörtlicher Übernahme) an einen zeitgenössischen Bericht, scheinbar ohne selbst Stellung zu beziehen. Da bei der Hinrichtung der »Schuldigen« in Sakai auch Europäer anwesend waren, existieren neben den japanischen auch westliche Berichte, so etwa von dem preußischen Generalkonsul M. Sc. von Brandt, aus welchem ein Auszug nachgedruckt ist in Gertrude C. Schwebells »Die Geburt des modernen Japan in Augenzeugenberichten« (Düsseldorf 1970, S. 405).

Meiji-Ära: In Japan werden die Jahre nach sogenannten »Regierungsdevisen« gezählt, welche sich in der modernen Zeit mit der »Regierungszeit« eines Kaisers decken. Alle weiteren Jahresangaben in dieser Erzählung sind stillschweigend in europäische Zeitrechnung umgerechnet worden.

Hyōgo: Hafenstadt westlich von Ōsaka, Nachbarort des damals für Ausländer geöffneten Kōbe (inzwischen in diesem aufgegangen).

Sakai: Traditionsreiche Stadt südlich von Ōsaka (heute mit Ōsaka zusammengewachsen).

Tosa: Fürstentum der Anti-Bakufu-Koalition; auf der Südhälfte der Insel Shikoku (heute: Präfektur Kōchi); Hauptstadt: Kōchi.

Matsuyama: Auf der Seite des Bakufu stehendes Fürstentum in West-Shikoku (heute Präfektur Ehime).

Inari-Schrein: Heiligtum des Gottes des Getreides (vor allem: des Reises). »Schrein« wird in westlichen Büchern für Shintō-Heiligtümer, »Tempel« (analog zu den auch im Japanischen verschiedenen Bezeichungen) für buddhistische Heiligtümer gebraucht.

Seppuku: Ritueller Selbstmord (im Westen gewöhnlich »Harakiri«); wurde in der Feudalzeit u. a. als ehrenhafte Form der Todesstrafe ausgeführt.

Hakama: Ein weiter Hosenrock, der von Männern bei förmlichen Anlässen über dem Kimono getragen wurde.

Sumiyoshi: um einen ehrwürdigen Shintō-Schrein herum entstandener Ort auf dem Weg zwischen Ōsaka und Sakai.

Clan der Minamoto: d.h. er führte seine Ahnenreihe auf die im frühen Mittelalter mächtige Familie der Minamoto zurück (die frühen Shōgune ab Ende des 12. Jahrhunderts gehörten zu den Minamoto).

Koku: Hohlmaß (ca. 180 Liter), mit welchem z. B. Reis gemessen wurde. Die Gehälter der Samurai wurden in Koku d. h. Reis berechnet, auch wenn sie im wesentlichen in Geld ausgezahlt wurden.

Tatami: Dicke Matten aus gepreßtem Stroh (ca. 1×2 m), mit denen die Fußböden ausgelegt werden: Oberfläche aus Binsenmatten, die Ränder mit Stoff eingefaßt.

Siebenundvierzig Rōnin: Die wohl berühmteste Blutrache Japans. Im Jahre 1703 töteten 47 Samurai, die durch die ungerechte Verurteilung ihres Fürsten zum Tode durch Seppuku herrenlose Samurai (»Rōnin«) geworden waren, nach einem Jahr Vorbereitung den Schuldigen. Die siebenundvierzig Samurai wurden nach langen Diskussionen zum Tode (ebenfalls durch Seppuku) verurteilt.

Ii Naosuke: Der Tairō (ein Art Regierungschef) des Bakufu, Fürst Ii Naosuke wurde 1860 von nationalistischen Samurai aus dem Fürstentum Mito ermordet, da er ohne kaiserliche Erlaubnis den von den USA aufgezwungenen Freundschafts- und Handelspakt unterzeichnet (und damit die Öffnung Japans eingeleitet) hatte.

Grabsteine: Die elf Grabsteine stehen auch heute noch (in enger Nachbarschaft zu einem Kinderspielplatz) im Tempel Hōjuin, daneben (etwas tiefer) der Grabstein Hashizumes, des ersten, der mit dem Leben davongekommen ist. Im benachbarten Tempel Myōkokuji sind verschiedene Gedenksteine aufgestellt, auch für die bei dem Zwischenfall umgekommenen Franzosen.

Originaltitel: *Saigo no ikku*; Erstveröffentlichung Oktober 1915 in *Chūō kōron*. Ōgai hat diesen historischen Vorfall anhand von drei literarischen Quellen des 18. Jahrhunderts rekonstruiert. Das für diese kleine Erzählung zentrale »letzte Wort« der Heldin Ichi ist allerdings Ōgais Erfindung.

Dewa Der Nordwesten der japanischen Hauptinsel Honshū. Der Reis, den die Regionalfürsten in den Provinzen als Steuern einnahmen, wurde zu einem großen Teil nach Ōsaka verschifft und dort in Geld umgesetzt.

Hiragana: Die japanische Silbenschrift; Erwachsene verwenden für die Schreibung des Japanischen diese Silbenschrift in Kombination mit den chinesischen Schriftzeichen.

Gouverneursamt: Ōsaka stand nicht unter der Herrschaft eines Regionalfürsten (*daimyō*), sondern unterstand direkt der Zentralregierung des Shōgun (*bakufu*) in Edo, welche diese Stadt, das wichtigste Wirtschaftszentrum Japans vom 17. bis zum 19. Jahrhundert, von zwei Gouverneuren (*bugyō*) verwalten ließ. Ihnen übergeordnet war der Burgvogt (*jōdai*), der die Aufsicht über die strategisch wichtige Burg Ōsaka hatte.

Bürgerälteste (*machi-doshiyori*): Amt in der Selbstverwaltung der Bürgerbezirke (*machi*) in den Städten der Feudalzeit.

Großes Erntefest (*daijōe*): Diese Zeremonie, welche ein neuer Kaiser in seiner Funktion als oberster Priester des Shintō abhält, bildet den religiösen Kern der Thronbesteigungsfeiern. Tatsächlich vollzog der neue Kaiser Taishō im November 1915 diese Zeremonie im Rahmen der (wegen seiner Krankheit verzögerten) Thronbesteigungsfeiern. Ōgai schrieb also in Erwartung dieser kurz bevorstehenden Zeremonie.

Originaltitel: *Kanzan Jittoku*; Erstveröffentlichung Januar 1916 in der Zeitschrift *Shin Shōsetsu*. Das »Postscriptum« wurde zunächst gesondert (aber gleichzeitig) in der Zeitschrift *Kokoro no hana* veröffentlicht. In der hier übersetzten Form erschien die Erzählung im Februar 1918 innerhalb der Sammlung *Takasebune*.

Der Dichter Hanshan und sein Freund Shide sollen im 8. Jahrhundert gelebt haben. Die biographischen Nachrichten über die beiden, der Zen-Tradition zugerechneten sonderbaren Heiligen sind weitgehend legendenhaft. Von Hanshan werden allerdings zahlreiche Gedichte überliefert, von welchen inzwischen auch eine deutsche Übertragung vorliegt: Han Shan, 150 Gedichte vom Kalten Berg. Übertragen und herausgegeben von S. Schumacher. Köln 1980. Hanshan und Shide sind darüber hinaus ein beliebtes Bildmotiv in der ostasiatischen Kunst: Hanshan wird gewöhnlich mit einem Bananenblatt in der Hand dargestellt (er soll seine Gedichte auf die Blätter von Bananenbäumen geschrieben haben), während Shide mit dem Besen fegt, was auf seine niedrige Arbeit im Kloster hinweist. Beide lachen dabei.

Ōgais Behauptung im »Anhang«, er habe bei dieser kleinen Erzählung ausnahmsweise einmal kein Buch zu Rate gezogen, ist Teil der literarischen Fiktion und erwiesenermaßen unwahr. Auch dieser Text beruht auf sorgfältigen historischen Recherchen. Ōgais Hauptquelle ist das Vorwort von Lüqiu Yin (s. unten) zu Han Shans Gedichtsammlung, welches allerdings wohl nicht von dem historischen Lüqiu Yin stammt, sondern selbst bereits Produkt späterer Legendenbildung zu sein scheint.

Zhenguan: Chinesische Jahresdevise für 627-649. Die Tang-Dynastie beherrschte China von 618-907.

Lü Qiuyin: Korrekt lautet der Name Lüqiu Yin (es handelt sich um einen der im Chinesischen seltenen zweisilbigen Familiennamen). Da Ōgai aber durchweg von »Lü« redet, ist dieser Fehler auch in der Übersetzung beibehalten worden.

Taizhou: Bezirk in der heutigen Provinz Zhejiang. Die Hauptstadt, früher ebenfalls »Taizhou«, heißt heute Linhai.

Yoshida Tōgo: Japanischer Historiker (1864-1918); Verfasser des ersten umfassenden japanischen Ortsnamenlexikons.

Tiantai: Gebirge in der Provinz Zhejiang mit einem Klosterkomplex, welcher das Zentrum der Tiantai (jap. Tendai)-Schule des Buddhismus ist.

Laozi (ältere Transkription: Lao-tze): Als Autor des »Daode jing« (Tao-te-king) und Begründer des Daoismus geltende legendenhafte Gestalt.

Bodhisattva: »Erleuchtetes Wesen«, Idealgestalt des nördlichen Buddhismus. Der Begriff bezeichnet einen Menschen, der es bis zur Erleuchtung gebracht hat, auf das endgültige Erlöschen jedoch verzichtet, um den anderen Lebewesen zu helfen. Aus diesem Gedanken hat sich ein ganzes Pantheon von »Gottheiten« entwickelt, an die sich die Menschen um Hilfe wenden.

Samantabhadra (jap. Fugen): Personifizierung der Lehre, der Meditation und der Praxis; Begleiter des Buddha zu seiner Rechten, auf einem weißen Elefanten reitend.

Mañjuśrī (jap. Monju): Personifizierung der Weisheit; Begleiter des Buddha zu seiner Linken, auf einem Löwen reitend.

Sui-Dynastie: Diese Dynastie beherrschte China von 581 bis 618.

Zhiyi (538-597): Dritter Patriarch und eigentlicher Begründer der Tiantai-Schule.

Arhat: (jap. Rakan): Bezeichnung für einen Menschen, der das Ziel der Erleuchtung erreicht hat und nur noch physisch erlöschen muß. Arhats werden in China und Japan gerne als bizarre Figuren dargestellt.

Pindola-bharadvāja (jap. Binzuru-sonja): Schüler Buddhas; der erste der »sechzehn Arhat«. In Zen-Tempeln steht sein Bild im Speisesaal.

Betrachtungen aus Mußestunden (jap. *Tsurezuregusa*): Sammlung von ungeordneten Notizen und Betrachtungen des Yoshida Kenkō; 1330/31 entstanden. Übersetzung in Auswahl von Oskar Benl als »Betrachtungen aus der Stille« (Frankfurt a.M. 1963). Der Abschnitt, auf den sich Ōgai bezieht, ist der letzte Abschnitt des Buches: »Als ich acht Jahre alt war, fragte ich meinen Vater: ›Was ist ein Buddha?‹ Mein Vater antwortete: ›Ein Buddha ist ursprünglich ein Mensch.‹ Ich fragte weiter: ›Wie wird ein Mensch ein Buddha?‹ Und mein Vater antwortete: ›Durch die Lehren eines Buddha.‹ Ich fragte weiter: ›Und wer belehrt den Buddha?‹ Mein Vater antwortete wieder: ›Der ist wiederum durch die Lehre eines früheren Buddha ein Buddha geworden.‹ Ich fragte weiter: ›Was für ein Buddha war der erste Buddha, der zu lehren begann?‹ Da lachte mein Vater: ›Der ist wohl vom Himmel gefallen oder aus der Erde gesprudelt.‹ Und er hatte ein Vergnügen daran, dies anderen Leuten zu erzählen: ›Ich bin durch sein Fragen so in die Enge getrieben worden, daß ich keine Antwort mehr wußte.‹« (Übersetzung W.S.)

Kiitsu kyōkai: eine 1912 gegründete religiös-gelehrte Vereinigung um den Pädagogen Naruse Jinzō.

Miyazaki Toranosuke: (Daten unbekannt): erklärte sich 1904 selbst zum Messias und scharte vorübergehend in Tōkyō eine Anhängerschaft um sich.

NACHWORT

Mori Ōgai (1862-1922) ist der Autor eines Landes »im Umbau« – im Umbau von einer feudalen Ständegesellschaft, die zweieinhalb Jahrhunderte lang nahezu völlig von der Außenwelt abgeschnitten lebte, zu einer modernen bürgerlichen Gesellschaft in einem zentralistischen Staat, der – zur Zeit von Ōgais Tod – im imperialistischen Verteilungskampf bereits erhebliches internationales Gewicht gewonnen hatte.

Mori Ōgai war als Beamter in führender Stellung an diesem Umbau beteiligt, und gleichzeitig war er ein distanzierter Beobachter dieses Umbaus. Wie wenige andere japanische Autoren (hierin wohl nur noch mit Natsume Sōseki vergleichbar – der bei uns ebenso unbekannt ist wie Mori Ōgai) ermöglicht er uns einen Einblick in das innere Funktionieren dieses Umbaus, läßt uns Leistungen und Opfer in ihrem Zusammenhang verstehen.

Mori Rintarô, der sich später Ōgai nannte,[1] wurde am 19. Januar des zweiten Jahres der Bunkyû-Ära, d. h. nach westlichem Kalender am 17. Februar 1862 in Tsuwano, einer kleinen Residenzstadt in Westjapan (heute: Präfektur Shimane), geboren. Die Familie Mori stellte den Fürsten von Tsuwano Ärzte (mit Ōgais Vater in der dreizehnten Generation) und gehörte damit zum Samuraistand. Ōgais Geburt fällt in die Zeit heftiger, teilweise bürgerkriegsähnlicher Auseinandersetzungen nach dem Auftauchen der »schwarzen Schiffe« des Commodore Perry vor der Küste Japans im Jahre 1853, wel-

1 Im Japanischen steht der Familienname voran, der persönliche Name folgt an zweiter Stelle. Die bis etwa 1910 üblichen Schriftstellernamen (z. B. »Ōgai«) wurden an die Stelle des persönlichen Namens gesetzt, oft aber auch allein gebraucht. Der Familienname (»Mori«) wird in solchen Fällen nie alleine gebraucht. – Eine umfassende Monographie über Ōgais Leben und Werk bietet Richard J. Bowring in »Mori Ōgai and the modernization of Japanese culture«, Cambridge 1979.

cher für die USA die Öffnung des Landes erzwang. Die Auseinandersetzung über die Frage, ob und wie die »Barbaren« vertrieben werden sollten, führten schließlich zum Sieg der kaisertreuen Kräfte im Jahre 1868, die allerdings gleichzeitig von der ausländerfeindlichen Linie zum genauen Gegenteil umschwenkten: statt die Barbaren zu vertreiben, beschloß man von den Ausländern zu lernen. In weniger als zehn Jahren wurden von der Regierung in atemberaubendem Tempo all die Reformen durchgeführt, die in europäischen Ländern über hundert oder mehr Jahre hinweg vom Bürgertum erkämpft worden waren: von der stufenweisen Abschaffung des feudalen Ständesystems bis zur Organisation eines modernen Heeres aus Wehrpflichtigen, der Einführung der Schulpflicht und dem Aufbau einer zentralisierten Verwaltung.

Die Schaffung einer modernen japanischen Nation war mit der Orientierung auf *ein* Zentrum, Tōkyō (und *ein* Symbol: den Kaiser), verbunden. Jede staatliche – und bald auch literarische und wissenschaftliche – Karriere führte nun über Tōkyō. So zog nicht nur der Fürst von Tsuwano nach Tōkyō, sondern in seinem Gefolge 1872 auch die Familie Mori. Der junge Rintarō hatte bereits in der Heimat Holländisch gelernt und lernte in Tōkyō nun auch Deutsch, welches um diese Zeit das Holländische als Medizinersprache ablöste. Mit zwölf Jahren trat er 1874 in den Vorbereitungskurs der staatlichen Medizinschule in Tōkyō und 1877 in diese selbst ein. Der Unterricht fand teilweise in deutscher Sprache statt, wodurch die Grundlage gelegt wurde für Ōgais spätere außerordentliche Beherrschung des Deutschen.

1881 schloß Ōgai sein Medizinstudium ab, erreichte allerdings – durch Krankheit und Verlust seiner Vorlesungsmitschriften behindert – nicht die für ein Europastipendium notwendigen Zensuren. Der einzige Weg in den Westen führte für ihn danach über die Armee. So wurde er 1883 Militärarzt und diente dem Staat 35 lange Jahre, bis 1916. Die Zugehörigkeit zur Armee war der eine Fixpunkt in Ōgais Lebensweg, der andere war das Europaerlebnis zwischen 1884 und 1888: Ōgai wurde seinem Wunsch gemäß nach Europa geschickt und studierte vornehmlich Hygiene in Leipzig, Dresden, München und Berlin.

Erstaunlich war, daß er neben einem intensiven Studium (er schrieb während seines Deutschlandsaufenthaltes eine ganze Reihe medizinischer Fachartikel, die in deutschen Zeitschriften veröffentlicht wurden) die Zeit fand zu einer nicht weniger intensiven literarischen Lektüre. Diese Lektüre orientierte sich am literarischen Kanon der Zeit, wie er von der Reclam-Bibliothek und vor allem durch den von Paul Heyse und Hermann Kurz herausgegebenen »Deutschen Novellenschatz« bereitgestellt wurde. Aber auch über den literarischen und medizinischen Aspekt hinaus war der Deutschlandaufenthalt prägend für Ōgais ganzes Leben. Hier erfuhr er eine Freiheit, die er bisher nicht gekannt hatte: selbstverständlich nicht in der Armee, aber auch nicht in der Schule oder in der Familie. Auch wenn diese Freiheit, wie später von dem Schriftsteller Nakano Shigeharu kritisch angemerkt wurde, nur die Freiheit war, die ein Japaner, noch dazu ein Angehöriger der Armee, im von Bismarck beherrschten Deutschland erfahren konnte, so lernte Ōgai hier doch eine nicht nur direkter schneller Verwertung dienende wissenschaftliche Forschung und eine sich nicht moralischen (oder politischen) Zielen unterwerfende Literatur kennen.

Von diesem Erlebnis geprägt entfaltete er nach seiner Rückkehr eine erstaunliche Aktivität im medizinischen wie im literarischen Bereich. So nennt seine Veröffentlichungsliste allein für das Jahr 1889 insgesamt 137 Titel. Auch wenn es sich hierbei meist um kleine und kleinste Beiträge zu medizinischen Fragen handelt, so ist doch diese Zahl nahezu unglaublich: immerhin finden sich unter den Veröffentlichungen dieses Jahres Übersetzungen von Lessing (»Emilia Galotti«), E. T. A. Hoffmann (»Das Fräulein von Scuderi«), Tolstoi, Daudet, Washington Irving, Bret Harte sowie eine Gedichtsammlung (durchweg Übersetzungen aus dem Deutschen) und einige gewichtige literaturkritische Artikel. Die eigene originale Produktion begann im Jahre 1890 mit der Erzählung »Die Tänzerin«, der im gleichen und im darauffolgenden Jahr noch zwei weitere Erzählungen folgten (alle drei sind in die vorliegende Auswahl aufgenommen). Diese drei Texte, welche die drei wichtigsten Stationen von Ōgais Deutschlandaufenthalt (Berlin, München, Dresden) als Schauplatz haben, können als Versuche gesehen werden, die europäische, vor allem die deutsche Novelle des 19. Jahrhunderts ins Japanische umzusetzen. Ōgai selbst übersetzte gleichzeitig neben den oben erwähnten Autoren unter anderem auch Kleist (»Das Erdbeben in Chili« und »Die Verlobung in S. Domingo«) und regte in seinem Umkreis Übersetzungen von Goethe (»Die Leiden des jungen Werthers«), Lermontov, Kleist und Paul Heyse an. Ōgai nahm damit Teil an der gerade in den späten achtziger Jahren intensiv geführten literarischen Diskussion: Nachdem die »Bewegung für Freiheit und Volksrechte«, eine von den Ideen westlicher (vor allem englischer und französischer) Demokratie genährte politische Bewegung, jedenfalls was ihren radikalen Flügel betraf, nach inneren Auseinandersetzungen, vom Militär niedergeschlagenen gewaltsamen Erhebungen und Zugeständnissen der Regierung (1889 wurde eine Verfassung verkündet) ein Ende gefunden hatte, zerfiel die öffentliche Diskussion in voneinander unabhängige Bereiche: Politik, Wirtschaft, Wissenschaft, Literatur, etc. Das hieß auch, daß sich die Literatur von Politik und Moral selbständig erklärte (entsprechende Stimmen wurden ab 1885 laut). Mitten in diese Diskussion hinein kam Ōgai aus Deutschland zurück. Er war dabei der einzige unter den literarischen Reformern, der im Westen gewesen war, d. h. der einzige, der die Literatur »im Leben« erlebt hatte, und nicht nur aus Büchern.

Denn Ōgai hatte in Deutschland nicht nur gelesen und gelernt. Er hatte vielfältige menschliche Erfahrungen gemacht im Kontakt mit Mitstudenten an der Universität, mit Kollegen im Militär und mit Bürgern aller Schichten im Alltag.

Zentral war hier eine bis heute noch nicht ganz geklärte Verbindung mit einer Frau, die ihm zwei Wochen nach der Heimkehr nach Japan folgte. Eine Heirat mit einer Ausländerin war für einen Armeeangehörigen nicht denkbar und wurde auch von der Familie nicht hingenommen. Die junge Frau (ihr Name, wenn auch nicht ihre Identität, ist inzwischen bekannt: Elise Wiegert) mußte heimfahren, und Ōgai wurde zu einer Heirat mit einer von der Familie bestimmten Frau gezwungen (er ließ sich allerdings nach nur einem Jahr Ehe scheiden). Die Erfahrung dieser Niederlage, in der Ōgai insgesamt keine gute Figur macht, verarbeitete er in der Erzählung »Die Tänzerin«. So konventionell uns diese Erzählung mit ihren trivialen Versatzstücken heute auch erscheinen mag, war sie doch in Japan zu dieser Zeit etwas unerhört Neues: Es ist die erste Ich-Erzählung der neueren japanischen Literatur; und zum ersten Mal verarbeitet ein japanischer Autor eine ganz persönliche Erfahrung in einem erzählenden Text. Sicherlich waren auch früher Elemente persönlicher Erfahrung in das Schreiben von erzählenden Texten eingeflossen, aber nie zuvor war der Text so zentral aus der persönlichen Erfahrung entstanden, ja, war darüber hinaus das Schreiben selbst so wie hier Teil der Bewältigung dieser die ganze Person erschütternden Erfahrung gewesen. Diese Erzählung repräsentiert damit einen neuen Typ von Literatur, der entscheidend über die Reformversuche der späten achtziger Jahre hinausging und in seiner Bedeutung für die japanische Literatur nur mit der des »Werther« für die deutsche Literatur verglichen werden kann.

Auch die beiden anderen »deutschen Erzählungen« verarbeiten Erfahrungen aus Deutschland, wenn auch nicht so zentrale. Mit großer Raffinesse werden Beobachtungen und Lesefrüchte in fiktionale Handlungen eingebaut und verleihen den Erzählungen damit eine verblüffende Authentizität. Diese Technik der Montage von »belegbaren« Einzelheiten zu einer Erzählung verwendet Ōgai auch später noch, etwa in der kleinen Skizze »Hanako«. Es darf auch nicht vergessen werden, daß diese sorgfältig registrierten Realitätsstücke in jener Zeit um 1890 auch den Wert einer direkten Information über ein fernes und als Vorbild angesehenes Land besaßen.

Gemeinsam ist diesen drei Erzählungen, daß jeweils ein einsamer Japaner einer mehr oder weniger rätselhaften deutschen Frau begegnet. Die Konstellation »Student – geheimnisvolle Schöne« ist aus klassischen chinesischen Erzählungen bekannt, und natürlich sind ähnliche Konstellationen auch in der Literatur des 19. Jahrhunderts in Europa üblich: etwa in Bulwer-Lyttons »Ernest Maltrevers«, welches 1879 der erste ins Japanische übersetzte europäische Roman war und erhebliche literaturgeschichtliche Wirkung hatte. Gemeinsam ist diesen Erzählungen auch die raffinierte Erzähltechnik, mit der der Leser allmählich in die Handlung hineingezogen wird. Dies war etwas Neues in Japan, wo bis dahin meist einlinig erzählte und lose konstruierte Texte üblich waren. Gemeinsam ist ihnen auch die überaus künstliche Sprache, eine Verbindung von klassischem Japanisch und nach deutschem Vorbild sorgfältig konstruierendem Satzbau mit eingestreuten deutschen Namen und Wörtern. Der besondere, exotische Reiz dieser Sprache, die auch heutige Japaner noch bezaubert, geht allerdings in der Übersetzung weitgehend verloren.[2]

Der schöpferische Ausbruch um 1890, der wohl im Zusammenhang mit dem Scheitern der persönlichen Hoffnungen auf Emanzipation gesehen werden muß, aber auch Ausdruck des in Europa gewonnenen Selbstbewußtseins war, kam bald zum Erliegen. Berufliche Pflichten, die noch durch die beiden Kriege (chinesisch-japanischer Krieg 1894/95 und russisch-japanischer Krieg 1904/05) verschärft wurden, fesselten Ōgai und ließen nur Raum für eher gelehrte Arbeiten. Um 1900 war Ōgai ein Autor der Vergangenheit, während sich in der

2 Dies trifft nur für die ersten drei in diesen Band aufgenommenen Erzählungen zu. Die übrigen, durchweg nach der Jahrhundertwende veröffentlichten Texte sind in reiner Umgangssprache geschrieben und verlieren deshalb in der Übersetzung nicht so viel wie jene frühen »deutschen« Erzählungen.

auf Tōkyō konzentrierten literarischen Szene in der für das moderne Japan typischen Weise hektisch verschiedene Richtungen ablösten: die romantischen Ansätze der neunziger Jahre gingen sehr bald in den Symbolismus über, während sich parallel hierzu, ebenfalls aus der Romantik heraus, die naturalistische Bewegung entwickelte, die in den Jahren nach dem russisch-japanischen Krieg vorübergehend fast vollständig die Szene beherrschte.

Ōgai vertiefte sich während dieser Zeit, vor allem während der als Verbannung empfundenen Jahre 1899 bis 1902 in Kokura, im fernen Westjapan, in gelehrte Studien: Arbeiten zur neueren deutschen Philosophie (darunter Eduard von Hartmann), Adaptionen bzw. Übersetzungen von Balthasar Gracians »Handorakel«, Knigges »Über den Umgang mit Menschen« und Clausewitz' »Vom Kriege« waren die Früchte dieser Zeit. Die sich über Jahre hinziehende Übersetzung von Andersens Roman »Der Improvisator« war die wichtigste literarische Arbeit. In dieser Zeit sammelte Ōgai Kräfte für eine zweite, längere und bis nahe an seinen Tod heranreichende, ungemein fruchtbare Schaffensperiode.

Ōgai begann zunächst 1907/08 mit Übersetzungen neuerer Literatur: Hauptmann, Schnitzler, Hofmannsthal, Rilke, d'Annunzio, Oscar Wilde, Ibsen, Strindberg. Diese Auswahl spiegelt natürlich auch das allgemeine literarische Interesse der Zeit wider (Ōgais Neubeginn fiel zusammen mit dem Höhepunkt des Naturalismus), im wesentlichen aber ist sie Ausdruck von Ōgais ganz persönlicher intensiver Auseinandersetzung mit der Literatur der Jahrhundertwende, vor allem dem »Jungen Wien«. Auffällig ist das Interesse für Schnitzler, mit dem Ōgai sowohl das Geburtsjahr als auch der Arztberuf verband (Ōgai übersetzte insgesamt vier Dramen und drei erzählende Texte von Schnitzler).

Die ersten eigenen Werke nach dem Neubeginn reagieren in eigenartiger Weise auf den Naturalismus: teils mit ironisierender Nachahmung, teils mit Satire. Eine besondere Stellung nimmt hier Ōgais halbautobiographischer Text »Vita

Sexualis« (1930)[3] ein, in welchem ein fiktiver Universitätsprofessor die Geschichte seiner sexuellen Entwicklung niederschreibt, sorgfältig die einzelnen Entwicklungsschritte registrierend vom sechsten bis zum zweiundzwanzigsten Jahr, von der Kindheit auf dem Lande über das Studium in Tōkyō bis zur Abreise nach Deutschland, hierbei in vielen Einzelheiten Ōgais Lebensweg folgend. Diese seltsame Erzählung, die, oberflächlich gesehen, sehr »naturalistisch« ist und sich mit einem von den Naturalisten in den Mittelpunkt ihres Interesses gestellten Thema (was Ōgai gleichzeitig kritisiert) beschäftigte, ist durch die nahezu wissenschaftliche Genauigkeit und durch einen gewissen distanziert-ironischen Tonfall von den eher bekenntnishaften Texten der japanischen Naturalisten unterschieden. In dem wenig später geschriebenen kleinen Text »Becher« spottet Ōgai dann direkt über die Naturalisten, wobei er sich selbst mit der ihm eigenen Mischung aus Ironie und Resignation in der Figur des fremden Mädchens darstellt, dessen Becher klein und unscheinbar ist, das aber wenigstens aus seinem *eigenen* Becher trinkt (Ōgai baut hier eine kleine Verbeugung vor Peter Altenberg ein).

Auch dort, wo Ōgais Texte der Folgezeit einen autobiographischen Hintergrund haben, sind sie doch von einem so starken Formbewußtsein bestimmt, daß sie losgelöst vom Autor als vollendete Konkretisierung eines Gedankens, eines Gefühls oder einer historischen Situation Gültigkeit behalten. In der kleinen skizzenartigen Erzählung »Im Umbau« etwa spielt Ōgai ein – in der Realität nicht stattgefundenes – Wiedersehen mit seiner deutschen Freundin durch. Das Wiedersehen gerät zu einer Chiffre der Begegnung Europa–Japan im Jahre 1910, wobei die Feststellung des eigenen Ortes (»Wir sind in Japan«) eine Vielzahl von Bedeutungen erhält: Akzeptieren des eigenen historischen Auftrags; Trauer über den Graben zwischen den beiden Seiten, der eine Kommunika-

3 Deutsche Übersetzung von Siegfried Schaarschmidt 1983 in der Bibliothek Suhrkamp.

tion unmöglich macht; ironischer Kommentar zur Rückständigkeit Japans.

Trennung und Abschied sind auch Thema der kurzen Skizze »Die Landungsbrücke«: Die Frau, die von ihrem nach Europa fahrenden Mann Abschied nimmt, ist in ihre Unfähigkeit, Gefühle zu zeigen, wie in einen Käfig eingesperrt (bei dem Beamten in »Im Umbau« ist dies eher selbstgewählte Haltung), aus dem heraus sie mit unendlicher Trauer auf die sich freier bewegenden Europäer blickt. Fehlende Kommunikation, in diesem Fall zwischen einer menschlich isoliert lebenden Frau und einem Studenten, dem sie zufällig begegnet ist und der nach Europa abreist, ehe auch nur ein wirkliches Gespräch zustande kommt, stellt Ōgai auch in dem 1911 bis 1913 in Fortsetzungen erschienenen, konventioneller erzählten kleinen Roman »Die Wildgans«[4] dar. Auch hier hat der Autor Fakten aus seiner eigenen Studienzeit eingebaut, diese aber stärker einer fiktionalen Handlung untergeordnet als in »Vita Sexualis«.

In dem Text »Illusionen« (mangels einer passenderen Bezeichnung werden alle diese genremäßig schwer einzuordnenden Texte aus Ōgais mittlerer Schaffensperiode im Japanischen als »Erzählungen« bezeichnet) begegnen wir wieder einer fiktiven Gestalt, die charakteristische Eigenschaften, Gefühle und Erfahrungen mit dem Autor teilt. Ōgai gibt hier eine Art geistige Autobiographie der Studienzeit in Deutschland und der Jahre danach bis zur Gegenwart. Erinnerung und Gegenwart überschneiden sich dabei in eigenartiger Weise. Die Erinnerung an den Wunsch, aus der eigenen Rolle auszubrechen, verbindet den Text mit »Die Tänzerin«, und gleichzeitig wird ein gegenwärtiges Gefühl des alternden Ōgai artikuliert. Wie in »Die Landungsbrücke« spricht die Figur, durch deren Augen der Leser in eine erstarrte Welt hinaussieht, kein Wort (in »Im Umbau« werden nur Floskeln ausge-

4 Deutsche Übersetzung von Fritz Vogelgsang 1962 in der Insel-Bücherei; Neudruck 1984 in der Bibliothek Suhrkamp.

tauscht). Statt dessen wird beobachtet: Lupe, Mikroskop und Fernrohr sind die Geräte, mit denen sich der alte Gelehrte am liebsten vergnügt. Der Autor träumt hier von einem Leben als Zuschauer *nach* dem Abtritt von der Bühne. Tatsächlich war Ōgai fast sein ganzes Leben lang beides: Schauspieler und Zuschauer. In einer Erzählung von 1911 formuliert er seine Position folgendermaßen: »Ich bin ein geborener Zuschauer. Seit der Zeit, da ich als Kind unter anderen Kindern spielte, und auch als ich erwachsen wurde und mich in Gesellschaften begab, in denen es im Verkehr miteinander alle möglichen Rangunterschiede gibt, habe ich, welche Begeisterung auch aufkam, mich niemals voll in den Strudel gestürzt, habe mich niemals von Herzen vergnügt. Auch wenn ich auf der Bühne des Lebens stand, habe ich nie eine richtige Rolle gespielt. Bestenfalls war ich *Statist*. Aber wenn ich nicht auf der Bühne stand, dann fühlte ich mich wie ein Fisch im Wasser. Denn der Zuschauer fühlt sich wohl nur unter Zuschauern.«[5]

Im Januar 1911, als »Illusionen« erschien, wurden zwölf Sozialisten wegen Hochverrats (Vorbereitung eines Attentats auf den Kaiser) hingerichtet. Auch nach damaligem Recht war wohl nur ein Teil von ihnen schuldig. Der Prozeß sollte die unruhige Jugend von allen systemkritischen Gedanken abschrecken, was vorübergehend auch gelang. Ōgai hatte engen Kontakt zu Hiraide Shū, einem der Verteidiger. Und er hatte auch engen Kontakt zu Yamagata Aritomo, dem Militär und Politiker, einem heftigen Feind aller Sozialisten. Ōgai äußerte sich nie direkt zu den Vorgängen. Aber noch während des Prozesses, im Dezember 1910, veröffentlichte er eine kleine satirische Skizze, »Der Turm des Schweigens«, die in Indien spielt, aber deutlich gegen die Unterdrückung aller für das System gefährlichen Ideen Stellung nimmt. Vorher bereits, im Juli 1910, war Ōgai selbst Opfer der Unterdrückungspolitik geworden: die Zeitschrift, in der »Vita Sexualis« abge-

5 »Hyaku monogatari«; Ōgai zenshū Bd. 9, S. 143.

druckt war, wurde wegen »Obszönität« verboten, Ōgai selbst wurde vom Innenminister gewarnt.

Mit dem Sieg im russisch-japanischen Krieg schien all das erreicht, wofür Japan in einer ungeheuren Kraftanstrengung fast vier Jahrzehnte lang gearbeitet hatte, und die bürgerliche Jugend wandte sich nun dem eigenen Leben, der Entfaltung der eigenen Individualität zu. Dies führte entweder zum Rückzug in eine unpolitische Privatheit (dies konnte den Obszönitätsvorwurf auslösen) oder umgekehrt zur Entdeckung, daß eine echte Entfaltung der eigenen Individualität sehr bald an die vom Staat gesetzten Grenzen stieß (diese Entdeckung führte dann zum Sozialismus). Beides mußte die Herrschenden in Alarm versetzen. So häuften sich seit 1908 Buch- und Zeitschriftenverbote wegen »Obszönität« oder Verbreitung sozialistischer Ideen.

Ōgai stand persönlich wie geistig zwischen den Fronten. Er war in den wenigen Jahren seit seinem Wiedereintritt in die literarische Szene ein Orientierungspunkt für junge Autoren, vor allem aus dem nicht-naturalistischen Lager, geworden, und er war gleichzeitig durch seine hohe Stellung in der Armee Teil des Establishments (Ōgai war seit 1907 Generalarzt der japanischen Armee; dies war die höchste Stellung, die ein Militärarzt überhaupt einnehmen konnte). So vermochte Ōgai – etwa in der an Hans Vaihingers »Philosophie des Als ob« anknüpfenden Erzählung »Als ob« (1912) – sich den Kopf darüber zu zerbrechen, wie die Mythen über die Entstehung des japanischen Staates und die freie historische Forschung nebeneinander bestehen könnten, und *gleichzeitig* konnte er die jugendliche Hauptfigur in dem Roman »Jugend« (1910/11) etwa folgendes ins Tagebuch schreiben lassen: »Ob die Japaner überhaupt wissen, was Leben heißt? Wer in die Grundschule eintritt, richtet seine ganze Energie darauf, durch die Grundschulzeit hindurchzukommen. Denn er denkt: Danach kommt das Leben. Wer die Schule hinter sich gelassen hat und eine Stelle bekommt, versucht seine Berufspflichten gut zu Ende zu bringen. Denn er denkt: Danach kommt das Leben. Aber danach kommt kein Leben.«[6]

Die Spannung, die sich daraus ergab, äußerte sich etwa in folgendem Stoßseufzer im Nachwort (datiert Jahresende 1910) zu einer Ausgabe des Tagebuchs von Takizawa Bakin (ein Autor der späten Feudalzeit, dessen Werke Apotheosen des feudalen Tugendkanons sind): »Du hast Glück gehabt! Du wurdest geboren zu einer Zeit, da es allgemein anerkannte Autoritäten gab wie die Könige des Altertums. Im Schutze dieser Autoritäten hast du dich selbst bewahren können. Du hast Glück gehabt, daß du nicht heute geboren bist!«[7]

In dieser Situation kam es zu einem Ereignis, das den Zeitgenossen in besonders krasser Form den Abstand zwischen der mit europäischen Werten aufgewachsenen Jugend und der alten Generation, welche den Umbau Japans getragen hatte, vor Augen führte: Als im Jahre 1912 der Kaiser Meiji starb, nahm sich General Nogi, in der ganzen Welt als »Sieger von Port Arthur« bekannt, am Tage des kaiserlichen Begräbnisses (13. September) in traditioneller Weise durch Seppuku (»Harakiri«) das Leben. Dieses Ereignis schockierte ganz Japan: die jungen Schriftsteller reagierten mit Unverständnis, der älteren Generation erschien die Tat Nogis wie ein Fanal, das die Jugend von ihrem Weg in Richtung Individualismus und Privatisierung zurückrufen sollte. Ōgai, der in seinem Leben den langen Weg vom Konfuzianismus bis zur Literatur des »Jungen Wien« gegangen war und in seinem Kopf wie in seinen persönlichen Lebensumständen beide Seiten (Jugend *und* Establishment) verband, reagierte auf seine Weise: Noch am Abend von Nogis Begräbnis schrieb er seine erste historische Erzählung, auf welche dann eine lange Reihe weiterer historischer Erzählungen folgte. In nahezu allen diesen Erzählungen untersucht Ōgai mit dem ihm eigenen kühlen Blick des Mediziners das Funktionieren der feudalen Tugenden und schrei-

6 »Seinen«; Ōgai zenshū Bd. 6, S. 334.
7 Ōgai zenshū Bd. 38, S. 242.

tet dabei den ganzen Kreis ihrer extremen Ausformungen ab: Selbstmord aus Loyalität, Blutrache, Selbstaufopferung, Rebellion.

Es sei angemerkt, daß Nogis Tod gleichzeitig auf der anderen Seite der Erdkugel einen anderen großen Einzelgänger beschäftigte. In seinem Text »Harakiri und Feuilleton«[8] zeichnete Karl Kraus zwei alles beredende und nichts verstehende Journalisten bei der »Verarbeitung« des Falles: »Skandal genug, daß so etwas heute überhaupt noch vorkommen kann bei einem aufgeklärten Volk mit Telephon.« Was Kraus an diesem Ereignis berührte, war wohl das völlig Unzeitgemäße der Handlung, welche (unabhängig von den eigentlichen Motiven Nogis) für Kraus ein Schlaglicht warf auf die Schäbigkeit der Gegenwart.

In dem vorliegenden Band sind aus der großen Zahl der historischen Erzählungen[9] drei sehr verschiedenartige ausgewählt worden. Die erste, »Der Zwischenfall in Sakai« (1914), rekonstruiert einen schmerzhaften Zusammenstoß von Europa und Japan an der Schwelle zur japanischen Moderne. In chronikhaftem Stil wird beschrieben, wie das von der feudalen Moral in Gang gehaltene bürokratische Räderwerk der Feudalzeit die Individuen (im Namen einer modernen Staatsräson) zermalmt. Gleichzeitig gewinnen diese Individuen, trotz ihrer totalen Befangenheit in den Verhaltensweisen jener inzwischen sehr fernen, aber mit Nogis Tod wieder ins Bewußtsein getretenen Zeit, eine eigene Würde und stehen am Ende als Sieger da. Man hat Ōgai vorgeworfen, er habe hier als »Ideologe des Systems« eingestimmt in die Propagierung traditioneller Tugenden, wie sie von konservativen Kräften gegen die sich gerade in dieser Zeit durchsetzende demokratische Bewegung betrieben wurde. Festzustellen bleibt

8 Die Fackel Nr. 378-80 (1912); auch in Hans Wollschlägers »Karl Kraus Lesebuch«, Zürich 1980, S. 189-197.

9 Eine repräsentative Auswahl aus den historischen Erzählungen Ōgais bietet: The historical literature of Mori Ōgai, 2 Bde., herausgegeben von David Dilworth und J. Thomas Rimer, Honolulu 1977.

aber, daß Ōgais Darstellung der feudalen Tugenden »in Aktion« (hier und in anderen Erzählungen) ambivalent ist und in durchaus gegensätzlicher Weise gelesen werden kann. Festzuhalten ist auch, daß Ōgai *parallel* zu den historischen Erzählungen eine erstaunliche Folge von Übersetzungen europäischer Literatur veröffentlichte, darunter gerade Klassiker des modernen europäischen Menschenbildes wie Goethes »Faust« (er übersetzte 1911-13 als erster den Ersten *und* Zweiten Teil ins Japanische) und Dramen Ibsens (1903 »Brand«, 1909 »John Gabriel Borkman«, 1912 »Gespenster«, 1913 »Nora«, diese natürlich nach deutschen Übersetzungen) – Texte, die den feudalen Tugenden diametral entgegengesetzt sind. Ōgais Besessenheit von der Geschichte in den Jahren ab 1912 steht jenseits der Alternative: Instrumentalisierung der Vergangenheit für reaktionäre Ziele *oder* Ablehnung der Vergangenheit als überwundene Feudalzeit.

Mori Ōgai sieht die Vergangenheit distanziert mit den Augen des Naturwissenschaftlers, ohne dabei seine Sympathie für die konkreten Menschen jener Zeit zu verhehlen. Er interpretiert das Verhalten dieser Menschen dabei im Lichte des in Europa Erfahrenen und von Europa Gelernten. Dies wird vor allem in der Erzählung »Das letzte Wort« sichtbar, in der Ōgai ein Mädchen aus dem Bürgerstand (in dreifacher Hinsicht am Rande der offiziellen Moral stehend: Kind, Frau, Bürger) eine aus dem *Geist* der Feudalzeit geborene, aber den bürokratisierten Samurai des 18. Jahrhunderts bereits unverständliche Handlungsweise ergreifen läßt, welche der Autor mit dem europäischen Begriff »Martyrium« benennt. Der bitter-ironische Satz »Denn die Obrigkeit macht keine Fehler« (diesen Kernsatz der Erzählung hat der sonst so pedantisch den historischen Quellen folgende Autor frei erfunden), in dem die Vertreter jener Obrigkeit die »im Opfer verborgene Speerspitze der Rebellion« ahnen, erscheint wie ein Echo von Ōgais eigener Unterwerfung unter die Disziplin der Armee, eine Unterwerfung, die das exakt beobachtende Auge und den kritisch urteilenden Verstand nicht zu verdunkeln vermochte.

Tatsächlich wurde, gerade während Ōgai an diesem Text schrieb (im September 1915), in den Zeitungen das Gerücht von Ōgais bevorstehendem Abschied vom Amt kolportiert, ein Gerücht, das nicht ohne Ōgais bekannt gewordene Unzufriedenheit mit seiner »Rolle« denkbar ist. In einem dementierenden Interview, das er daraufhin einer Zeitung gab, spricht er davon, daß er auf jeden Fall in Zukunft irgendwann sich von beruflichen Fesseln frei zu machen gedenke und sich dann in sein kleines Landhaus in der Präfektur Chiba »mit dem Blick auf den Pazifik inmitten eines einsamen Kiefernwaldes«[10] zurückziehen werde. Dies ist die Welt des alten Gelehrten in »Illusionen«, der Traum aus der Studienzeit, »mir irgendwann die bunte Schminke des Schauspielers vom Gesicht zu waschen, für eine Weile von der Bühne abzutreten und in Ruhe über mich selbst nachzudenken«.

Im November 1915 reichte Ōgai dann tatsächlich sein Abschiedsgesuch ein, um im April des nächsten Jahres nach 35 Jahren Armeedienst endlich Privatmann zu werden. Eine Persönlichkeit von der Stellung Ōgais konnte sich allerdings auch jetzt noch nicht völlig frei machen: Im Dezember 1916 wurde Ōgai zum Leiter der Kaiserlichen Sammlungen und der Kaiserlichen Bibliothek ernannt, eine Position, die er bis zu seinem Tode ausfüllte. Immerhin war die Last nun leichter. Die kurz vor dem Ausscheiden aus der Armee veröffentlichte letzte Erzählung des vorliegenden Bandes spiegelt diese Erleichterung wider. In spielerischem Tonfall erzählt sie die Geschichte der beiden chinesischen Zen-Heiligen Hanshan und Shide, die eine freie Existenz jenseits von Rängen und Ämtern führen und den Registrar von Taizou mit seinem langen Titel (Ōgai selbst hatte einen ähnlich langen Titel) einfach auslachen.

Während mit der Aufgabe des militärischen Amtes endlich der größte Teil der Pflichten und Fesseln von Ōgai abfielen,

10 Zitiert nach Yoshino Toshihiko: Ken'i e no hankō Mori Ōgai, Tōkyō 1979, S. 303.

entwickelte er auf dieser letzten Stufe seines Lebens ein ganz eigenes, neues Literaturgenre, welches er »historische Biographien« (*shiden*) nannte. Es handelt sich um umfangreiche, extrem faktenreiche, aber lose zusammengefügte Biographien von Gelehrten der späten Feudalzeit, in denen das Literarische immer weiter zurücktritt zugunsten der historischen Forschung. Dabei wird das Forschen, d.h. der Prozeß des Suchens und Findens der Dokumente mit in den Text genommen, wodurch eine eigenartige Verbindung von objektiven Fakten und subjektivem Engagement zustande kommt. Mit diesen völlig unzeitgemäßen Texten (die gleichwohl in Fortsetzungen in großen Tageszeitungen veröffentlicht wurden), welche kaum übersetzt werden können,[11] fand Ōgais Genius seine letzte Form und kehrte thematisch in die Welt der eigenen Vorfahren zurück.

Gleichwohl wandte sich Ōgai nicht einfach von der Gegenwart ab: Während er (in seiner letzten Funktion als Leiter der Kaiserlichen Bibliothek) an einer Studie über die posthumen Kaisernamen arbeitete, übersetzte er daneben Strindbergs »Der Scheiterhaufen« (das letzte von insgesamt fünf von Ōgai übersetzten Strindberg-Dramen), und sein letztes (unvollendetes) Manuskript war eine Geschichte der sozialen Ideen in Europa.

Im März 1922 verabschiedete Ōgai auf dem Bahnhof Tōkyō seinen Sohn Otto, der zum Medizinstudium nach Deutschland fuhr, und seine Tochter Marie, die gleichzeitig nach Frankreich abreiste (alle Kinder und Enkel Ōgais haben europäische – meist deutsche – Namen). Die Begleitung des englischen Kronprinzen durch die historischen Stätten von Nara Anfang Mai war eine von Ōgais letzten Amtshandlungen. Am 29. Juni ließ sich Ōgai, entgegen seinem festen Entschluß,

11 So verzichtete Edwin McClellan auf die Übersetzung von Ōgais spätem Meisterwerk »Shibue Chūsai« und schrieb statt dessen eine Monographie über die Frau der Hauptfigur: »Woman in the crested kimono. The life of Shibue Io and her family drawn from Mori Ōgai's ›Shibue Chūsai‹«, New Haven und London 1985.

zum ersten Mal in seinem erwachsenen Leben von einem Arzt untersuchen. Die Diagnose lautete Nierenschrumpfung und Tuberkulose in fortgeschrittenem Stadium. Am 6. Juli diktierte er seinem Freund Kako Tsurudo sein Testament:

»Der einzige Freund, mit dem ich seit meiner Jugend bis zu meinem bevorstehenden Alterstod ohne jedes Geheimnis umgegangen bin, ist Kako Tsurudo. Hier, auf dem Sterbebett, bemühe ich ihn mit der Niederschrift meines letzten Willens. Der Tod ist ein schwerwiegendes Ereignis, das allem ein Ende setzt. Keine Staatsmacht und keine Autorität vermag, so bin ich überzeugt, ihm zu widerstehen. Ich wünsche als Mori Rintarō aus der Provinz Iwami zu sterben. Obgleich ich sowohl zum Kaiserlichen Hofministerium als auch zum Heer in Verbindung gestanden habe, lehne ich in diesem Augenblick zwischen Leben und Tod alle äußerlich-formelle Behandlung ab. Ich wünsche als Mori Rintarō zu sterben. Auf meinem Grabstein soll nichts stehen außer: Grab des Mori Rintarō. Die Schaffung der Schriftvorlage übertrage ich Nakamura Fusetsu. Ich bitte, unbedingt auf alle Ehrungen von Seiten des Kaiserlichen Hofministeriums und des Heeres zu verzichten. Die üblichen Formalitäten mag es allerdings geben. Ich hinterlasse dieses Testament meinem einzigen Freund und erlaube niemandem, sich darein zu mischen.

6. Juli 1922
gegeben von Mori Rintarō
niedergeschrieben von Kako Tsurudo

an
den Sohn des Mori Rintarō: Otto
den Vertreter der Freunde: Kako Tsurudo«[12]

Mit diesem Text fand ein großes Leben seinen würdigen Abschluß. Im Angesicht des Todes nimmt Ōgai – nun nicht mehr scherzhaft-spielerisch wie in »Hanshan und Shide«, sondern mit Bestimmtheit und Ernst – Abschied von allen

12 Ōgai zenshū Bd. 38, S. 112.

Rollen und Masken. Übrig bleibt nur der Wunsch, er selbst zu sein und als solcher zu sterben.

Mori Ōgai starb am 9. Juli 1922, sechzig Jahre alt.

Insel Verlag Anton Kippenberg GmbH & Co. KG
Torstraße 44, 10119 Berlin
info@insel-verlag.de
www.insel-verlag.de